Learn Hindi from Odia in 30 Days

30 ଦିନରେ ଓଡ଼ିଆ ମାଧ୍ୟମରେ ହିନ୍ଦୀ ଶିଖନ୍ତୁ

ମୁଖ୍ୟ ସଂପାଦକ

କୃଷ୍ଣ ଗୋପାଲ ବିକଲ

ସହ-ସଂପାଦକ

ଅମିତାଭ ଧଙ୍ଗରା

ଡାଇମଣ୍ଡ ବୁକ୍

www.diamondbook.in

Publisher : **Diamond Books (P.) Limited**
X-30, Okhla Industrial Area,
Phase-II, New Delhi-110020
Phone   : 011-40712200
E-Mail   : sales@dpb.in
Website : www.diamondbook.in

---

30 ଦିନରେ ଓଡ଼ିଆ ମାଧ୍ୟମରେ ହିନ୍ଦୀ ଶିଖନ୍ତୁ
30 DIN ME ODIA SE HINDI SHIKHEN (ODIA)
by Krishna Gopal Vikal

ଭୂମିକା

ହିନ୍ଦୀ ଭାରତର ରାଷ୍ଟ୍ରଭାଷା। ଭାରତରେ ସବୁଠାରୁ ଅଧିକ କୁହାଯାଉଥିବା ତଥା ବୁଝାଯାଉଥିବା ଭାଷା ହେଉଛି ହିନ୍ଦୀ। ହିନ୍ଦୀର ମହତ୍ତ୍ୱ ଆପଣ ଏଇଥିରୁ ଜାଣିହେବ ଯେ ଆଜି ସମଗ୍ର ଦୁନିଆଁର ୧୨୬ଟି ଦେଶରେ ହିନ୍ଦୀ ପଢ଼ା ଯାଉଛି। ଅନୁମାନ କରାଯାଏ ଯେ ପ୍ରାୟ ୬୦ କୋଟିରୁ ଅଧିକ ଲୋକ ହିନ୍ଦୀରେ କଥାବାର୍ତ୍ତା କରନ୍ତି। ଫିଜି, କାନାଡ଼ା, ମରିଶସ, ଗୟାନା, ସୁରୀନାମ ଓ ନେପାଳ ଆଦି ଦେଶରେ ହିନ୍ଦୀ ଖୁବ୍ ଲୋକପ୍ରିୟ।

ସଂସାରର ଉନ୍ନତ ଭାଷାଗୁଡ଼ିକ ମଧ୍ୟରେ ହିନ୍ଦୀ ସବୁଠାରୁ ଅଧିକ ବ୍ୟବସ୍ଥିତ, ସରଳ, ନମନୀୟ ତଥା ସର୍ବାଧିକ ପ୍ରସାରିତ ଭାଷା ଅଟେ। ଆପଣ ଜାଣନ୍ତି ଯେ ହିନ୍ଦୀ ଭାଷା ଭାରତର ସାଧାରଣ ଜନତାଙ୍କ ସହ ଜଡ଼ିତ ଭାଷା ତଥା ଭାରତର ସାଧାରଣ ଜନତା ମଧ୍ୟ ହିନ୍ଦୀ ଭାଷା ସହ ଜଡ଼ିତ। ଏହି କାରଣରୁ ହିନ୍ଦୀର ମହତ୍ତ୍ୱକୁ ବୁଝିବା ଆଜି ବହୁତ ଜରୁରୀ ହୋଇ ପଡ଼ିଛି।

ଭାରତରେ ଅନେକ ଭାଷାରେ କଥାବାର୍ତ୍ତା କରାଯାଏ। ଏହା ହେଉଛି ଭିନ୍ନ ଭାଷାଭାଷୀ ବାସ କରୁଥିବା ଏକ ଦେଶ। ପ୍ରତ୍ୟେକ ବର୍ଷ ଭାରତର ଅଂସଖ୍ୟ ଲୋକ ରୋଜଗାର ସନ୍ଧାନରେ ଗୋଟିଏ ରାଜ୍ୟରୁ ଅନ୍ୟ ରାଜ୍ୟକୁ ଯାଇଥାଆନ୍ତି ଏବଂ ସେଠାରେ ରହିବାକୁ ଲାଗନ୍ତି। ଏଭଳି ସମୟରେ ଏମିତି ଏକ ଭାଷାର ଆବଶ୍ୟକତା ହୋଇଥାଏ, ଯାହାକୁ ବ୍ୟବହାର କରି ଜଣେ ଅନ୍ୟ ଜଣଙ୍କ ସହ ଭାବ ତଥା ବିଚାରର ଆଦାନପ୍ରଦାନ କରିପାରିବ। ଏହି କାର୍ଯ୍ୟକୁ କେବଳ ଗୋଟିଏ ଭାଷା ହିଁ କରିପାରିବ ଏବଂ ତାହା ହେଉଛି ହିନ୍ଦୀ ଭାଷା। ଆପଣ ଭାରତର ଯେ କୌଣସି ରାଜ୍ୟକୁ ଯାଆନ୍ତୁ ନା କାହିଁକି, ସେଠାରେ ଆପଣଙ୍କୁ ହିନ୍ଦୀ କହୁଥିବା ତଥା ବୁଝୁଥିବା ଲୋକ ନିଶ୍ଚୟ ମିଳିବେ।

ଭୌଗୋଳିକ ଦୂରତ୍ୱକୁ ଦୂର କରିବାରେ ତଥା ଭାଷାଗତ ଐକ୍ୟ ଆଧାରରେ ଦେଶକୁ ଗୋଟିଏ ସୂତ୍ରରେ ବାନ୍ଧିବାରେ ହିନ୍ଦୀ ମହତ୍ତ୍ୱପୂର୍ଣ୍ଣ ଭୂମିକା ନିର୍ବାହ କରିଥାଏ। ସଂପୂର୍ଣ୍ଣ ଦେଶର ପ୍ରତିନିଧିତ୍ୱ କରିବାକୁ ଏହି ଭାଷା ପୂର୍ଣ୍ଣ ଭାବରେ ସମର୍ଥ। ହିନ୍ଦୀ ଭାଷାର ବିକାଶ ହେଲେ ହିଁ ଆମ ଦେଶର ରାଷ୍ଟ୍ରୀୟ ଏକତା ଅଧିକ ଦୃଢ଼ ହୋଇପାରିବ।

ଓଡ଼ିଆ ମାଧ୍ୟମରେ ହିନ୍ଦୀ ଭାଷା ଶିକ୍ଷା ପାଇଁ ଉଦ୍ଦିଷ୍ଟ ଏହି ପୁସ୍ତକଟି ଆପଣଙ୍କ ମାତୃଭାଷା ଜରିଆରେ ହିନ୍ଦୀ ଭଳି ଏକ ଗୁରୁତ୍ୱପୂର୍ଣ୍ଣ ଭାଷାକୁ ସହଜ, ସରଳ ତଥା ଏକ ଅଭିନବ ଶୈଳୀରେ ଶିଖାଇବା ସହ ଆପଣଙ୍କର ଜ୍ଞାନର ପରିସୀମାକୁ ବିସ୍ତୃତ କରିବାରେ ନିଶ୍ଚିତ ସହାୟତା ପ୍ରଦାନ କରିବ ବୋଲି ଆମର ଆଶା ତଥା ବିଶ୍ୱାସ।

—ଲେଖକ

ପ୍ରକାଶକୀୟ

ଆମ ଦେଶର ଜାତୀୟ ସଂହତି ତଥା ଏକତା ବୃଦ୍ଧି କରିବାର ମହତ୍ତ୍ଵାକାଂକ୍ଷା ନେଇ ଆମେ 'ଭାଷା ଶିଖନ୍ତୁ' ନାମକ ଏକ ନୂତନ ପୁସ୍ତକ ଶୃଙ୍ଖଳା ପ୍ରକାଶିତ କରୁଛୁ, ଯାହା ଦ୍ଵାରା ଦେଶର ଅଗଣିତ ଜନସାଧାରଣ ନିଜର ମାତୃଭାଷାକୁ ମାଧ୍ୟମ ରୂପେ ବ୍ୟବହାର କରି ଅନ୍ୟ ଭାଷା ଶିଖି ପାରିବେ ଏବଂ ଏହା ଦ୍ଵାରା ବିଚାର ଓ ଭାବନାର ସଫଳ ଆଦାନପ୍ରଦାନ କରି ପାରସ୍ପରିକ ସମ୍ବନ୍ଧକୁ ଦୃଢ଼ତର କରିପାରିବେ। ରାଷ୍ଟ୍ରପିତା ମହାତ୍ମା ଗାନ୍ଧୀ କହିଥିଲେ ଯେ ଆମ ଦେଶର ପ୍ରତ୍ୟେକ ବ୍ୟକ୍ତି ଅତି କମ୍‌ରେ ତିନୋଟି ଭାଷା ଶିଖିବା ଉଚିତ। ପ୍ରଥମ ହେଉଛି ତାଙ୍କର ମାତୃଭାଷା ଯାହାକୁ ତାଙ୍କର ମାଆ ଜନ୍ମ ପରେ ଶିଖାଇ ଥାଆନ୍ତି। ଦ୍ଵିତୀୟ ଭାଷା ହେଉଛି ହିନ୍ଦୀ ଯାହା ମାଧ୍ୟମରେ ସେ ସମଗ୍ର ଦେଶରେ କଥାବାର୍ତ୍ତା କରିବାକୁ ସକ୍ଷମ ହେବେ। ଏବଂ ତୃତୀୟରେ ଇଂରାଜୀ, ଯାହାକୁ ଅନ୍ତର୍ରାଷ୍ଟ୍ରୀୟ ସ୍ତରରେ ବ୍ୟବହାର କରି ସେ ସଫଳତାର ସହ ଭାବର ଆଦାନପ୍ରଦାନ କରିପାରିବେ।

ଏହି ସିରିଜ୍ ଅନ୍ତର୍ଗତ ପ୍ରତ୍ୟେକ ପୁସ୍ତକକୁ ପାଞ୍ଚଟି ମୁଖ୍ୟ ବିଭାଗରେ ବିଭକ୍ତ କରାଯାଇଛି। ପ୍ରଥମ ଦୁଇଟି ବିଭାଗ ଭାଷା ବାବଦରେ ମୌଳିକ ଜ୍ଞାନ ପ୍ରଦାନ କରୁଥିବା ବେଳେ ଶେଷ ତିନୋଟି ବିଭାଗ ଭାଷାର ପ୍ରତ୍ୟକ୍ଷ ପ୍ରୟୋଗ ତଥା ବିଭିନ୍ନ ପରିସ୍ଥିତିରେ କଥାବାର୍ତ୍ତାର ଆଦର୍ଶ ନମୂନା ପ୍ରସ୍ତୁତ କରୁଛି। ଏହି ସିରିଜ୍‌ର ପ୍ରଥମ ପୁସ୍ତକ **'30 ଦିନରେ ଓଡ଼ିଆ ମାଧ୍ୟମରେ ହିନ୍ଦୀ ଶିଖନ୍ତୁ'** ଏବେ ଆପଣଙ୍କୁ ଅର୍ପଣ କରାଗଲା।

ଏହି ପୁସ୍ତକଗୁଡ଼ିକର ମୂଳ କଲେବର ବିଶିଷ୍ଟ ଲେଖକ ତଥା ସଂପାଦକ ଶ୍ରୀ କୃଷ୍ଣ ଗୋପାଳ ଏବଂ ତାଙ୍କର ସହାୟକ ଶ୍ରୀ ଅମିତାଭ ଧିଙ୍ଗ୍ରାଙ୍କ ଦ୍ଵାରା ରଚିତ। ଏହା ସହ ସମ୍ବନ୍ଧିତ ଭାଷା ବିଷୟକ ପୁସ୍ତକ ରଚନା ସମୟରେ ସେହି ନିର୍ଦ୍ଦିଷ୍ଟ ଭାଷା ବାବଦରେ ଜ୍ଞାନ ରଖିଥିବା ବିଶିଷ୍ଟ ଭାଷାବିତ୍‌ମାନଙ୍କର ସହାୟତା ନିଆଯାଇ ପୁସ୍ତକକୁ ଯଥାସାଧ୍ୟ ତ୍ରୁଟିଶୂନ୍ୟ କରିବାର ପ୍ରୟାସ କରାଯାଇଛି।

ଆମର ଆଶା ତଥା ବିଶ୍ଵାସ ଏହି 'ଭାଷା ଶିକ୍ଷା' ସିରିଜ୍ ପୁସ୍ତକଗୁଡ଼ିକ ବିଭିନ୍ନ ଭାଷାଭାଷୀମାନଙ୍କ ମଧ୍ୟରେ ପାରସ୍ପରିକ ବୁଝାମଣାକୁ ବୃଦ୍ଧି କରାଇ ଜାତୀୟ ସଂହତି ଏବଂ ଏକତା ସ୍ଥାପନ କରିବାରେ ସହାୟକ ହେବ।

— Narender Kumar Verma
nk@dpb.in

ସୂଚୀପତ୍ର

PART-4–SITUATIONAL SENTENCES

PART-5–CONVERSATION

APPENDIX

PART 1 : ALPHABET

୧ମ ସୋପାନ ପହଲୀ ସୀଢ଼ୀ

ଆପଣମାନଙ୍କୁ ସ୍ୱାଗତ
ଆପ ସବକା ସ୍ୱାଗତ ହୈ

ଏହି ପୁସ୍ତକଟି ଏବେ ଆପଣଙ୍କ ହାତରେ।

ଏହା ଦର୍ଶାଉଛି ଯେ ଆପଣ ହିନ୍ଦୀ ଶିଖିବାକୁ ଚାହାଁନ୍ତି। ଏହା ଏକ ଆନନ୍ଦର ବିଷୟ।

ଭାରତର ସମସ୍ତ ଭାଷାଗୁଡ଼ିକ ମଧ୍ୟରେ ହିନ୍ଦୀ ହେଉଛି ସର୍ବାଧିକ ପ୍ରଚଳିତ ତଥା କଥିତ ଭାଷା। ସମଗ୍ର ବିଶ୍ୱରେ ଯେଉଁ ତିନୋଟି ଭାଷା (ଇଂରାଜୀ, ଚାଇନିଜ୍ ଏବଂ ହିନ୍ଦୀ) ଅଧିକ ମାତ୍ରାରେ ବ୍ୟବହୃତ ହୁଏ, ସେଥି ମଧ୍ୟରୁ ହିନ୍ଦୀ ଭାଷା ଅନ୍ୟତମ। ଏହି ହିନ୍ଦୀ ଭାଷାର ସାହିତ୍ୟ ଅତ୍ୟନ୍ତ ବିଶାଳ ତଥା ସମୃଦ୍ଧ।

ଆମେ ଆପଣଙ୍କର ଭାଷା ଶିଖିବାର ଏହି ଆନ୍ତରିକ ଇଚ୍ଛାକୁ ସମ୍ମାନ ଜଣାଉଛୁ ତଥା ଆପଣଙ୍କର ସଫଳତା କାମନା କରୁଛୁ। ଭାଷା ଶିକ୍ଷାର ଏହି ଅନନ୍ୟ କାର୍ଯ୍ୟକ୍ରମରେ ଆପଣ କ୍ରମ ଅନୁସାରେ ଗୋଟିଏ ସୋପାନ ପରେ ଅନ୍ୟ ଏକ ସୋପାନ ଅତିକ୍ରମ କରି ଚାଲିବେ ତଥା ଶେଷରେ ଆପଣଙ୍କର ଇଷ୍ଟ ଲକ୍ଷ୍ୟସ୍ଥଳରେ ପହଞ୍ଚିବାରେ ସକ୍ଷମ ହେବେ ବୋଲି ଆମେ ଦୃଢ଼ ଆଶା ପୋଷଣ କରୁଛୁ। ଅତଏବ, ଆସନ୍ତୁ ଏବେ ଏହି ଯାତ୍ରାର ଶୁଭାରମ୍ଭ କରିବା।

ବାର୍ତ୍ତାଲାପରେ ଅଭିବାଦନ ବାକ୍ୟ

ଇଂରାଜୀ ଭାଷାରେ ସମୟ ଅନୁସାରେ ଅଭିବାଦନ ପରିବର୍ତ୍ତନ ହୋଇଥାଏ, ଯେପରିକି 'ଗୁଡ୍ ମର୍ଣ୍ଣିଙ୍ଗ୍', 'ଗୁଡ୍ ଇଭିନିଙ୍ଗ୍', 'ଗୁଡ୍ ନାଇଟ୍' ଇତ୍ୟାଦି। କିନ୍ତୁ ହିନ୍ଦୀ ଭାଷାରେ ସମୟ ଅନୁସାରେ ଅଭିବାଦନର ଏଭଳି ପରିବର୍ତ୍ତନ ପ୍ରାୟତଃ ହୋଇ ନଥାଏ। ଦିନର ଯେତେବେଳେ ବି ଦେଖା ହେଉନା କାହିଁକି ଆମେ **ନମସ୍କାର (ନମସ୍କାର)** କିମ୍ବା **ନମସ୍ତେ (ନମସ୍ତେ)** କହିପାରିବା। ଅବଶ୍ୟ ଭିନ୍ନ ଭିନ୍ନ ଧର୍ମ

ଏବଂ ସଂପ୍ରଦାୟର ଲୋକମାନେ ଭିନ୍ନ ଭିନ୍ନ ପ୍ରକାରର ଅଭିବାଦନ କରି ଥାଆନ୍ତି, ଯଥା: ଜୟ ରାମ ଜୀ କୀ! ସତ୍ ଶ୍ରୀ ଅକାଲ ! ସଲାମ ଆଲେକୁମ ! ଇତ୍ୟାଦି।

ଦେଖାହେଲେ ମିଲନେ ପର

ନମସ୍କାର, ମହାଶୟ !	नमस्कार, श्रीमान्!	ନମସ୍କାର, ଶ୍ରୀମାନ୍ !
ନମସ୍କାର, ମହାଶୟା !	नमस्कार, महोदया!	ନମସ୍କାର, ମହୋଦୟା !
ପ୍ରଣାମ, ମିତ୍ର !	नमस्ते, मित्र!	ନମସ୍ତେ, ମିତ୍ର !
ପ୍ରଣାମ, ଭାଇ !	नमस्ते, भाई!	ନମସ୍ତେ, ଭାଇ !
ନମସ୍କାର, ମହୋଦୟ !	नमस्कार, महोदय!	ନମସ୍କାର, ମହୋଦୟ !
ପ୍ରଣାମ, ବନ୍ଧୁ !	नमस्ते, साथी!	ନମସ୍ତେ, ସାଥୀ !
ଶୁଭରାତ୍ରି, ଭଉଣୀ !	शुभ रात्रि, बहन!	ଶୁଭ ରାତ୍ରି, ବହନ !

ବିଦାୟ ନେଲାବେଳେ विदा होने पर

ବିଦାୟ, ପିଲାମାନେ !	विदा, मेरे बच्चे!	ବିଦା, ମେରେ ବଚ୍ଚେ !
ବିଦାୟ !	अच्छा विदा!	ଅଚ୍ଛା ବିଦା !
ବିଦାୟ !	अलविदा!	ଅଲବିଦା !
ଶୁଭ ବିଦାୟ !	अलविदा!	ଅଲବିଦା !

ଶୁଭକାମନା शुभ कामनाएँ

ଶୁଭ ଦିପାବଲୀ !	दीवाली शुभ हो!	ଦୀୱାଲୀ ଶୁଭ ହୋ !
ଈଦ୍ ର ଶୁଭେଚ୍ଛା !	ईद मुबारक!	ଈଦ୍ ମୁବାରକ !
ଗୁରୁପର୍ବ ର ଅଭିନନ୍ଦନ !	गुरुपर्व की बधाई!	ଗୁରୁପର୍ବ କି ବଧାଇ !
କ୍ରିସମସ ର ଅଭିନନ୍ଦନ !	क्रिसमस पर बधाई!	କ୍ରିସମସ ପର ବଧାଇ !

ବର୍ଣ୍ଣମାଲା
वर्णमाला

ସଂସ୍କୃତ ଭାଷା ଭଳି ହିନ୍ଦୀ ଭାଷାକୁ ମଧ୍ୟ ଲେଖିବା ପାଇଁ ଦେବନାଗରୀ ଲିପି ବ୍ୟବହୃତ ହୋଇଥାଏ ।

ହିନ୍ଦୀ ଭାଷାରେ ଦୁଇ ପ୍ରକାର ବର୍ଣ୍ଣ ବା ଅକ୍ଷର ରହିଛି, ଯଥା: ସ୍ୱରବର୍ଣ୍ଣ ଏବଂ ବ୍ୟଞ୍ଜନ ବର୍ଣ୍ଣ । ଏହି ଭାଷାରେ 11 ଟି ସ୍ୱରବର୍ଣ୍ଣ ତଥା 35 ଟି ବ୍ୟଞ୍ଜନ ବର୍ଣ୍ଣ ରହିଛି ।

ଆସନ୍ତୁ ପ୍ରଥମେ ସ୍ୱରବର୍ଣ୍ଣ ବାବଦରେ ଜାଣିବା ।

ସ୍ୱରବର୍ଣ୍ଣ स्वर

अ	आ	इ	ई	उ	ऊ	ऋ
ଅ	ଆ	ଇ	ଈ	ଉ	ଊ	ର
ए	ऐ	ओ	औ			
ଏ	ଐ	ଓ	ଔ			

ଏହି ସ୍ୱରବର୍ଣ୍ଣଗୁଡ଼ିକୁ ଏହାର ଉଚ୍ଚାରଣ ଅନୁସାରେ ପୁନଶ୍ଚ ଦୁଇ ଭାଗରେ ବିଭକ୍ତ କରାଯାଇ ପାରେ:

(i) ହ୍ରସ୍ୱ (ह्रस्व)

(ii) ସନ୍ଧି (संधि)

(i) **ହ୍ରସ୍ୱ ସ୍ୱର (ह्रस्व स्वर):**

	अ	इ	उ	ऋ
	ଅ	ଇ	ଉ	ର

(ii) **ସନ୍ଧି ସ୍ୱର (संधि-स्वर)**

आ	ई	ऊ	ए	ऐ	ओ	औ
ଆ	ଈ	ଊ	ଏ	ଐ	ଓ	ଔ

୩ୟ ସୋପାନ तीसरी सीढ़ी

ବ୍ୟଞ୍ଜନ
व्यंजन

ହିନ୍ଦୀ ଭାଷାରେ 35 ଟି ବ୍ୟଞ୍ଜନ ବର୍ଣ୍ଣ ରହିଛି । ନିମ୍ନରେ ତାହା ପ୍ରଦତ୍ତ:

क	ख	ग	घ	ङ
କ	ଖ	ଗ	ଘ	ଙ
च	छ	ज	झ	ञ
ଚ	ଛ	ଜ	ଝ	ଞ
ट	ठ	ड	ढ	ण
ଟ	ଠ	ଡ	ଢ	ଣ
त	थ	द	ध	न
ତ	ଥ	ଦ	ଧ	ନ
प	फ	ब	भ	म
ପ	ଫ	ବ	ଭ	ମ
य	र	ल	व	
ୟ	ର	ଲ	ୱ	
श	ष	स	ह	
ଶ	ଷ	ସ	ହ	
ड़	ढ़			
ଡ଼	ଢ଼			

ବ୍ୟଞ୍ଜନ ବର୍ଣ୍ଣର ପ୍ରକାର:

ହିନ୍ଦୀ ଭାଷାରେ ଥିବା ବ୍ୟଞ୍ଜନ ବର୍ଣ୍ଣଗୁଡ଼ିକୁ ମୁଖ୍ୟତଃ ତିନି ଭାଗରେ ବିଭକ୍ତ କରାଯାଏ। ସେଗୁଡ଼ିକ ହେଲା ——

(i) ସ୍ପର୍ଶ (ସ୍ପର୍ଶ): କ ରୁ ମ ପର୍ଯ୍ୟନ୍ତ 25 ଟି ବ୍ୟଞ୍ଜନ ବର୍ଣ୍ଣକୁ ସ୍ପର୍ଶ ବ୍ୟଞ୍ଜନ କୁହାଯାଏ।

(ii) ଅନ୍ତସ୍ଥ (ଅନ୍ତସ୍ଥ): ୟ, ର, ଲ, ଵ - ଏହି ପ୍ରଥମ ଚାରୋଟି ବର୍ଣ୍ଣକୁ ଅନ୍ତସ୍ଥ ବ୍ୟଞ୍ଜନ କୁହାଯାଏ।

(iii) ଊଷ୍ମ (ଉଷ୍ମ): ଶ, ଷ, ସ, ହ - ଶେଷ ଚାରୋଟି ବର୍ଣ୍ଣକୁ ଉଷ୍ମ ବ୍ୟଞ୍ଜନ କୁହାଯାଏ।

ବ୍ୟଞ୍ଜନ ବର୍ଣ୍ଣର ଉଚ୍ଚାରଣ:

ହିନ୍ଦୀ ଭାଷାରେ ଥିବା ବ୍ୟଞ୍ଜନ ବର୍ଣ୍ଣ ଗୁଡ଼ିକ ଓଡ଼ିଆର ନିମ୍ନ ଶବ୍ଦ ପରି ଉଚ୍ଚାରିତ ହୁଅନ୍ତି। ଆସନ୍ତୁ ବ୍ୟଞ୍ଜନ ବର୍ଣ୍ଣର ଉଚ୍ଚାରଣ ଶିକ୍ଷା କରିବା।

ହିନ୍ଦୀ-ବର୍ଣ୍ଣ	ଓଡ଼ିଆ-ବର୍ଣ୍ଣ	ଓଡ଼ିଆ-ଶବ୍ଦ
क	କ	କଳ
ख	ଖ	ନଖ
ग	ଗ	ଟଗର
घ	ଘ	ଘର
ङ	ଙ	ବଙ୍କା
च	ଚ	ଚପଲ
छ	ଛ	ଛତା
ज	ଜ	ଜାଦୁ
झ	ଝ	ଝିଙ୍କିର
ञ	ଞ	ପଞ୍ଚୁରୀ
ट	ଟ	ଟଗର
ठ	ଠ	କଠଉ

ड	ଡ	ଡମ୍ବରୁ
ढ	ଢ	ଢାବା
ण	ଣ	ବଣ
त	ତ	ତଟ
थ	ଥ	ବଥ
द	ଦ	ପାଦ
ध	ଧ	ଧର୍ମ
न	ନ	ନଖ
प	ପ	ପଦ
फ	ଫ	ଫଳ
ब	ବ	ବଗ
भ	ଭ	ଭାଗ୍ୟ
म	ମ	ମନ
य	ୟ	ମୟୁର
र	ର	ରମଣୀ
ल	ଲ	ତେଲ
व	ଓ	ଜ୍ୱର
श	ଶ	ଶିଶୁ
ष	ଷ	ଚାଷ
स	ସ	ସହର
ह	ହ	ହସ
ड़	ଡ଼	ବାଡ଼
ढ़	ଢ଼	ଚଢ଼େଇ

ବର୍ଣ୍ଣମାଳା କେମିତି ଲେଖିବା

ହିନ୍ଦୀ ବର୍ଣ୍ଣମାଳା ଦେବନାଗରୀ ଲିପିରେ ଲେଖାଯାଇଥାଏ । ଏହି ଲିପି ଡାହାଣରୁ ବାମ ଆଡ଼କୁ ଲେଖାଯାଏ ଏବଂ ପ୍ରତ୍ୟେକ ବର୍ଣ୍ଣର ଉପରେ ଏକ ଶାୟିତ ଦଣ୍ଡ ଅଙ୍କା ଯାଇଥାଏ । ନିମ୍ନରେ ହିନ୍ଦୀ ବର୍ଣ୍ଣମାଳାର ଲିଖିତ ରୂପ ପ୍ରଦତ୍ତ । ପାଠକମାନେ ଏହି ହିନ୍ଦୀ ଅକ୍ଷରଗୁଡ଼ିକୁ ମନେ ରଖି ଅଭ୍ୟାସ କରିବେ ବୋଲି ଆଶାକରୁ ।

ସ୍ୱରବର୍ଣ୍ଣ ସ୍ୱର

अ	आ	इ	ई	उ	ऊ
ऋ	ए	ऐ	ओ	औ	अं	अः

ବ୍ୟଞ୍ଜନ व्यंजन

क	ख	ग	घ	ङ
च	छ	ज	झ	ञ
ट	ठ	ड	ढ	ण
त	थ	द	ध	न
प	फ	ब	भ	म
य	र	ल	व	श
ष	स	ह	क्ष	त्र
ज़	ड़	ढ़		

ସ୍ୱର ଏବଂ ସେଗୁଡ଼ିକର ମାତ୍ରା
स्वर एवं उनकी मात्राएँ

ସ୍ୱର ବର୍ଣ୍ଣ (स्वर) : अ आ इ ई उ ऊ ऋ ए ऐ ओ औ

ମାତ୍ରା (मात्राएं) : ा ि ी ु ू ृ े ै ो ौ

ଏହି ମାତ୍ରାଗୁଡ଼ିକ ନିମ୍ନ ପ୍ରକାର ବ୍ୟବହାର କରାଯାଏ:

(a) ा ी ो ौ — ବ୍ୟଞ୍ଜନ ବର୍ଣ୍ଣ ପରେ

(b) ि — ବ୍ୟଞ୍ଜନ ବର୍ଣ୍ଣ ପୂର୍ବରୁ

(c) ु ू ृ — ବ୍ୟଞ୍ଜନ ବର୍ଣ୍ଣ ତଳେ

(d) े ै — ବ୍ୟଞ୍ଜନ ବର୍ଣ୍ଣ ଉପରେ

क	का	कि	की	कु	कू	कृ	के	कै	को	कौ	कं	कः
କ	କା	କି	କୀ	କୁ	କୂ	କୃ	କେ	କୈ	କୋ	କୌ	କଂ	କଃ
ख	खा	खि	खी	खु	खू	खृ	खे	खै	खो	खौ	खं	खः
ଖ	ଖା	ଖି	ଖୀ	ଖୁ	ଖୂ	ଖୃ	ଖେ	ଖୈ	ଖୋ	ଖୌ	ଖଂ	ଖଃ
ग	गा	गि	गी	गु	गू	गृ	गे	गै	गो	गौ	गं	गः
ଗ	ଗା	ଗି	ଗୀ	ଗୁ	ଗୂ	ଗୃ	ଗେ	ଗୈ	ଗୋ	ଗୌ	ଗଂ	ଗଃ
घ	घा	घि	घी	घु	घू	घृ	घे	घै	घो	घौ	घं	घः
ଘ	ଘା	ଘି	ଘୀ	ଘୁ	ଘୂ	ଘୃ	ଘେ	ଘୈ	ଘୋ	ଘୌ	ଘଂ	ଘଃ

च	चा	चि	ची	चु	चू	चृ	चे	चै	चो	चौ	चं	चः
ଚ	ଚା	ଚି	ଚୀ	ଚୁ	ଚୂ	ଚୃ	ଚେ	ଚୈ	ଚୋ	ଚୌ	ଚଂ	ଚଃ
ट	टा	टि	टी	टु	टू	टृ	टे	टै	टो	टौ	टं	टः
ଟ	ଟା	ଟି	ଟୀ	ଟୁ	ଟୂ	ଟୃ	ଟେ	ଟୈ	ଟୋ	ଟୌ	ଟଂ	ଟଃ
त	ता	ति	ती	तु	तू	तृ	ते	तै	तो	तौ	तं	तः
ଠ	ଠା	ଠି	ଠୀ	ଠୁ	ଠୂ	ଠୃ	ଠେ	ଠୈ	ଠୋ	ଠୌ	ଠଂ	ଠଃ
प	पा	पि	पी	पु	पू	पृ	पे	पै	पो	पौ	पं	पः
ପ	ପା	ପି	ପୀ	ପୁ	ପୂ	ପୃ	ପେ	ପୈ	ପୋ	ପୌ	ପଂ	ପଃ
य	या	यि	यी	यु	यू	यृ	ये	यै	यो	यौ	यं	यः
ଯ	ଯା	ଯି	ଯୀ	ଯୁ	ଯୂ	ଯୃ	ଯେ	ଯୈ	ଯୋ	ଯୌ	ଯଂ	ଯଃ
र	रा	रि	री	रु	रू	—	रे	रै	रो	रौ	रं	रः
ର	ରା	ରି	ରୀ	ରୁ	ର	ର	ରେ	ରୈ	ରୋ	ରୌ	ରଂ	ରଃ
ल	ला	लि	ली	लु	लू	लृ	ले	लै	लो	लौ	लं	लः
ଳ	ଳା	ଳି	ଳୀ	ଳୁ	ଳୂ	ଳୃ	ଳେ	ଳୈ	ଳୋ	ଳୌ	ଳଂ	ଳଃ
व	वा	वि	वी	वु	वू	वृ	वे	वै	वो	वौ	वं	वः
ଓ	ଓା	ଓି	ଓୀ	—	—	—	ଓେ	—	—	—	—	—
श	शा	शि	शी	शु	शू	शृ	शे	शै	शो	शौ	शं	शः
ଶ	ଶା	ଶି	ଶୀ	ଶୁ	ଶୂ	ଶୃ	ଶେ	ଶୈ	ଶୋ	ଶୌ	ଶଂ	ଶଃ
स	सा	सि	सी	सु	सू	सृ	से	सै	सो	सौ	सं	सः
ସ	ସା	ସି	ସୀ	ସୁ	ସୂ	ସୃ	ସେ	ସୈ	ସୋ	ସୌ	ସଂ	ସଃ
ह	हा	हि	ही	हु	हू	हृ	हे	है	हो	हौ	हं	हः
ହ	ହା	ହି	ହୀ	ହୁ	ହୂ	ହୃ	ହେ	ହୈ	ହୋ	ହୌ	ହଂ	ହଃ

आ (ଥା)

काम **कान्,** କାର୍ଯ୍ୟ	नाम **नाम,** ନାମ
माता **माता,** ମାତା	खाना **खाना,** ଖାଦ୍ୟ
बड़ा **बड़ा,** ବଡ଼	पता **पता,** ଠିକଣା
जागना **जागना,** ଉଠିବା	भागना **भागना,** ଦୌଡ଼ିବା
गहना **गहना,** ଗହଣା	झरना **झरना,** ଝରଣା

इ (ଇ)

दिन **दिन,** ଦିନ	सिर **सिर,** ମୁଣ୍ଡ
पिता **पिता,** ବାପା	बिना **बिना,** ବ୍ୟତିତ
यदि **यदि,** ଯଦି	गति **गति,** ଗତି
मित्र **मित्र,** ବନ୍ଧୁ	चित्र **चित्र,** ଚିତ୍ର
शनिवार **शनिवार,** ଶନିବାର	रविवार **रविवार,** ରବିବାର

ई (ଈ)

ठीक **ठीक्,** ଠିକ୍	गीत **गीत्,** ଗୀତ
गरीब **गरीब,** ଗରୀବ	शरीर **शरीर,** ଶରୀର
दीवार **दीवार,** କାନ୍ଥ	बीमार **बीमार,** ବେମାର
गरमी **गरमी,** ଗ୍ରୀଷ୍ମ	सर्दी **सर्दी,** ଶୀତ

उ (ଉ)

गुण **गुण,** ଗୁଣ	सुन **सुन,** ଶୁଣ
गुलाब **गुलाब,** ଗୋଲାପ	चुनाव **चुनाव,** ନିର୍ବାଚନ
पशु **पशु,** ପଶୁ	वायु **वायु,** ପବନ

ऊ (ଊ)

झूठ ** झूठ**, ମିଛ	दूध **दूध**, କ୍ଷୀର
फूल **फूल**, ଫୁଲ	भूल **भूल**, ଭୁଲ
चाकू **चाकू**, ଛୁରୀ	डाकू **डाकू**, ଡକାୟତ
शुरू **शुरू**, ଆରମ୍ଭ	रूप **रूप**, ଆକାର, ସୌନ୍ଦର୍ଯ୍ୟ
रूठना **रूठना**, ଅଭିମାନ କରିବା	रूखा **रूखा**, ଖଦଡ଼ିଆ

ऋ (ଋ)

कृपा **कृपा**, କୃପା	घृणा **घृणा**, ଘୃଣା
कृषि **कृषि**, କୃଷି	गृह **गृह**, ଗୃହ ବା ଘର
पृथक् **पृथक्**, ପୃଥକ୍	कृपण **कृपण**, କୃପଣ

ए (ଏ)

देश **देश**, ଦେଶ	खेत **खेत**, ଚାଷଜମି
मुझे **मुझे**, ମୋତେ	उसे **उसे**, ତାକୁ
सेवा **सेवा**, ସେବା	सेना **सेना**, ସେନା
लेटना **लेटना**, ତଳେ ଶୋଇବା	बेंचना **बेंचना**, ବିକିବା

ऐ (ଐ)

कैसे **कैसे**, କେମିତି	वैसे **वैसे**, ସେହିଭଳି
वैर **वैर**, ଶତ୍ରୁ	गैर **गैर**, ଅନ୍ୟ
मैला **मैला**, ମଇଳା	थैला **थैला**, ଥଲି
दैनिक **दैनिक**, ଦୈନିକ	सैनिक **सैनिक**, ସୈନିକ

ओ (ଓ)

चोर **ଚୋର,** ଚୋର	मोर **ମୋର,** ମୟୂର
दोष **ଦୋଷ,** ଦୋଷ	कोष **କୋଷ,** କୋଷ
तोड़ना **ତୋଡ଼ନା,** ଭାଙ୍ଗିବା	जोड़ना **ଜୋଡ଼ନା,** ଯୋଡ଼ିବା
भोजन **ଭୋଜନ,** ଭୋଜନ	बोतल **ବୋତଲ,** ବୋତଲ

औ (ଔ)

कौन **କୌନ,** କିଏ	मौन **ମୌନ,** ମଉନ
नौकर **ନୌକର,** ଚାକର	चौथा **ଚୌଥା,** ଚୌଥ
कौआ **କୌଆ,** କୁଆ	हौआ **ହୌଆ,** ଭୂତ
मौसम **ମୌସମ,** ପାଣିପାଗ	चौड़ा **ଚୌଡ଼ା,** ଚଉଡ଼ା

अनुस्वार (˙)

अंक **ଅଂକ,** ଅଙ୍କ	अंग **ଅଂଗ,** ଅଙ୍ଗ
अंश **ଅଂଶ,** ଅଂଶ	सिंह **ସିଂହ,** ସିଂହ

विसर्ग (:)

दुःख **ଦୁଃଖ,** ଦୁଃଖ	निःसंकोच **ନିଃସଂକୋଚ,** ନିଃସଂକୋଚ
पुनः **ପୁନଃ,** ପୁନର୍ବାର	दुःसह **ଦୁଃସହ,** ଦୁଃସହ

अनुनासिक (˙̃)

हँसी **ହଁସୀ,** ହାସ୍ୟ	हूँ **ହୁଁ,** ଅଟେ
आँख **ଆଁଖ,** ଆଖି	कहाँ **କହାଁ,** କେଉଁଠ

30 ଦିନରେ ଓଡ଼ିଆ ମାଧ୍ୟମରେ ହିନ୍ଦୀ ଶିଖନ୍ତୁ

ସଂଯୁକ୍ତ ବର୍ଣ୍ଣ
संयुक्त वर्ण

ଯେତେବେଳେ ଗୋଟିଏ ବ୍ୟଞ୍ଜନ ବର୍ଣ୍ଣ ସହ ଏକ ବା ଏକାଧିକ ବ୍ୟଞ୍ଜନ ବର୍ଣ୍ଣ ଯୁକ୍ତ ହୋଇ ଥାଆନ୍ତି, ସେତେବେଳେ ତାହାକୁ ସଂଯୁକ୍ତ ବର୍ଣ୍ଣ କୁହାଯାଇ ଥାଏ।

ସାଧାରଣତଃ ସଂଯୁକ୍ତ ବର୍ଣ୍ଣକୁ ନିମ୍ନ ପାଞ୍ଚ ପ୍ରକାରରେ ବିଭକ୍ତ କରାଯାଇଥାଏ।

1. पाई वाले व्यंजन

ग्ग	ग्घ	घ्य	च्च	च्छ	ज्व
त्थ	घ्य	न्य	प्व	ब्य	भ्य
म्य	ल्य	व्य	श्क	ष्य	स्व

2. खूँटीधारी पाई वाले व्यंजन

क् + य = क्य — क्य, क्व, क्त, क्ल

फ् + त = फ्त — फ्त, फ्य, फ्व, फ्न

क् + क = क्क, फ् + क = फक

3. बिना पाई व्यंजन (ऊपर-नीचे लिखे जाने वाले)

द् + द = द्द   द् + ध = द्ध

ह् + र = ह्र   द् + व = द्व

ट् + र = ट्र   ड् + र = ड्र

4. बिना पाई व्यंजन (अलग-अगल लिखे जाने वाले)

ट् + ट = ट्ट,   ट् + ठ = ट्ठ

ड् + ड = ड्ड,   द् + य = द्य

5. संयुक्ताक्षरों के अपवाद रूप

(i) व्यंजन + र

क् + र = क्र/ ग्र, घ्र, ज्र, झ्र

त् + र = त्र/ ञ्र, द्र, ध्र

प् + र = प्र/ फ्र, ब्र, भ्र, म्र

श् + र = श्र/ व्र, स्र

(ii) र् + व्यंजन

र् + क = र्क, र्ख, र्ग, र्घ, र्च

र् + छ = र्छ, र्ज, र्ट, र्ठ, र्ड

र् + ण = र्ण, र्त, र्थ, र्द, र्ध

र् + न = र्न, र्प, र्फ, र्ब, र्भ

र् + म = र्म, र्य, र्व, र्ल, र्श

र् + ष = र्ष, र्स, र्ह

(iii) ह् + य, म, न

ह् + म = ह्म

ह् + य = ह्य

ह् + न = ह्न

ह् + व = ह्व

द् + म = द्म

द् + य = द्य

(iv) क्ष, त्र, ज्ञ

क् + ष = क्ष (कक्षा)

त् + र = त्र किम्वा व्र (पत्र)

ज् + ञ = ज्ञ (ज्ञानी)

ଆସନ୍ତୁ, ସଂଯୁକ୍ତ ବର୍ଷ ବ୍ୟବହାର ହୋଇଥିବା କିଛି ଶବ୍ଦ ଅଧ୍ୟୟନ କରିବା।

भक्ति **ଭକ୍ତି,** ଭକ୍ତି	शक्ति **ଶକ୍ତି,** ଶକ୍ତି
मुख्य **ମୁଖ୍ୟ,** ମୁଖ୍ୟ	संख्या **ସଂଖ୍ୟା,** ସଂଖ୍ୟା
उपस्थित **ଉପସ୍ଥିତ,** ଉପସ୍ଥିତ	स्थिति **ସ୍ଥିତି,** ସ୍ଥିତି
योग्य **ଯୋଗ୍ୟ,** ଯୋଗ୍ୟ	ग्यारह **ଗ୍ୟାରହ,** ଏଗାର
विद्या **ବିଦ୍ୟା,** ବିଦ୍ୟା	द्वारा **ଦ୍ୱାରା,** ଦ୍ୱାରା
यत्न **ଯତ୍ନ,** ଯତ୍ନ	सत्य **ସତ୍ୟ,** ସତ୍ୟ
प्यार **ପ୍ୟାର,** ପ୍ରେମ	प्यास **ପ୍ୟାସ,** ଶୋଷ
न्याय **ନ୍ୟାୟ,** ନ୍ୟାୟ	अन्य **ଅନ୍ୟ,** ଅନ୍ୟ
बच्चा **ବଚ୍ଚା,** ଶିଶୁ	लज्जा **ଲଜ୍ଜା,** ଲଜ୍ଜା
खट्टा **ଖଟ୍ଟା,** ଖଟା	अड्डा **ଅଡ୍ଡା,** ଆଡ୍ଡା
बिल्ली **ବିଲ୍ଲୀ,** ବିଲେଇ	पुण्य **ପୁଣ୍ୟ,** ପୁଣ୍ୟ
कार्य **କାର୍ଯ୍ୟ,** କାର୍ଯ୍ୟ	शर्म **ଶର୍ମ,** ସରମ
अर्थ **ଅର୍ଥ,** ଅର୍ଥ	वर्ष **ବର୍ଷ,** ବର୍ଷ
वर्षा **ବର୍ଷା,** ବର୍ଷା	कार्यालय **କାର୍ଯ୍ୟାଳୟ,** କାର୍ଯ୍ୟାଳୟ
प्रकाश **ପ୍ରକାଶ,** ଆଲୋକ	ग्राम **ଗ୍ରାମ,** ଗ୍ରାମ
क्रम **କ୍ରମ,** କ୍ରମିକ	श्रम **ଶ୍ରମ,** ଶ୍ରମ
ड्रामा **ଡ୍ରାମା,** ଡ୍ରାମା	राष्ट्र **ରାଷ୍ଟ୍ର,** ରାଷ୍ଟ୍ର

ଶବ୍ଦର ଭେଦ
शब्द के भेद

କୌଣସି ଏକ ବାକ୍ୟରେ ଶବ୍ଦର କାର୍ଯ୍ୟ ଅନୁସାରେ ତାହାକୁ ମୁଖ୍ୟତଃ ଆଠ ଭାଗରେ ବିଭକ୍ତ କରାଯାଇଥାଏ। ସେଗୁଡ଼ିକୁ 'ପଦ' କୁହାଯାଏ। ଏହି ପଦଗୁଡ଼ିକ ହେଲା :

1. संज्ञा (ସଂଜ୍ଞା)
2. सर्वनाम (ସର୍ବନାମ)
3. विशेषण (ବିଶେଷଣ)
4. क्रिया (କ୍ରିୟା)
5. क्रिया-विशेषण (କ୍ରିୟା-ବିଶେଷଣ)
6. संबंध-बोधक (ସମ୍ବନ୍ଧ-ବୋଧକ)
7. योजक (ସଂଯୋଗୀକରଣ)
8. विस्मयादिबोधक (ବିସ୍ମୟସୂଚକ)

ଏଗୁଡ଼ିକ ମଧ୍ୟରୁ ପ୍ରଥମ ଚାରୋଟି ବିକାରୀ (विकारी) ଏବଂ ଶେଷ ଚାରୋଟି ହେଉଛି ଅବିକାରୀ (अविकारी)।

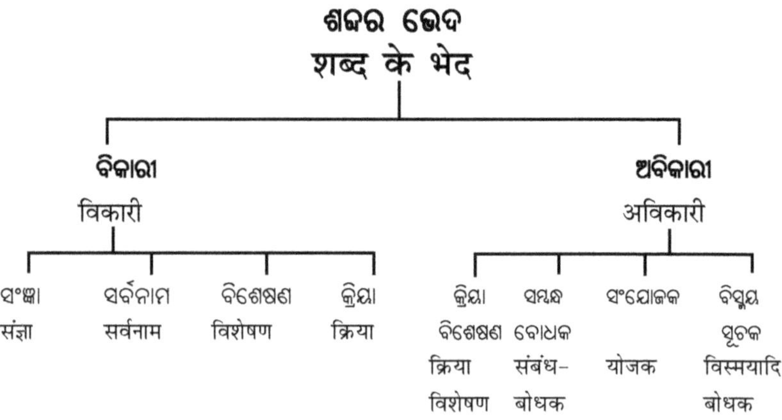

संख्या। संज्ञा

संख्या एक नामबाचक शब्द। हिन्दी भाষारे मुख्यतः तिनि प्रकार संख्या रहिछि।

(i) व्यक्तिवाचक ବ୍ୟକ୍ତିବାଚକ

(ii) जातिवाचक ଜାତିବାଚକ

(iii) भाववाचक ଭାବବାଚକ

गोपाल एक पुरुष है।	ଗୋପାଳ ଜଣେ ପୁରୁଷ ଅଟେ।
मुम्बई एक नगर है।	ମୁମ୍ବାଇ ଏକ ନଗର ଅଟେ।
बाइबिल एक पुस्तक है।	ବାଇବେଲ ଏକ ପୁସ୍ତକ ଅଟେ।

(i) ଗୋପାଲ, ମୁମ୍ବାଇ ଏବଂ ବାଇବିଲ - ଏହି ସଂଖ୍ୟା ବା ବିଶେଷ୍ୟ ପଦଗୁଡ଼ିକ କୌଣସି ବ୍ୟକ୍ତି, ସ୍ଥାନ ଏବଂ ଦ୍ରବ୍ୟର ନାମକୁ ବୁଝାଉଛି। ଏଗୁଡ଼ିକ **ବ୍ୟକ୍ତିବାଚକ** ସଂଖ୍ୟା ଅନ୍ତର୍ଭୁକ୍ତ।

(ii) ପୁରୁଷ, ନଗର ଏବଂ ପୁସ୍ତକ - ଏହି ଶବ୍ଦଗୁଡ଼ିକ କୌଣସି ନା କୌଣସି ପ୍ରକାରକୁ ଦର୍ଶାଉଛନ୍ତି। ଏଗୁଡ଼ିକ **ଜାତିବାଚକ** ସଂଖ୍ୟା ଅନ୍ତର୍ଭୁକ୍ତ ଅଟନ୍ତି।

(iii) **ଭାବବାଚକ** ସଂଖ୍ୟା ହେଉଛି ତୃତୀୟ ପ୍ରକାରର ସଂଖ୍ୟା ଶବ୍ଦ। ଏଗୁଡ଼ିକ କୌଣସି ଗୁଣ, ଭାବ, ଅବସ୍ଥା କିମ୍ବା କର୍ମର ନାମକୁ ବୁଝାଇ ଥାଆନ୍ତି। ଉଦାହରଣ ସ୍ୱରୂପ: ପୁରୁଷତ୍ୱ ନାଗରିକତା, ଜ୍ଞାନ ଆଦି।

ନିମ୍ନ ବାକ୍ୟଗୁଡ଼ିକୁ ପଢ଼ନ୍ତୁ:

(a) सच्चाई मनुष्य का सर्वोत्तम गुण है।	ସତ୍ୟତା ମନୁଷ୍ୟର ସର୍ବୋତ୍ତମ ଗୁଣ ଅଟେ।
(b) मुझे अपने बचपन की याद है	ମୋ ପିଲାଦିନ କଥା ମୋର ମନେଅଛି।
(c) मुस्कराहट में जीवन है।	ହାସ୍ୟରେ ଜୀବନ ରହିଛି।

ଉପରୋକ୍ତ ବାକ୍ୟଗୁଡ଼ିକରେ ସଚ୍ଚାଈ, ବଚପନ ଏବଂ ମୁସ୍କରାହଟ ହେଉଛି ଭାବବାଚକ ସଂଖ୍ୟା ପଦ।

ଏହି ଭାବବାଚକ ସଂଖ୍ୟା ପଦ ଗୁଡ଼ିକ ନିମ୍ନ ତିନି ପ୍ରକାର ଶୈଳୀରେ ତିଆରି ହୋଇ ପାରନ୍ତି:

(1) जातिवाचक संज्ञाओं से (ଜାତିବାଚକ ସଂଖ୍ୟାରୁ)

(2) विशेषणों से (ବିଶେଷଣରୁ)

(3) क्रियाओं से (କ୍ରିୟାରୁ)

ଜାତିବାଚକ ସଂଜ୍ଞାରୁ

ଜାତିବାଚକ ସଂଜ୍ଞା	ଭାବବାଚକ ସଂଜ୍ଞା	ଜାତିବାଚକ ସଂଜ୍ଞା	ଭାବବାଚକ ସଂଜ୍ଞା
शत्रु	— शत्रुता; ଶତ୍ରୁତା	पुरुष	— पुरुषत्व, ପୁରୁଷତ୍ୱ
मानव	— मानवता; ମାନବିକତା	गुरु	— गुरुत्व, ଗୁରୁତ୍ୱ
मित्र	— मित्रता; ମିତ୍ରତା	देव	— देवत्व, ଦେବତ୍ୱ
लड़का	— लड़कपन; ପିଲାଳିଥାମା	बच्चा	— बचपन, ଶୈଶବ
चोर	— चोरी; ଚୋରି	बच्चा	— बचपन, ଶୈଶବ

ବିଶେଷଣରୁ

ବିଶେଷଣ	ଭାବବାଚକ ସଂଜ୍ଞା	ବିଶେଷଣ	ଭାବବାଚକ ସଂଜ୍ଞା
चतुर	— चतुरता; ଚତୁରତା	चतुर	— चातुर्य, ଚାତୁର୍ଯ୍ୟ
सुंदर	— सुंदरता; ସୁନ୍ଦରତା	सुंदर	— सौंदर्य, ସୌନ୍ଦର୍ଯ୍ୟ
मधुर	— मधुरता; ମଧୁରତା	मधुर	— माधुर्य, ମାଧୁର୍ଯ୍ୟ
लघु	— लघुता; ଲଘୁତା	लघु	— लघुत्व, ଲଘୁତ୍ୱ
बुरा	— बुराई; ଖରାପ	भला	— भलाई, ମାଙ୍ଗଳିକ
ऊँचा	— ऊँचाई; ଉଚ୍ଚତା	अच्छा	— अच्छाई, ଉଚ୍ଚତା
सर्द	— सर्दी, ଶୀତୁଆ	बूढ़ा	— बुढ़ापा; ବାର୍ଦ୍ଧକ୍ୟ
मोटा	— मोटापा, ମୋଟାପଣ		

क्रियाru

क्रिया		भाववाचक संज्ञा	क्रिया		भाववाचक संज्ञा
समझना	—	समझ; ଜ୍ଞାନ	जाँचना	—	जाँच, ପରଖ
झगड़ना	—	झगड़ा; ଝେଡ଼ା	छापना	—	छापा, ଛାପ୍ର
लड़ना	—	लड़ाई; ଯୁଦ୍ଧ	लिखना	—	लिखाई, ଲିପି
लिखना	—	लिखावट; ଲେଖା	सजाना	—	सजावट, ସାଜସଜ୍ଜା
बचना	—	बचत; ସଞ୍ଚୟ	खपना	—	खपत, ଖର୍ଚ୍ଚ

REMARKS

1. ମୂଳ ଶବ୍ଦରେ ସାଧାରଣତଃ ନିମ୍ନ ଉପସର୍ଗ ଗୁଡ଼ିକ ଯୋଗ କରାଯାଇ ଭାବବାଚକ ସଂଜ୍ଞା ତିଆରି କରାଯାଇଥାଏ। ଯଥା:

   (i) –ता, –त्व, –पनः ଉଦାହରଣ: मनुष्यता, देवत्व, बचपन

   (ii) –ता, –त्व, –आई, –ई, आपा –य ଉଦାହରଣ: सुंदरता, लघुत्व, नीचाई, गर्मी, बुढ़ापा, सौंदर्य

   (iii) –आई, आवट, आहट, –आ, त ଉଦାହରଣ: पढ़ाई, बनावट, घबराहट, झगड़ा, लिखत

2. ବେଳେବେଳେ ଏହି ଭାବବାଚକ ସଂଜ୍ଞା ମୂଳ ଶବ୍ଦ ହୋଇଥାଏ ଏବଂ ଏଥିରୁ ଅନ୍ୟ ପଦ ସୃଷ୍ଟି ହୋଇପାରେ। ଉଦାହରଣ ସ୍ୱରୂପ:

ଭାବବାଚକ ସଂଜ୍ଞା	ନିର୍ମିତ ଶବ୍ଦ
समझ	समझना
जाँच	जाँचना

লିଙ୍ଗ
लिंग

ଲିଙ୍ଗ (लिंग) ସଂଖ୍ୟା। ପଦର ଲିଙ୍ଗ ଜନିତ ପ୍ରଭେଦକୁ ଦର୍ଶାଇଥାଏ। ହିନ୍ଦୀ ଭାଷାରେ ଦୁଇ ପ୍ରକାର ଲିଙ୍ଗ ରହିଛି, ଯଥା: ପୁଲ୍ଲିଗ (ପୁଲିଙ୍ଗ) ଏବଂ ସ୍ତ୍ରୀଲିଂ (ସ୍ତ୍ରୀଲିଙ୍ଗ)।

पुल्लिग ପୁଲିଙ୍ଗ	स्त्रीलिंग ସ୍ତ୍ରୀଲିଙ୍ଗ
पुरुष (ପୁରୁଷ)	स्त्री (ସ୍ତ୍ରୀ)
कुत्ता (କୁକୁର)	कुतिया (ମାଇ କୁକୁର)
बैल (ବୃଷଭ)	गाय (ଗାଈ)
सिंह (ସିଂହ)	सिंहनी (ସିଂହୀ)
ऊँट (ଓଟ)	ऊँटनी (ମାଇଓଟ)
घोड़ा (ଘୋଡ଼ା)	घोड़ी (ଘୋଡ଼ି)
लड़का (ବାଳକ)	लड़की (ବାଳିକା)
नौकर (ଚାକର)	नौकरानी (ଚାକରାଣୀ)
धोबी (ଧୋବା)	धोबिन (ଧୋବଣୀ)
बूढ़ा (ବୁଢ଼ା)	बुढ़िया (ବୁଢ଼ୀ)
पिता (ପିତା)	माता (ମାତା)
पुत्र (ପୁତ୍ର)	पुत्री (ପୁତ୍ରୀ)
भाई (ଭାଇ)	बहन (ଭଉଣୀ)
चाचा (ଦାଦା)	चाची (ଖୁଡ଼ୀ)
ताया/ताऊ (ବଡ଼ବାପା)	ताई (ବଡ଼ମାଆ)

मामा (ମାମୁଁ)   मामी (ମାଈଁ)

मौसा (ମଉସା)   मौसी (ମାଉସୀ)

फूफा (ପିଉସା)   फूफी (ପିଉସୀ)

भांजा (ଭଣଜା)   भांजी (ଭାଣିଜୀ)

भतीजा (ପୁତୁରା)   भतीजी (ଝିଆରୀ)

साला (ଶଳା)   साली (ଶାଳୀ)

देवर/जेठ (ଦିଅର/ଦେଢ଼ଶୁର)   ननद (ନଣନ୍ଦ)

चचेरा भाई (ଦାଦା ପୁଅ)   चचेरी बहन (ଦାଦା ଝିଅ)

फुफेरा भाई (ପିଉସୀ ପୁଅ)   फुफेरी बहन (ପିଉସୀ ଝିଅ)

ममेरा भाई (ମାମୁଁ ପୁଅ)   ममेरी बहन (ମାମୁଁ ଝିଅ)

मौसरा भाई (ମାଉସୀ ପୁଅ)   मौसेरी बहन (ମାଉସୀ ଝିଅ)

प्राणी-हीन पदार्थों का लिंग ନିର୍ଜୀବ ପଦାର୍ଥଗୁଡ଼ିକର ଲିଙ୍ଗ

ହିନ୍ଦୀ ଭାଷାରେ ଲିଙ୍ଗ ସମ୍ବନ୍ଧରେ ଏକ ଗୁରୁତ୍ୱପୂର୍ଣ୍ଣ କଥା ହେଉଛି ଏହା ଯେ ଅନ୍ୟ ଭାଷା ଭଳି ଏଥିରେ କ୍ଲୀବ ଲିଙ୍ଗ (ଯାହାର କୌଣସି ଲିଙ୍ଗ ନଥାଏ) ନାହିଁ। ତେଣୁ ସମସ୍ତ ନିର୍ଜୀବ ବସ୍ତୁ ତଥା ଭାବବାଚକ ସଂଜ୍ଞା ଶବ୍ଦଗୁଡ଼ିକ ପୁଲିଙ୍ଗ କିମ୍ବା ସ୍ତ୍ରୀଲିଙ୍ଗ ମଧ୍ୟରୁ ଗୋଟିଏ ନିଶ୍ଚୟ ହୋଇଥାଆନ୍ତି। ସେଥିପାଇଁ ହିନ୍ଦୀରେ ଶବ୍ଦର ଲିଙ୍ଗ ନିର୍ଣ୍ଣୟ କରିବା ଏକ କଷ୍ଟକର ବ୍ୟାପାର।

ସାଧାରଣତଃ ନିମ୍ନ ଲିଖିତ ନିୟମ ଆଧାରରେ ନିର୍ଜୀବ ବସ୍ତୁର ଲିଙ୍ଗ ନିର୍ଣ୍ଣୟ ହୋଇଥାଏ।

(i) अर्थ के आधार पर (ଅର୍ଥ ଆଧାରରେ)

(ii) रूप के आधार पर (ରୂପ ଆଧାରରେ)

(i) अर्थ के आधार पर (ଅର୍ଥ ଆଧାରରେ):

पुल्लिंग ପୁଲିଙ୍ଗ   स्त्रीलिंग ସ୍ତ୍ରୀଲିଙ୍ଗ

(1) ଦେଶ ତଥା ରାଜ୍ୟର ନାମ ଇତ୍ୟାଦି   (1) ବିଭିନ୍ନ ଗାଡ଼ି ତଥା ଯାନବାହନର ନାମ

भारत, पाकिस्तान, बांग्लादेश,   रेलगाड़ी, गाड़ी,

जापान, बर्मा, अमरीका,   बस, लारी, मोटर कार,

इंग्लैंड, रूस, फ्रांस ଇତ୍ୟାଦି।

नौका, नाव, किश्ती

ବ୍ୟତିକ୍ରମ –

वायुयान, जलयान जहाज, स्टीमर, हवाई जहाज, ठेला, तांगा (ପୁଲିଙ୍ଗ)

पंजाब, हरियाणा, हिमाचल प्रदेश, उत्तर प्रदेश, तमिलनाडु, कर्नाटक, आंध्र प्रदेश, महाराष्ट्र, गुजरात, राजस्थान ଇତ୍ୟାଦି।

(2) ପର୍ବତ ଏବଂ ମହାସାଗର ନାମ

हिमालय, विंध्याचल, सुमेरू पर्वत, हिंद महासागर, अंध महासागर, अरब सागर, लाल सागर

ବ୍ୟତିକ୍ରମ – बंगाल की खाड़ी (ସ୍ତ୍ରୀଲିଙ୍ଗ)

(2) ନଦୀ ଏବଂ କେନାଲ ନାମ

सतलुज, व्यास, रावी, चनाब, जेहलम, गंगा, यमुना, गोदावरी, कृष्णा, नर्मदा, ताप्ती

ବ୍ୟତିକ୍ରମ – सिंधु, ब्रह्मपुत्र, सोन (ପୁଲିଙ୍ଗ)

(3) ସମୟ ଅବଧି, ବାର ଏବଂ ମାସ ନାମ

(a) क्षण, पल, सेकंड, मिनट, घंटा, सप्ताह, पक्ष, पखवाड़ा मास, महीना, वर्ष, साल ଇତ୍ୟାଦି।

(b) सोमवार, मंगलवार, बुधवार ଇତ୍ୟାଦି।

(c) चैत्र, वैशाख, ज्येष्ठ, आषाढ़, श्रावण, कार्तिक, पौष, माघ, भाद्रपद, फाल्गुन आदि (देसी माह), और जनवरी, फरवरी, मार्च, अप्रैल, आदि (अंग्रेजी माह)।

(3) ତିଥି ନାମ (ଚନ୍ଦ୍ର ଅନୁସାରେ)

प्रथमा, द्वितीया, पंचमी, अष्टमी, दशमी, द्वादशी, अमावस्या, पूर्णिमा, दूज, तीज, चौदस ଇତ୍ୟାଦି।

(4) ଗ୍ରହଗୁଡ଼ିକର ନାମ:

सूर्य, चंद्र, मंगल, बुध, शनि, राहु, केतु ଇତ୍ୟାଦି।

ବ୍ୟତିକ୍ରମ – पृथ्वी (ସ୍ତ୍ରୀଲିଙ୍ଗ)

(4) ମସଲାଗୁଡ଼ିକର ନାମ:

इलायची, सुपारी, मिर्च, दालचीनी, हल्दी, मुलहठी

ବ୍ୟତିକ୍ରମ – नमक, जीरा, अदरक

(5) ধাতু গুড়িকর নাম:

सोना, लोहा, कांसा, तांबा,

टीन ଇତ୍ୟାଦି।

ବ୍ୟତିକ୍ରମ – चाँदी (ସ୍ତ୍ରୀଲିଙ୍ଗ)

(6) ରତ୍ନ ଗୁଡ଼ିକର ନାମ:

हीरा, पन्ना, पुखराज,

नीलम, मोती ଇତ୍ୟାଦି।

ବ୍ୟତିକ୍ରମ – मणि (ସ୍ତ୍ରୀଲିଙ୍ଗ)

(7) ଗଛଗୁଡ଼ିକର ନାମ:

पीपल, आम, बड़ ଇତ୍ୟାଦି।

तरकारी, सब्जी, खिचड़ी ଇତ୍ୟାଦି।

(5) ନକ୍ଷତ୍ର ଗୁଡ଼ିକର ନାମ:

अश्विनी, भरणी, मृगशिरा,

स्वाती ଇତ୍ୟାଦି।

(6) ଭାଷା ଗୁଡ଼ିକର ନାମ:

हिंदी, पंजाबी, उर्दू, बंगला,

मलयालम, कन्नड, तेलुगु,

मराठी, गुजराती, सिंधी ଇତ୍ୟାଦି।

(7) ବ୍ୟଞ୍ଜନ ଗୁଡ଼ିକର ନାମ:

पूरी, कचौड़ी, रोटी, दाल, भाजी ଇତ୍ୟାଦି।

ବ୍ୟତିକ୍ରମ – परांठा, दलिया (ପୁଲିଙ୍ଗ)

(ii) रूप के आधार पर (ରୂପ ଆଧାରରେ)

पुल्लिंग ପୁଲିଙ୍ଗ

(1) ନିମ୍ନ ଅନ୍ତିମ ଅକ୍ଷରରେ ହିନ୍ଦୀ ଶବ୍ଦ–

–आ, –आव, –पन ଏବଂ –पा:

पैसा, कपड़ा, लोटा, छाता,

बहाव, फैलाव, चढ़ाव,

बचपन, लड़कपन,

बुढ़ापा ଇତ୍ୟାଦି।

(2) ନିମ୍ନ ଶବ୍ଦରେ ଶେଷ ହେଉଥିବା ସଂସ୍କୃତ

ଶବ୍ଦ –त्व, –य, –त ଏବଂ –न

पशुत्व, महत्व, सत्त्व, हिंदुत्व,

सौंदर्य, कार्य, माधुर्य, चरित्र,

गीत, पतन, पालन, शासन ଇତ୍ୟାଦି।

स्त्रीलिंग ସ୍ତ୍ରୀଲିଙ୍ଗ

(1) ନିମ୍ନ ଅନ୍ତିମ ଅକ୍ଷରରେ ହିନ୍ଦୀ ଶବ୍ଦ–

–आई, –या, –वट ଏବଂ –हट:

सफाई, पढ़ाई, लिखाई, ऊँचाई,

चिड़िया, बिटिया, खटिया,

बनावट, लिखावट, सजावट,

घबराहट, चिकनाहट ଇତ୍ୟାଦି।

(2) ନିମ୍ନ ଶବ୍ଦରେ ଶେଷ ହେଉଥିବା ସଂସ୍କୃତ

ଶବ୍ଦ –ता, –आ, –इ ଏବଂ –ई

पशुता, महत्ता, सत्ता, आवश्यकता, माला,

शोभा, दया, इच्छा, मति, बुद्धि, वृद्धि,

हानि, नदी, सखी, धरती ଇତ୍ୟାଦି।

ବଚନ
वचन

ଇଂରାଜୀ ତଥା ଅନ୍ୟ ଭାରତୀୟ ଆଞ୍ଚଳିକ ଭାଷା ଭଳି ହିନ୍ଦୀ ଭାଷାରେ ମଧ୍ୟ ଦୁଇଟି ବଚନ ରହିଛି — (i) एकवचन (ଏକବଚନ) and (ii) बहुवचन (ବହୁବଚନ)। ସଂସ୍କୃତ ଭାଷା ଭଳି ଏଥିରେ ଦ୍ୱିବଚନ ନାହିଁ।

ବିଶେଷ ସୂଚନା: ସାଧାରଣତଃ ହିନ୍ଦୀ ଭାଷାରେ ପୁଲିଙ୍ଗ ଏବଂ ସ୍ତ୍ରୀଲିଙ୍ଗ ଶବ୍ଦର ଶେଷ ଅକ୍ଷର ଅନୁସାରେ ଏହାର ବହୁବଚନ ରୂପ ସ୍ଥିରୀକୃତ ହୋଇଥାଏ। ନିମ୍ନରେ ଏହାର ଉଦାହରଣ ଦିଆଯାଇଛି।

(i) ପୁଲିଙ୍ଗ	**(ii) ସ୍ତ୍ରୀଲିଙ୍ଗ**
फल (ଫଳ) ଅ– ରେ ସରୁଥିବା ଶବ୍ଦ	आँख (ଆଖି) ଅ– ରେ ସରୁଥିବା ଶବ୍ଦ
राजा (ରାଜା) ଆ– ରେ ସରୁଥିବା ଶବ୍ଦ	माता (ମାତା) ଆ– ରେ ସରୁଥିବା ଶବ୍ଦ
मुनि (ମୁନି) ଇ– ରେ ସରୁଥିବା ଶବ୍ଦ	तिथि (ତିଥି) ଇ– ରେ ସରୁଥିବା ଶବ୍ଦ
सुधी (ସୁଧୀ) ଈ– ରେ ସରୁଥିବା ଶବ୍ଦ	नदी (ନଦୀ) ଈ– ରେ ସରୁଥିବା ଶବ୍ଦ
साधु (ସାଧୁ) ଉ– ରେ ସରୁଥିବା ଶବ୍ଦ	वस्तु (ବସ୍ତୁ) ଉ– ରେ ସରୁଥିବା ଶବ୍ଦ
	बहू (ବୋହୂ) ଊ– ରେ ସରୁଥିବା ଶବ୍ଦ
	गौ (cow) ଔ– ରେ ସରୁଥିବା ଶବ୍ଦ

(i) फल, राजा, मुनि, सुधी ଏବଂ साधु ହେଉଛି ପୁଲିଙ୍ଗ ଶବ୍ଦ।

(ii) आँख, माता, तिथि, नदी, वस्तु, बहू ଏବଂ गौ ହେଉଛି ସ୍ତ୍ରୀଲିଙ୍ଗ ଶବ୍ଦ।

ନିମ୍ନରେ କେତେକ ପୁଲିଙ୍ଗ ଏବଂ ସ୍ତ୍ରୀଲିଙ୍ଗ ଶବ୍ଦର ଉଭୟ ଏକବଚନ ତଥା ବହୁବଚନ ରୂପ ଦିଆଯିବା ସହ କର୍ତ୍ତା ଭାବରେ ଏହାର ବ୍ୟବହାର ଦର୍ଶା ଯାଇଛି।

<h1 style="text-align:center">ପୁଲିଙ୍ଗ ଶବ୍ଦର ବଚନ ରୂପ</h1>

ଏକବଚନ	ବହୁବଚନ	ଏକବଚନ ବ୍ୟବହାର	ବହୁବଚନ ବ୍ୟବହାର
फल	फल	फल ने	फलों ने
राजा	राजा	राजा ने	राजाओं ने
मुनि	मुनि	मुनि ने	मुनियों ने
सुधी	सुधी	सुधी ने	सुधियों ने
साधु	साधु	साधु ने	साधुओं ने

<h1 style="text-align:center">ସ୍ତ୍ରୀଲିଙ୍ଗ ଶବ୍ଦର ବଚନ ରୂପ</h1>

ଏକବଚନ	ବହୁବଚନ	ଏକବଚନ ବ୍ୟବହାର	ବହୁବଚନ ବ୍ୟବହାର
आँख	आँखें	आँख ने	आँखों ने
माता	माताएँ	माता ने	माताओं ने
तिथि	तिथियाँ	तिथि ने	तिथियों ने
नदी	नदियाँ	नदी ने	नदियों ने
वस्तु	वस्तुएँ	वस्तु ने	वस्तुओं ने
बहू	बहुएँ	बहू ने	बहुओं ने
गौ	गौएँ	गौ ने	गौओं ने

ନିମ୍ନରେ କେତେକ ପୁଲିଙ୍ଗ ଏବଂ ସ୍ତ୍ରୀଲିଙ୍ଗ ଶବ୍ଦର ଉଭୟ ଏକବଚନ ଏବଂ ବହୁବଚନ ରୂପ ନିମ୍ନରେ ଦିଆଯାଇଛି । ଆଶାକରୁ ପାଠକମାନେ ଏହା ଦ୍ୱାରା ଲାଭାନ୍ୱିତ ହେବେ ।

ପୁଲିଙ୍ଗ		ସ୍ତ୍ରୀଲିଙ୍ଗ	
ଏକବଚନ	ବହୁବଚନ	ଏକବଚନ	ବହୁବଚନ
दिन (ଦିନ)	दिन (ଦିନଗୁଡ଼ିକ)	रात (ରାତି)	रातें (ରାତିଗୁଡ଼ିକ)
नारियल	नारियल	तलवार	तलवारें
(ନଡ଼ିଆ)	(ନଡ଼ିଆଗୁଡ଼ିକ)	(ଖଣ୍ଡା)	(ଖଣ୍ଡାଗୁଡ଼ିକ)

कागज (କାଗଜ)	कागज (କାଗଜଗୁଡ଼ିକ)	किताब (ବହି)	किताबें (ବହିଗୁଡ଼ିକ)
काम (କାମ)	काम (କାମଗୁଡ଼ିକ)	बहन (ଭଉଣୀ)	बहनें (ଭଉଣୀମାନେ)
आम (ଆମ୍ବ)	आम (ଆମ୍ବଗୁଡ଼ିକ)	भूल (ଭୁଲ)	भूलें (ଭୁଲଗୁଡ଼ିକ)
घर (ଘର)	घर (ଘରଗୁଡ଼ିକ)	बात (କଥା)	बातें (କଥାଗୁଡ଼ିକ)
बच्चा (ଶିଶୁ)	बच्चे (ଶିଶୁମାନେ)	कक्षा (କକ୍ଷ)	कक्षाएँ (କକ୍ଷଗୁଡ଼ିକ)
पत्ता (ପତ୍ର)	पत्ते (ପତ୍ରଗୁଡ଼ିକ)	आज्ञा (ଆଦେଶ)	आज्ञाएँ (ଆଦେଶଗୁଡ଼ିକ)
कपड़ा (କପଡ଼ା)	कपड़े (କପଡ଼ାଗୁଡ଼ିକ)	हवा (ପବନ)	हवाएँ (ପବନ)
कमरा (କୋଠରୀ)	कमरे (କୋଠରୀଗୁଡ଼ିକ)	संख्या (ସଂଖ୍ୟା)	संख्याएँ (ସଂଖ୍ୟାଗୁଡ଼ିକ)
कौआ (କାଉ)	कौए (କାଉଗୁଡ଼ିକ)	चिड़िया (ଚଢ଼େଇ)	चिड़ियों (ଚଢ଼େଇଗୁଡ଼ିକ)
मामा (ମାମୁ)	मामा (ମାମୁମାନେ)	चाची (ଖୁଡ଼ୀ)	चाचियाँ (ଖୁଡ଼ୀମାନେ)
पति (ପତି)	पति (ପତିମାନେ)	पंक्ति (ପଂକ୍ତି)	पंक्तियाँ (ପଂକ୍ତିଗୁଡ଼ିକ)
आदमी (ପୁରୁଷ)	आदमी (ପୁରୁଷମାନେ)	पत्नी (ପତ୍ନୀ)	पत्नियाँ (ପତ୍ନୀମାନେ)
हाथी (ହାତୀ)	हाथी (ହାତୀଗୁଡ଼ିକ)	लड़की (ବାଳିକା)	लड़कियाँ (ବାଳିକାମାନେ)
साथी (ସାଥୀ)	साथी (ସାଥୀମାନେ)	बच्ची (ଝିଅଛୁଆ)	बच्चियाँ (ଝିଅ ଛୁଆ ମାନେ)
भाई (ଭାଇ)	भाई (ଭାଇମାନେ)	लकड़ी (କାଠ)	लकड़ियाँ (କାଠଗୁଡ଼ିକ)
नाई (ଭଣ୍ଡାରୀ)	नाई (ଭଣ୍ଡାରୀମାନେ)	खिड़की (ଝରକା)	खिड़कियाँ (ଝରକାଗୁଡ଼ିକ)
पानी (ପାଣି)	पानी (ପାଣି)	चिट्ठी (ଚିଠି)	चिट्ठियाँ (ଚିଠିଗୁଡ଼ିକ)
साधु (ସାଧୁ)	साधु (ସାଧୁମାନେ)	बुढ़िया (ବୁଢ଼ୀ)	बुढ़िया (ବୁଢ଼ିମାନେ)
डाकू (ଡାକୁ)	डाकू (ଡାକୁମାନେ)	वधू (ବଧୂ)	वधुएँ (ବଧୂମାନେ)

କାରକ ଏବଂ ସଂଜ୍ଞା-ଶବ୍ଦର ରୂପ
कारक एवं संज्ञा-शब्दों के रूप

କାରକ कारक

ହିନ୍ଦୀ ଭାଷାରେ ଆଠଟି କାରକ ରହିଛି, ଯାହା ଦର୍ଶାଇବା ପାଇଁ ଶବ୍ଦ ସହ ବିଭିନ୍ନ ପ୍ରକାର ବିଭକ୍ତି ଚିହ୍ନ ବ୍ୟବହୃତ ହୋଇଥାଏ। ନିମ୍ନରେ କାରକ ଏବଂ ସେଗୁଡ଼ିକର ବିଭକ୍ତି ଚିହ୍ନ ଦିଆଯାଇଛି।

କାରକ	ବିଭକ୍ତି ଚିହ୍ନ	ବ୍ୟବହାର
1. कर्त्ता	ने	राम, राम ने
2. कर्म	को	राम को
3. कारण	से, के द्वारा	राम से, राम के द्वारा
4. सम्प्रदान	को, के लिए	राम को, राम के लिए
5. अपादान	से (जुदाई)	राम से
6. संबंध	का, के, की	राम का, राम के, माता की
7. अधिकरण	में, पर, से ऊपर, के ऊपर	राम में, राम पर, राम से ऊपर, राम के ऊपर
8. संबोधन	अरे, अरी, हे, री	हे राम!

ନିମ୍ନରେ କେତେକ ବାକ୍ୟ ମାଧ୍ୟମରେ ଏହି କାରକ ଏବଂ ବିଭକ୍ତି ଚିହ୍ନର ବ୍ୟବହାର ଦର୍ଶାଯାଇଛି। ପାଠକମାନେ ଏହାକୁ ଧ୍ୟାନର ସହ ଅଧ୍ୟୟନ କରି ବ୍ୟବହାର କରିବେ ବୋଲି ଆଶା କରାଯାଏ।

1. कर्त्ता कारक

(i) राम आया।   ରାମ ଆସିଲା।

(ii) राम ने कहा।   ରାମ କହିଲା।

2. कर्म कारक

   (i) इस पुस्तक को ले जाओ।   ଏହି ପୁସ୍ତକକୁ ନେଇଯାଅ ।

   (ii) राम को मेहनत करनी चाहिए।   ରାମକୁ କଠିନ ପରିଶ୍ରମ କରିବା ଉଚିତ୍ ।

3. करण कारक

   (i) अपने हाथ से यहां दस्तखत   ନିଜ ହାତରେ ଏଠାରେ ଦସ୍ତଖତ
        कीजिए।   କରନ୍ତୁ ।

   (ii) यह अमित के द्वारा लिखा गया है।   ଏହା ଅମିତ ଦ୍ୱାରା ଲେଖାଯାଇଛି ।

4. संप्रदान कारक

   (i) आभा को यह पुस्तक दो।   ଏହି ପୁସ୍ତକ ଆଭାକୁ ଦିଅ ।

   (ii) मां के लिए एक कप दूध लाओ।   ମା'ଙ୍କ ପାଇଁ ଗୋଟିଏ କପ୍ କ୍ଷୀର ଆଣ ।

5. अपादान कारक

   (i) पेड़ से पत्ता गिरता है।   ଗଛରୁ ପତ୍ର ପଡ଼େ ।

   (ii) मैं आश्रम से आ रहा हूँ।   ମୁଁ ଆଶ୍ରମରୁ ଆସୁଛି ।

6. संबंध कारक

   (i) विकास राखी का भाई है।   ବିକାଶ ରାଖିର ଭାଇ ଅଟେ ।

   (ii) मैं आगरा के किले में गया।   ମୁଁ ଆଗ୍ରାର ଦୁର୍ଗକୁ ଗଲି ।

   (iii) लक्ष्मी बाई झांसी की   ଲକ୍ଷ୍ମୀ ବାଇ ଝାନ୍ସୀର ରାଣୀ ଥିଲେ ।
        रानी थीं।

7. अधिकरण कारक

   (i) हम कमरे में बैठे हैं।   ଆମେ କୋଠରୀରେ ବସିଛୁ ।

   (ii) मेज पर पुस्तक पड़ी है।   ଟେବୁଲ୍ ଉପରେ ପୁସ୍ତକଟି ଅଛି ।

8. संबोधन कारक

   (i) हे भगवान! मेरी रक्षा करो।   ହେ ଭଗବାନ୍ ! ମୋତେ ରକ୍ଷା କର ।

   (ii) ऐ बच्चो! भाग जाओ।   ଆରେ ପିଲାମାନେ ! ଦୌଡ଼ି ପଳାଅ ।

   (iii) अरी लड़की! इधर आ।   ଏ ଝିଅ ! ଏଠାକୁ ଆସ୍ ।

ସଂଜ୍ଞାଶବ୍ଦର ରୂପାବଳୀ संज्ञाशब्दों की रूपावली

पुल्लिंग शब्द 'लड़का' ବାଳକ (आकारांत)

कारक	एकवचन	बहुवचन
1. कर्ता कारक	लड़का/लड़के ने	लड़का/लड़कों ने
2. कर्म कारक	लड़के को	लड़कों को
3. करण कारक	लड़के से/के द्वारा	लड़कों से/के द्वारा
4. संप्रदान कारक	लड़के को/के लिए	लड़कों को/के लिए
5. अपादान कारक	लड़के से	लड़कों से
6. संबंध कारक	लड़के का/के/की	लड़कों का/के/की
7. अधिकरण कारक	लड़के में/पर	लड़कों में/पर
8. संबोधन कारक	ऐ लड़के!	ऐ लड़कों!

स्त्रीलिंग शब्द 'लड़की' ବାଳିକା (ईकारांत)

कारक	एकवचन	बहुवचन
1. कर्ता कारक	लड़की/लड़की ने	लड़कियां/लड़कियों ने
2. कर्म कारक	लड़की को	लड़कियों को
3. करण कारक	लड़की से/के द्वारा	लड़कियों से/के द्वारा
4. संप्रदान कारक	लड़की को/के लिए	लड़कियों को/के लिए
5. अपादान कारक	लड़की से	लड़कियों से
6. संबंध कारक	लड़की का/के/की	लड़कियों का/के/की
7. अधिकरण कारक	लड़की में/पर	लड़कियों में/पर
8. संबोधन कारक	हे लड़की!	हे लड़कियों!

PART 2 : WORD

११तम सोपान ग्यारहवीं सीढ़ी

ସର୍ବନାମ
सर्वनाम

ସର୍ବନାମ (सर्वनाम) ହେଉଛି ବିଶେଷ୍ୟ ପଦ ପରିବର୍ତ୍ତେ ବ୍ୟବହୃତ ଶବ୍ଦ। ଏହା ବିଶେଷ୍ୟକୁ ପ୍ରତିନିଧିତ୍ୱ କରିଥାଏ। ହିନ୍ଦୀରେ ସର୍ବନାମ ଛଅ ପ୍ରକାର। ସେଗୁଡ଼ିକ ହେଲା —

(1) पुरुषवाचक ପୁରୁଷବାଚକ	:	मैं (ମୁଁ), तुम (ତୁମେ), वह (ସେ), आप (ଆପଣ)
(2) निश्चयवाचक ନିଷ୍ଚୟବାଚକ	:	यह (ଏହା), वह (ତାହା)
(3) अनिश्चयवाचक ଅନିଷ୍ଠିତବାଚକ	:	कोई (କେହି), कुछ (କିଛି)
(4) प्रश्नवाचक ପ୍ରଶ୍ନବାଚକ	:	कौन (କିଏ), क्या (କ'ଣ)
(5) संबंधवाचक ସମ୍ପର୍କବାଚକ	:	जो (ଯିଏ, ଯାହା, ଯେଉଁ)
(6) निजवाचक ଆତ୍ମବାଚକ	:	स्वयं (ସ୍ୱୟଂ)

ହିନ୍ଦୀ ଭାଷାରେ पुरुष (ପୁରୁଷ) ତିନି ପ୍ରକାର:

(i) उत्तम पुरुष ପ୍ରଥମ ପୁରୁଷ	—मैं, हम
(ii) मध्यम पुरुष ଦ୍ୱିତୀୟ ପୁରୁଷ	—तुम, आप (आदरसूचक)
(iii) अन्य पुरुष ତୃତୀୟ ପୁରୁଷ	—वह, वे

सर्वनाम शब्दों की रूपावली ସର୍ବନାମ ଶବ୍ଦଗୁଡ଼ିକର ରୂପାବଳୀ

मैं (ମୁଁ) ପ୍ରଥମ ପୁରୁଷ

(i)	मैं/मैंने– हम/हमने	(v)	मुझसे–हमसे
(ii)	मुझको/मुझे–हमको/हमें	(vi)	मेरा/मेरे/मेरी–हमारा/हमारे/हमारी
(iii)	मुझसे–हमसे	(vii)	मुझमें/मुझ पर–हममें/हम पर
(iv)	मुझको/मेरे लिए– हमको/हमारे लिए		

तू (ତୁ) द्वितीय पुरुष

(i) तू/तूने- तुम/तुमने
(ii) तुझको-तुमको
(iii) तुझसे/तुम्हारे द्वारा-तुमसे/ तुम्हारे द्वारा
(iv) तुझको/तुम्हारे लिए- तुमको/तुम्हारे लिए
(v) तुझसे-तुमसे
(vi) तेरा/तेरे/तेरी-तुम्हारा/तुम्हारे/तुम्हारी
(vii) तुझमें/तुझ पर-तुममें/तुम पर

वह (ସେ) तृतीय पुरुष

(i) वह/उसने- वे/उन्होंने
(ii) उसको/उसे-उनको/ उन्हें
(iii) उससे/उसके द्वारा- उनसे/उनके द्वारा
(iv) उसको/उसके लिए-उनको/उनके लिए
(v) उससे-उनसे
(vi) उसका/उसके/उसकी-उनका/ उनके/उनकी
(vii) उसमें/उस पर-उनमें/उन पर

आप आदरसूचक (ଆପଣ ଆଦରସୂଚକ) द्वितीय पुरुष

एकवचन— 1. आप/आपने, 2. आपको, 3. आपसे, 4. के लिए (को), 5. से, 6. का/के/की, 7. में (पर)

बहुवचन— 1. आप लोगों का/आप लोगों ने, 2. आप लोगों को, 3. आप लोगों से, 4. आप लोगों को/आप लोगों के लिए, 5. आप लोगों से, 6. आप लोगों का/के/की, 7. आप लोगों में/आप लोगों पर।

ନିମ୍ନରେ କେତେକ ସର୍ବନାମ ବ୍ୟବହୃତ ହୋଇଥିବା ବାକ୍ୟ ଦିଆଯାଇଛି । ଏଗୁଡ଼ିକୁ ଧ୍ୟାନଦେଇ ପଢ଼ନ୍ତୁ:

1. मैं इस बारे में कुछ नहीं जानता।	ମୁଁ ଏ ବାବଦରେ କିଛି ଜାଣିନାହିଁ ।
2. हम वहां नहीं जाना चाहते।	ଆମେ ସେଠାକୁ ଯିବାକୁ ଚାହୁଁନାହୁଁ ।
3. वह अब क्या करेगा?	ସେ ଏବେ କ'ଣ କରିବ ?
4. यह बिल्कुल ठीक है।	ଏହା ଏକବାରେ ଠିକ୍ ଅଛେ ।
5. आप पूना में कहाँ ठहरेंगे?	ଆପଣ ପୁନାରେ କେଉଁଠି ରହିବେ ?
6. मैं स्वयं वहीं उपस्थित था।	ମୁଁ ନିଜେ ସେଠାରେ ଉପସ୍ଥିତ ଥିଲି ।
7. कोई आने वाला है।	କେହି ଆସିବାର ଅଛି ।
8. ऐसा कौन कहता है?	ଏମିତି କିଏ କହୁଛି ?
9. अब आपको क्या चाहिए?	ଏବେ ଆପଣଙ୍କର କ'ଣ ଦରକାର ?
10. कुछ फल खा लो।	କିଛି ଫଳ ଖାଇଦିଅ ।

ବିଶେଷଣ
विशेषण

विशेषण (ବିଶେଷଣ) ହେଉଛି ଏମିଟି ଏକ ଶବ୍ଦ ଯାହା ବିଶେଷ୍ୟ କିମ୍ବ ସର୍ବନାମର ବିଶେଷତ୍ୱକୁ ପ୍ରଦର୍ଶିତ କରିଥାଏ । ହିନ୍ଦୀରେ ଚାରି ପ୍ରକାର ବିଶେଷଣ ରହିଛି——

(1)	गुणवाचक	ଗୁଣବାଚକ
(2)	संख्यावाचक	ସଂଖ୍ୟାବାଚକ
(3)	परिमाणवाचक	ପରିମାଣବାଚକ
(4)	सार्वनामिक	ସାର୍ବନାମିକ

ନିମ୍ନରେ ଦିଆଯାଇଥିବା ବାକ୍ୟଗୁଡ଼ିକରେ ବିଶେଷଣର ବ୍ୟବହାର ଲକ୍ଷ୍ୟ କରନ୍ତୁ——

(i)	गौरव अच्छा लड़का है।	ଗୌରବ ଭଲ ପିଲା ଅଟେ ।
(ii)	वेद चार हैं।	ବେଦ ହେଉଛି ଚାରି ପ୍ରକାର ।
(iii)	पांच लीटर दूध लाओ।	ପାଞ୍ଚ ଲିଟର କ୍ଷୀର ଆଣ ।
(iv)	यह पुस्तक मेरी है।	ଏହି ପୁସ୍ତକ ମୋର ଅଟେ ।

'अच्छा लड़का', 'चार वेद', 'पांच लीटर दूध' ଏବଂ 'यह पुस्तक'– ଏଗୁଡ଼ିକ ହେଉଛି ବିଶେଷଣ ବ୍ୟବହୃତ ବାକ୍ୟାଂଶ । ଏଥିରେ ଥିବା ବିଶେଷଣ ପଦ ଯଥା: अच्छा, चार, पांच ଏବଂ यह ହେଉଛି ଯଥାକ୍ରମେ ଗୁଣବାଚକ, ସଂଖ୍ୟାବାଚକ, ପରିମାଣବାଚକ ଏବଂ ସାର୍ବନାମିକ ବିଶେଷଣ ।

ହିନ୍ଦୀ ଭାଷାରେ ବିଶେଷଣକୁ ମୁଖ୍ୟତଃ ଦୁଇ ଭାଗରେ ବିଭକ୍ତ କରାଯାଇଥାଏ ।

(i) ପରିବର୍ତ୍ତନୀୟ ବିଶେଷଣ

(ii) ଅପରିବର୍ତ୍ତନୀୟ ବିଶେଷଣ

ଯେଉଁ ବିଶେଷଣର ରୂପ ବିଶେଷ୍ୟର ବଚନ ଲିଙ୍ଗ ଅନୁସାରେ ପରିବର୍ତ୍ତିତ ହୋଇଥାଏ, ତାହାକୁ ପରିବର୍ତ୍ତନୀୟ ବିଶେଷଣ କୁହାଯାଏ। ଯଥା:

	एकवचन	बहुवचन
ପୁଲ୍ଲିଙ୍ଗ	अच्छा बच्चा	अच्छे बच्चे
ସ୍ତ୍ରୀଲିଙ୍ଗ	अच्छी बच्ची	अच्छी बच्चियाँ

ଯେଉଁ ବିଶେଷଣର ରୂପ ବିଶେଷ୍ୟର ବଚନ ଲିଙ୍ଗ ଅନୁସାରେ ପରିବର୍ତ୍ତିତ ହୋଇ ନଥାଏ, ତାହାକୁ ଅପରିବର୍ତ୍ତନୀୟ ବିଶେଷଣ କୁହାଯାଏ। ଯଥା:

	एकवचन	बहुवचन
ପୁଲ୍ଲିଙ୍ଗ	सुंदर बालक	सुंदर बालक
ସ୍ତ୍ରୀଲିଙ୍ଗ	सुंदर बालिका	सुंदर बालिकाएँ

विशेषण की तुलनावस्था ବିଶେଷଣର ତୁଳନାବସ୍ଥା

ବିଶେଷଣ	ଦୁହିଁଙ୍କ ମଧ୍ୟରେ ତୁଳନା	ସମୁଦାୟଙ୍କ ମଧ୍ୟରେ ତୁଳନା
उच्च	उच्चतर	उच्चतम
निम्न	निम्नतर	निम्नतम
सरल	सरलतर	सरलतम
लघु	लघुतर	लघुतम
अधिक	अधिकतर	अधिकतम
दीर्घ	दीर्घतर	दीर्घतम
श्रेष्ठ	श्रेष्ठतर	श्रेष्ठतम
निकट	निकटतर	निकटतम
प्रिय	प्रियतर	प्रियतम
नवीन	नवीनतर	नवीनतम

ବିଶେଷଣଗୁଡ଼ିକର ରଚନା

(i) ଶବ୍ଦ ସହ ଶାଲୀ ଯୋଗ କରି—

बल	बलशाली	प्रतिभा	प्रतिभाशाली
शक्ति	शक्तिशाली	भाग्य	भाग्यशाली

(ii) ଶବ୍ଦ ସହ ବାନ କିମ୍ବା ମାନ ଯୋଗ କରି—

धन	धनवान	गुण	गुणवान
श्री	श्रीमान	बुद्धि	बुद्धिमान

(iii) ଶବ୍ଦ ସହ ଇକ ଯୋଗ କରି—

राजनीति	राजनैतिक	नीति	नैतिक
मास	मासिक	उद्योग	औद्योगिक
इतिहास	ऐतिहासिक	भूगोल	भौगोलिक
दिन	दैनिक	सेना	सैनिक

(iv) ଶବ୍ଦ ସହ ଇତ ଯୋଗ କରି—

संबंध	संबंधित	आनंद	आनंदित
सम्मान	सम्मानित	शिक्षा	शिक्षित

(v) ଶବ୍ଦ ସହ ଈୟ ଯୋଗ କରି—

पर्वत	पर्वतीय	राष्ट्र	राष्ट्रीय
भारत	भारतीय	विभाग	विभागीय

(vi) ଶବ୍ଦ ସହ ଈ ଯୋଗ କରି—

जंगल	जंगली	सुख	सुखी
संन्यास	संन्यासी	देस	देसी
परदेस	परदेसी	लोभ	लोभी

(v) ଶବ୍ଦ ସହ ଈଲା ଯୋଗ କରି—

चमक	चमकीला	रौब	रौबीला
भड़क	भड़कीला	जोश	जोशीला

କ୍ରିୟା
क्रिया

କ୍ରିୟା (क्रिया) ହେଉଛି ଏମିତି ଏକ ଶବ୍ଦ ଯାହା ବ୍ୟକ୍ତି, ସ୍ଥାନ କିମ୍ବ ଜିନିଷ ବାବଦରେ କିଛି କହିଥାଏ ।

କ୍ରିୟା ସାଧାରଣତଃ ଦୁଇ ପ୍ରକାର —

(i) ସକର୍ମକ କ୍ରିୟା

(ii) ଅକର୍ମକ କ୍ରିୟା

(i) ସକର୍ମକ କ୍ରିୟା ସକର୍ମକ କ୍ରିୟା- ଯେଉଁ କ୍ରିୟା ତାହାର ଅର୍ଥ ସଂପୂର୍ଣ୍ଣ କରିବା ପାଇଁ ଏକ କର୍ମ ଶବ୍ଦ ଆବଶ୍ୟକ କରିଥାଏ । ଉଦାହରଣ:

मीनाक्षी कार्य करती है।

ଏଠାରେ करती है ହେଉଛି ଏକ ସକର୍ମକ କ୍ରିୟା, ଯାହା ନିଜର ଅର୍ଥ ସଂପୂର୍ଣ୍ଣ କରିବା ପାଇଁ କାର୍ଯ ରୂପକ କର୍ମ ଶବ୍ଦ ଆବଶ୍ୟକ କରିଥାଏ ।

(ii) ଅକର୍ମକ କ୍ରିୟା ଅକର୍ମକ କ୍ରିୟା - ଯେଉଁ କ୍ରିୟା ତାହାର ଅର୍ଥ ସଂପୂର୍ଣ୍ଣ କରିବା ପାଇଁ କୌଣସି କର୍ମ ଶବ୍ଦ ଆବଶ୍ୟକ କରି ନଥାଏ । ଉଦାହରଣ:

पूजा चलती है।

ଏଠାରେ चलती है ହେଉଛି ଏକ ଅକର୍ମକ କ୍ରିୟା, ଯାହା ନିଜର ଅର୍ଥ ସଂପୂର୍ଣ୍ଣ କରିବା ପାଇଁ କୌଣସି କର୍ମ ଶବ୍ଦ ଆବଶ୍ୟକ କରି ନଥାଏ ।

ନିମ୍ନରେ କେତେକ ସକର୍ମକ କ୍ରିୟା ଏବଂ ଅକର୍ମକ କ୍ରିୟାର ଉଦାହରଣ ଦିଆ ଯାଇଛି । ସେଗୁଡ଼ିକୁ ଧ୍ୟାନ ଦିଅନ୍ତୁ:

1. ସକର୍ମକ କ୍ରିୟା ସକର୍ମକ କ୍ରିୟା

करना	କରିବା	सुनना	ଶୁଣିବା
पढ़ना	ପଢ଼ିବା	कहना	କହିବା

लिखना	ଲେଖିବା		रखना	ରଖିବା
देखना	ଦେଖିବା		लेना	ନେବା
जानना	ଜାଣିବା		देना	ଦେବା

2. अकर्मक क्रिया ଅକର୍ମକ କ୍ରିୟା

चलना	ଚାଲିବା		आना	ଆସିବା
रहना	ରହିବା		जाना	ଯିବା
उठना	ଉଠିବା		होना	ହେବା
सोना	ଶୋଇବା		गिरना	ପଡ଼ିବା
हँसना	ହସିବା		पहुँचना	ପହଞ୍ଚିବା

ଉଭୟ ସକର୍ମକ ଏବଂ ଅକର୍ମକ କ୍ରିୟାରେ ଦୁଇଟି ମୁଖ୍ୟ ଭାଗ ରହିଛି, ଯଥା:

(i) ସାମାନ୍ୟ କ୍ରିୟା (ସାମାନ୍ୟ କ୍ରିୟା)

(ii) ଧାତୁ (ଧାତୁ)

(i) ସାମାନ୍ୟ କ୍ରିୟା (ସାମାନ୍ୟ କ୍ରିୟା) – ଯେତେବେଳେ କ୍ରିୟାର ମୂଳ ରୂପ ସହ 'ना' ଅକ୍ଷର ଯୋଗ ହୋଇଥାଏ। ଯଥା: 'पढ़ना' (ପଢ଼ିବା), रखना (ରଖିବା), चलना (ଚାଲିବା), ଇତ୍ୟାଦି।

(ii) ଧାତୁ (ଧାତୁ) – ଏହା ହେଉଛି କ୍ରିୟାର ମୂଳ ରୂପ। ଯଥା: पढ़ (ପଢ଼), 'रख' (ରଖ), 'चल' (ଚାଲ), ଇତ୍ୟାଦି।

ନିମ୍ନରେ କେତେକ କ୍ରିୟାର ସାମାନ୍ୟ ରୂପ ଏବଂ ଧାତୁ ରୂପ ପ୍ରଦତ୍ତ। ପାଠକମାନେ ଏହାକୁ ଭଲ ରୂପେ ଅଧ୍ୟୟନ କରିବା ଉଚିତ।

ସାମାନ୍ୟ ରୂପ		ଧାତୁ ରୂପ	ସାମାନ୍ୟ ରୂପ		ଧାତୁ ରୂପ
खरीदना	କିଣିବା	खरीद	खाना	ଖାଇବା	खा
बेचना	ବିକିବା	बेच	पीना	ପିଇବା	पी
समझना	ବୁଝିବା	समझ	बोलना	କହିବା	बोल
धोना	ଧୋଇବା	धो	पकड़ना	ଧରିବା	पकड़
गाना	ଗାଇବା	गा	तोड़ना	ଭାଙ୍ଗିବା	तोड़
ठहरना	ରହିବା	ठहर	दिखना	ଦେଖାଇବା	दिख
डरना	ଡରିବା	डर	हँसना	ହସିବା	हँस
रोना	କାନ୍ଦିବା	रो	खेलना	ଖେଳିବା	खेल

| मरना | ମରିବା। | मर | लड़ना | କଲିକରିବା। | ଲଡ଼ |
| निकलना | ବାହାରିବା। | निकल | होना | ହେବା। | ହୋ |

विधि रूप ବିଧି ରୂପ

ଯେତେବେଳେ ଆମେ ଆଦେଶ ଦେଉ, ଅନୁରୋଧ କରୁ କିମ୍ବା ପରାମର୍ଶ ଦେଉ, ସେତେବେଳେ କ୍ରିୟାର ଯେଉଁ ରୂପ ବ୍ୟବହାର ହୁଏ, ତାହା ହେଉଛି ବିଧି ରୂପ।

ନିମ୍ନ ବାକ୍ୟଗୁଡ଼ିକୁ ଲକ୍ଷ୍ୟ କରନ୍ତୁ—

निबंध लिखो।	ନିବନ୍ଧ ଲେଖ।
यहां बैठ।	ଏଠାରେ ବସ।
चाय ला।	ଚାହା ଆଣ।
उसे बुला।	ତାକୁ ଡାକ।
पुस्तक पढ़।	ପୁସ୍ତକ ପଢ଼।
दूध लाओ।	କ୍ଷୀର ଆଣ।
शांत रहो।	ଶାନ୍ତ ରୁହ।
गीत गाओ	ଗୀତ ଗାଅ।
खिड़की खोलो।	ଝରକା ଖୋଲ।
काम करो।	କାମ କର।
कृपया आइए।	ଦୟାକରି ଆସନ୍ତୁ।
कृपया घर पर रहिए।	ଦୟାକରି ଘରେ ରୁହନ୍ତୁ।
कृपया बाहर जाइए।	ଦୟାକରି ବାହାରକୁ ଯାଆନ୍ତୁ।

ହିନ୍ଦୀରେ ନିଷେଧାତ୍ମକ ବାକ୍ୟରେ मत ଶବ୍ଦ ପ୍ରୟୋଗ କରାଯାଇଥାଏ। ଏହାକୁ କ୍ରିୟାର ପୂର୍ବରୁ କିମ୍ବା ପରେ ବ୍ୟବହାର କରାଯାଇ ପାରେ। ଯଥା:

मत हँसो।	ହସନା।
रोओ मत।	କାନ୍ଦନା।
शोर मत करो।	ପାଟିତୁଣ୍ଡ କରନା।
वहां मत बैठिए।	ସେଠାରେ ବସନା।

काल (1)
କାଲ (1)

କାଲ (काल) ହେଉଛି ଏକ କ୍ରିୟା ରୂପ ଯାହା କାର୍ଯ୍ୟର ସମୟ ଦର୍ଶାଇଥାଏ। ହିନ୍ଦୀରେ ମୁଖ୍ୟତଃ ତିନୋଟି କାଲ ରହିଛି, ଯଥା:

(i)	वर्तमान काल	ବର୍ତ୍ତମାନ କାଲ
(ii)	भविष्यत काल	ଭବିଷ୍ୟତ କାଲ
(iii)	भूत काल	ଅତୀତ କାଲ

वर्तमान काल ବର୍ତ୍ତମାନ କାଲ

ବର୍ତ୍ତମାନ କାଲକୁ ନିମ୍ନ ତିନୋଟି ବର୍ଗରେ ବିଭକ୍ତ କରାଯାଇପାରେ:

(1)	सामान्य वर्तमान	ସାମାନ୍ୟ ବର୍ତ୍ତମାନ
(2)	तात्कालिक वर्तमान	ତାକ୍କାଲିକ ବର୍ତ୍ତମାନ
(3)	सम्भाव्य वर्तमान	ସମ୍ଭାବ୍ୟ ବର୍ତ୍ତମାନ

1. सामान्य वर्तमान ସାମାନ୍ୟ ବର୍ତ୍ତମାନ

ଏଠାରେ पढ़ (ପଢ଼) କ୍ରିୟାର ସାମାନ୍ୟ ବର୍ତ୍ତମାନ ରୂପ ଦିଆଯାଇଛି। ଏଠିରେ ମୂଲ କ୍ରିୟା ସହ –ता –ते –ती ପରସର୍ଗ ଯୋଗ କରାଯାଇଛି। ପାଠକମାନେ ଏହାକୁ ଧ୍ୟାନ ଦିଅନ୍ତୁ:

प्रथम पुरुष:	मैं पढ़ता/पढ़ती हूँ।	ମୁଁ ପଢ଼େ।
	हम पढ़ते/पढ़ती हैं।	ଆମେ ପଢ଼ୁ।
द्वितीय पुरुष:	तू पढ़ता/पढ़ती है।	ତୁ ପଢ଼ୁ।
	तुम पढ़ते/पढ़ती हो।	ତୁମେ ପଢ଼।

तृतीय पुरुष: वह पढ़ता/पढ़ती है।   ସେ ପଢ଼େ ।

       वे पढ़ते/पढ़ती हैं।   ସେମାନେ ପଢ଼ନ୍ତି ।

ଅନ୍ୟ କ୍ରିୟାଗୁଡ଼ିକ ସାମାନ୍ୟ ବର୍ତ୍ତମାନ ପାଇଁ ଏହିଭଳି ରୂପ ଧାରଣ କରନ୍ତି । କିନ୍ତୁ ନାସ୍ତିବାଚକ ବାକ୍ୟ ପାଇଁ ମୁଖ୍ୟ କ୍ରିୟାର ପୂର୍ବରୁ नहीं ଯୋଗ କରାଯାଏ ଏବଂ ବାକ୍ୟର ଶେଷରେ ଥିବା हूँ, हो କିମ୍ଵ हैं କୁ ହଟାଇ ଦିଆଯାଇଥାଏ । ନିମ୍ନରେ ଏହାର କିଛି ଉଦାହରଣ ଦିଆଯାଇଛି:

     हम नहीं पढ़ते।   ଆମେ ପଢ଼ୁ ନାହୁଁ ।

     तू नहीं पढ़ता।   ତୁ ପଢ଼ୁ ନାହୁଁ ।

     वे नहीं पढ़ते।   ସେମାନେ ପଢ଼ନ୍ତି ନାହିଁ ।

2. तात्कालिक वर्तमान ତାତ୍କାଳିକ ବର୍ତ୍ତମାନ—

ଏହି ପ୍ରକାର କ୍ରିୟା ରୂପରେ ମୂଳ କ୍ରିୟା ସହ रहा, रहे, रही ଯୋଗ କରାଯାଇଥାଏ । ନିମ୍ନରେ ଏହାର ଉଦାହରଣ ଦେଖନ୍ତୁ:

प्रथम पुरुष: मैं खा रहा/रही हूँ।   ମୁଁ ଖାଉଅଛି ।

       हम खा रहे/रही हैं।   ଆମେ ଖାଉଅଛୁ ।

द्वितीय पुरुष: तू खा रहा/रही है।   ତୁ ଖାଉଅଛୁ ।

       तुम खा रहे/रही हो।   ତୁମେ ଖାଉଅଛ ।

तृतीय पुरुष: वह खा रहा/रही है।   ସେ ଖାଉଅଛି ।

       वे खा रहे/रही हैं।   ସେମାନେ ଖାଉଛନ୍ତି ।

ବାକ୍ୟର କର୍ତ୍ତା ପୁଲିଙ୍ଗ ପରିବର୍ତ୍ତେ ସ୍ତ୍ରୀଲିଙ୍ଗ ହୋଇଥିଲେ रहा ଏବଂ रहे ସ୍ଥାନରେ रही ହୋଇଥାଏ ।

3. संभाव्य वर्तमान ସମ୍ଭାବ୍ୟ ବର୍ତ୍ତମାନ—

ଏହି ପ୍ରକାର କ୍ରିୟା ରୂପ ପାଇଁ ମୂଳ କ୍ରିୟା ସହ –ता, –ते, –ती ଯୋଗ ହେବା ସହ ଏହା ପରେ ପୁଲିଙ୍ଗ ପାଇଁ हूँगा/होंगे/होगा ଏବଂ ସ୍ତ୍ରୀଲିଙ୍ଗ ପାଇଁ हूँगी/होंगी/होगी ଯୋଗ ହୋଇଥାଏ ।

	पुलिंग	ଓଡ଼ିଆ	स्त्रीलिंग
प्रथम पुरुष—			
एकवचन:	मैं जाता हूँगा।	ମୁଁ ଯାଉଥିବି ।	मैं जाती हूँगी।
बहुवचन:	हम जाते होंगे।	ଆମେ ଯାଉଥିବୁ ।	हम जाती होंगी।

ଦ୍ୱିତୀୟ ପୁରୁଷ—

ଏକବଚନ:	तू जाता होगा।	ତୁ ଯାଉଥିବୁ।	तू जाती होगी।
ବହୁବଚନ:	तुम जाते होगे।	ତୁମେ ଯାଉଥିବ।	तुम जाती होगी।

ତୃତୀୟ ପୁରୁଷ—

ଏକବଚନ:	वह जाता होगा।	ସେ ଯାଉଥିବ।	वह जाती होगी।
ବହୁବଚନ:	वे जाते होंगे।	ସେମାନେ ଯାଉଥିବେ।	वे जाती होंगी।

ଭবিষ্যত্ কাল ভবিষ্যত କାଳ

ଭବିଷ୍ୟତ କାଳକୁ ମୁଖ୍ୟତଃ ଦୁଇ ଭାଗରେ ବିଭକ୍ତ କରାଯାଇ ପାରେ। ଯଥା:

   (1) सामान्य भविष्यत्   ସାମାନ୍ୟ ଭବିଷ୍ୟତ

   (2) सम्भाव्य भविष्यत्   ସମ୍ଭାବ୍ୟ ଭବିଷ୍ୟତ

1. सामान्य भविष्यत् ସାମାନ୍ୟ ଭବିଷ୍ୟତ—

ପୁଲିଙ୍ଗ କ୍ଷେତ୍ରରେ ମୂଳ କ୍ରିୟା ସହ –ঊँগা, –ওগে, –এগা, –এँগে ଆଦି ଯୋଗ ହେଉଥିବା ବେଳେ ସ୍ତ୍ରୀଲିଙ୍ଗ କ୍ଷେତ୍ରରେ ମୂଳ କ୍ରିୟା ସହ –ঊँগী, –ওগী, –এগী, –এँগী ଆଦି ଯୋଗ କରାଯାଏ।

ନିମ୍ନରେ ଏହାର ଉଦାହରଣ ଗୁଡ଼ିକୁ ଲକ୍ଷ୍ୟ କରନ୍ତୁ:

प्रथम पुरुष –	मैं देखूँगा/देखूँगी।	ମୁଁ ଦେଖିବି।
	हम देखेंगे/देखेगी।	ଆମେ ଦେଖିବୁ।
ଦ୍ୱିତୀୟ ପୁରୁଷ –	तू देखेगा/देखेगी।	ତୁ ଦେଖିବୁ।
	तुम देखोगे/देखोगी।	ତୁମେ ଦେଖିବ।
ତୃତୀୟ ପୁରୁଷ –	वह देखेगा/देखेंगी।	ସେ ଦେଖିବ।
	वे देखेंगे/देखेगी।	ସେମାନେ ଦେଖିବେ।

2. संभाव्य भविष्यत् ସମ୍ଭାବ୍ୟ ଭବିଷ୍ୟତ—

ମୂଳ କ୍ରିୟା ସହ ବଚନ ଓ ଲିଙ୍ଗ ଅନୁସାରେ ସ୍ଥୂଳ ବିଶେଷଣରେ –ऊँ, –ए, –एँ –ओ ଯୋଗ କରାଯାଇ ଥାଏ।

ନିମ୍ନ ଉଦାହରଣ ଗୁଡ଼ିକୁ ଧ୍ୟାନ ଦେଇ ପଢ଼ନ୍ତୁ:

ପ୍ରଥମ ପୁରୁଷ—	मैं खेलूँ।	ମୁଁ ଖେଳିପାରେ।
	हम खेलें।	ଆମେ ଖେଳିପାରୁ।
ଦ୍ୱିତୀୟ ପୁରୁଷ –	तू खेल।	ତୁ ଖେଳିପାରୁ।
	तुम खेलो।	ତୁମେ ଖେଳିପାର।
ତୃତୀୟ ପୁରୁଷ –	वह खेले।	ସେ ଖେଳିପାରେ।
	वे खेलें।	ସେମାନେ ଖେଳିପାରନ୍ତି।

ଏହି କ୍ରିୟା ରୂପ भविष्य में संभावना (ଭବିଷ୍ୟତରେ ସମ୍ଭାବନା), इच्छा (ଇଚ୍ଛା), सुझाव (ପ୍ରସ୍ତାବ), उद्देश्य (ଉଦ୍ଦେଶ୍ୟ), शर्त (ସର୍ତ୍ତ) ଆଦିକୁ ଦର୍ଶାଇଥାଏ। ଯଥା:

(i) (भविष्य में सम्भावना, हो न हो) (ଭବିଷ୍ୟତରେ ସମ୍ଭାବନା, ଥାଉ ନଥାଉ)

कहीं वह आ न जाए। କାଲେ ସେ ଆସିଯିବ।

(ii) (भविष्य में इच्छा) (ଭବିଷ୍ୟତରେ ଇଚ୍ଛା)

अनु से कहो कि किताबें लाए। ଅନୁକୁ କୁହ ଯେ ବହିଗୁଡ଼ିକ ଆଣିବ।

(iii) (भविष्य में सुझाव) (ଭବିଷ୍ୟତରେ ପ୍ରସ୍ତାବ)

ऐसा क्यों न करें? ଏମିତି କାହିଁକି ନ କରିବା?

(iv) (भविष्य में उद्देश्य) (ଭବିଷ୍ୟତରେ ଉଦ୍ଦେଶ୍ୟ)

तुम एक वैज्ञानिक बनो। ତୁମେ ଜଣେ ବୈଜ୍ଞାନିକ ହୁଅ।

(v) (भविष्य में शर्त) (ଭବିଷ୍ୟତରେ ସର୍ତ୍ତ)

यदि वे आएँ तो तुम भी आ जाना। ଯଦି ସେମାନେ ଆସିବେ ତେବେ ତୁମେ ମଧ୍ୟ ଚାଲି ଆସିବ।

काळ (2)
काल (2)

भूतकाळ अतीत काळ

ହିନ୍ଦୀ ଭାଷାରେ ଅତୀତ କାଳର କ୍ରିୟା ରୂପ ମୁଖ୍ୟତଃ ଛଅ ପ୍ରକାର । ଯଥା:

(1)	सामान्य भूतकाल	ସାମାନ୍ୟ ଅତୀତ କାଳ
(2)	आसन्न भूतकाल	ଆସନ୍ନ ଅତୀତ କାଳ
(3)	पूर्ण भूतकाल	ପୂର୍ଣ୍ଣ ଅତୀତ କାଳ
(4)	संदिग्ध भूतकाल	ସନ୍ଦିଗ୍‌ଧ ଅତୀତ କାଳ
(5)	तात्कालिक भूतकाल	ତାତ୍କାଳିକ ଅତୀତ କାଳ
(6)	हेतुहेतुमद् भूतकाल	ସର୍ଭମୂଳକ ଅତୀତ କାଳ

(1) सामान्य भूत ସାମାନ୍ୟ ଅତୀତ—

ଅତୀତରେ କରାଯାଇଥିବା କାର୍ଯ୍ୟ ଯାହା କୌଣସି ନିର୍ଦ୍ଦିଷ୍ଟ ସମୟ ଦର୍ଶାଉ ନଥାଏ ।

ମୂଳ କ୍ରିୟା ସହ ଆ, ए, ई ଯୋଗ କରାଯାଇ ଥାଏ ।

सकर्मक क्रिया 'करना'
(ସକର୍ମକ କ୍ରିୟା 'କରିବା')

प्रथम पुरुष —	ଏକବଚନ	मैंने किया	ମୁଁ କଲି
	ବହୁବଚନ	हमने किया	ଆମେ କଲୁ
द्वितीय पुरुष —	ଏକବଚନ	तूने किया	ତୁ କଲୁ
	ବହୁବଚନ	तुमने किया	ତୁମେ କଲ
तृतीय पुरुष —	ଏକବଚନ	उसने किया	ସେ କଲା
	ବହୁବଚନ	उन्होंने किया	ସେମାନେ କଲେ

अकर्मक क्रिया 'हँसना'

(ଅକର୍ମକ କ୍ରିୟା। 'ହସିବା')

प्रथम पुरुष —	एकवचन	मैं हँसा/हँसी	ମୁଁ ହସିଲି
	बहुवचन	हम हँसे/हँसी	ଆମେ ହସିଲୁ
द्वितीय पुरुष —	एकवचन	तू हँसा/हँसी	ତୁ ହସିଲୁ
	बहुवचन	तुम हँसे/हँसी	ତୁମେ ହସିଲ
तृतीय पुरुष —	एकवचन	वह हँसा/हँसी	ସେ ହସିଲା
	बहुवचन	वे हँसे/हँसी	ସେମାନେ ହସିଲେ

(2) आसन्न भूत ଆସନ୍ନ ଅତୀତ—

କୌଣସି କାର୍ଯ୍ୟ କିଛି ସମୟ ପୂର୍ବରୁ ସରିଥିଲେ, ଏହି କ୍ରିୟା ରୂପ ବ୍ୟବହାର କରାଯାଏ।

| ଉଦାହରଣ — | मैंने किया है – | ମୁଁ କରିଛି |
| | मैं हँसा हूँ – | ମୁଁ ହସିଛି |

सकर्मक क्रिया 'करना'

(ସକର୍ମକ କ୍ରିୟା। 'କରିବା')

ଏକବଚନ : मैंने/तूने/उसने किया है।

ବହୁବଚନ : हमने/तुमने/उन्होंने किया है।

अकर्मक क्रिया 'हँसना'

(ଅକର୍ମକ କ୍ରିୟା। 'ହସିବା')

प्रथम पुरुष —	एकवचन	मैं हँसा हूँ/हँसी हूँ
	बहुवचन	हम हँसे हैं/हँसी हैं
द्वितीय पुरुष —	एकवचन	तू हँसा है/हँसी है
	बहुवचन	तुम हँसे हो/हँसी हो

ତୃତୀୟ ପୁରୁଷ —   ଏକବଚନ   वह हँसा है/हँसी है

                    ବହୁବଚନ   वे हँसे हैं/हँसी हैं

(3) ପୂର୍ଣ୍ଣ ଭୂତ ପୂର୍ବ ଅତୀତ—

ଏହା ଅଧିକ ଅତୀତରେ କରାଯାଇଥିବା କାର୍ଯ୍ୟକୁ ଦର୍ଶାଇଥାଏ।

ଉଦାହରଣ —   मैंने किया था –   ମୁଁ କରିଥିଲି।

                    मैं हँसा था –   ମୁଁ ହସିଥିଲି।

सकर्मक क्रिया 'करना'

(ସକର୍ମକ କ୍ରିୟା 'କରିବା')

ଏକବଚନ : मैंने/तूने/उसने-किया था।

ବହୁବଚନ   : हमने/तुमने/उन्होंने– किया था।

अकर्मक क्रिया 'हँसना'

(ଅକର୍ମକ କ୍ରିୟା 'ହସିବା')

ଏକବଚନ : मैं/तू/वह-हँसा था/हँसी थी।

ବହୁବଚନ   : हम/तुम/वे– हँसे थे/हँसी थीं।

(4) ସନ୍ଦିଗ୍ଧ ଭୂତ ସନ୍ଦିଗ୍ଧ ଅତୀତ—

କୌଣସି କାର୍ଯ୍ୟ ଅତୀତରେ ହୁଏତ କରାଯାଇଥିବ।

ଉଦାହରଣ —   मैंने किया होगा –   ମୁଁ କରିଥିବି।

                    मैं हँसा होऊँगा –   ମୁଁ ହସିଥିବି।

सकर्मक क्रिया 'करना'

(ସକର୍ମକ କ୍ରିୟା 'କରିବା')

ଏକବଚନ : मैंने/तूने/उसने-किया होगा।

ବହୁବଚନ   : हमने/तुमने/उन्होंने– किया होगा।

अकर्मक क्रिया 'हँसना'

(ଅକର୍ମକ କ୍ରିୟା 'ହସିବା')

प्रथम पुरुष —	ଏକବଚନ	मैं हँसा होऊँगा/हँसी होऊँगी
	ବହୁବଚନ	हम हँसे होंगे/हँसी होंगी
द्वितीय पुरुष —	ଏକବଚନ	तू हँसा होगा/हँसी होगी
	ବହୁବଚନ	तुम हँसे हांगे/हँसी होगी
तृतीय पुरुष —	ଏକବଚନ	वह हँसा होगा/हँसी होगी
	ବହୁବଚନ	वे हँसे होंगे/हँसी होंगी

(5) अपूर्ण भूत ଅପୂର୍ଣ୍ଣ ଅତୀତ—

ଅତୀତରେ କୌଣସି କାର୍ଯ୍ୟ ଚାଲୁ ରହିଥିଲା।

ଉଦାହରଣ —	मैं कर रहा था –	ମୁଁ କରୁଥିଲି।
	मैं करता था –	ମୁଁ କରି ଆସୁଥିଲି।
	मैं हँस रहा था –	ମୁଁ ହସୁଥିଲି।
	मैं हँसता था –	ମୁଁ ହସି ଆସୁଥିଲି।

सकर्मक क्रिया 'करना'

(ସକର୍ମକ କ୍ରିୟା 'କରିବା')

ଏକବଚନ :	मैं/तू/वह	कर रहा था/करता था।	कर रही थी/करती थी
ବହୁବଚନ :	हम/तुम/वे	कर रहे थे/करते थे	कर रही थीं/करती थीं

अकर्मक क्रिया 'हँसना'

(ଅକର୍ମକ କ୍ରିୟା 'ହସିବା')

ଏକବଚନ : मैं/तू/वह   हँस रहा था/हँसता था।   हँस रही थी/हँसती थी

ବହୁବଚନ : हम/तुम/वे   हँस रहे थे/हँसते थे   हँस रही थीं/हँसती थीं

(6) ହେତୁ ହେତୁ ମଦ୍ ଭୂତ ସର୍ଭମୂଳକ ଅତୀତ—

ଅତୀତରେ କୌଣସି କାର୍ଯ୍ୟ ଘଟିତ ହୋଇଥିଲା, ଯଦି ଏକ ନିର୍ଦ୍ଦିଷ୍ଟ ସର୍ଭ ପୂରଣ ହୋଇଥିବ।

ଉଦାହରଣ:

(यदि) मैं करता................(ଯଦି) ମୁଁ କରିଥାନ୍ତି...................

(यदि) मैं हँसता................(ଯଦି) ମୁଁ ହସିଥାନ୍ତି..............

सकर्मक क्रिया 'करना'

(ସକର୍ମକ କ୍ରିୟା 'କରିବା')

ଏକବଚନ : (यदि) मैं/तू/वह...   करता............../   करती............

ବହୁବଚନ : (यदि) हम/तुम/वे...   करता............../   करती............

अकर्मक क्रिया 'हंसना'

(ଅକର୍ମକ କ୍ରିୟା 'ହସିବା')

ଏକବଚନ : (यदि) मैं/तू/वह...   हँसता............../   हँसती............

ବହୁବଚନ : (यदि) हम/तुम/वे...   हँसे............../   हँसती............

ବାଚ୍ୟ
वाच्य

ହିନ୍ଦୀ ଭାଷାରେ ବାଚ୍ୟ ତିନି ପ୍ରକାର । ଯଥା:

(i)   କର୍ତୃ ବାଚ୍ୟ   କର୍ତୃ ବାଚ୍ୟ

(ii) କର୍ମ ବାଚ୍ୟ   କର୍ମ ବାଚ୍ୟ

(iii) ଭାବ ବାଚ୍ୟ   ଭାବ ବାଚ୍ୟ

ବାକ୍ୟରେ କର୍ତ୍ତା ପ୍ରଧାନ ହୋଇଥିଲେ ତାହା କର୍ତୃ ବାଚ୍ୟ । ଏକ କର୍ତୃ ବାଚ୍ୟର ଉଦାହରଣ:

मैं पत्र लिखता हूँ   ମୁଁ ପତ୍ର ଲେଖେ ।

ବାକ୍ୟରେ କର୍ମ ପ୍ରଧାନ ହୋଇଥିଲେ ତାହା କର୍ମ ବାଚ୍ୟ । ଏକ କର୍ମ ବାଚ୍ୟର ଉଦାହରଣ:

मुझसे पत्र लिखा जाता है   ମୋ ଦ୍ୱାରା ପତ୍ର ଲେଖାଯାଏ ।

ବାକ୍ୟରେ କ୍ରିୟା ପ୍ରଧାନ ହୋଇଥିଲେ ତାହା ଭାବ ବାଚ୍ୟ । ଏକ ଭାବ ବାଚ୍ୟର ଉଦାହରଣ:

मुझसे पढ़ा नहीं जाता ।   ମୋ ଦ୍ୱାରା ପଢ଼ାଯାଇ ପାରିବ ନାହିଁ । (ସୂଚନା: ଏହି ବାକ୍ୟଟିରେ ପଢ଼ିବା କ୍ରିୟା ପ୍ରଧାନ ଅଟେ। ଏହି ବାକ୍ୟର କର୍ତୃ ବାଚ୍ୟ ରୂପ ହେଉଛି - मैं पढ़ नहीं सकता। ମୁଁ ପଢ଼ିପାରିବି ନାହିଁ ।)

वाच्य परिवर्तन ବାଚ୍ୟ ପରିବର୍ତ୍ତନ

ଯେତେବେଳେ ଆମେ କୌଣସି ବାକ୍ୟକୁ କର୍ତୃ ବାଚ୍ୟରୁ କର୍ମ ବାଚ୍ୟକୁ ପରିବର୍ତ୍ତନ କରୁ, ସେତେବେଳେ କର୍ତୃ ବାଚ୍ୟ ବିଶିଷ୍ଟ ବାକ୍ୟରେ ଥିବା କର୍ମ ଦ୍ୱିତୀୟ ପ୍ରକାର ବାକ୍ୟ ଅର୍ଥାତ କର୍ମ ବାଚ୍ୟ ବିଶିଷ୍ଟ ବାକ୍ୟରେ କର୍ତ୍ତା ରୂପେ ବ୍ୟବହୃତ ହୁଏ । ଏହି କର୍ମ ବାଚ୍ୟରେ ଜାନା କ୍ରିୟାର ବିଭିନ୍ନ ରୂପ

ବ୍ୟବହାର କରାଯିବା ସହ से କିମ୍ବା द्वारा କିମ୍ବା के द्वारा ଅବ୍ୟୟ ପଦ ବ୍ୟବହାର କରାଯାଇ ବାକ୍ୟକୁ ପୂର୍ଣ୍ଣ କରାଯାଏ।

ନିମ୍ନରେ ଦିଆଯାଇଥିବା ଉଦାହରଣ ଗୁଡ଼ିକୁ ଭଲରୂପେ ଅଧ୍ୟୟନ କରନ୍ତୁ:

କର୍ତ୍ତୃ ବାଚ୍ୟ   : मैंने फूल तोड़ा।   ମୁଁ ଫୁଲ ତୋଳିଲି।

କର୍ମ ବାଚ୍ୟ   : फूल मेरे द्वारा तोड़ा गया।   ମୋ ଦ୍ୱାରା ଫୁଲ ତୋଳାଗଲା।

କର୍ତ୍ତୃ ବାଚ୍ୟ   : वह गीत गाती है।   ସେ ଗୀତ ଗାଇଲା।

କର୍ମ ବାଚ୍ୟ   : उसके द्वारा गीत गाया गया।   ତା ଦ୍ୱାରା ଗୀତ ଗାଇବା ହେଲା।

କର୍ତ୍ତୃ ବାଚ୍ୟ   : राम ने रावण को मारा।   ରାମ ରାବଣକୁ ହତ୍ୟା କଲେ।

କର୍ମ ବାଚ୍ୟ   : रावण राम के द्वारा   ରାବଣ ରାମଙ୍କ ଦ୍ୱାରା ହତ୍ୟା କରାଗଲା।

                     मारा गया।

କର୍ତ୍ତୃ ବାଚ୍ୟ   : शाह जहां ने ताज   ଶାହଜାହାନ୍ ତାଜମହଲ ତିଆରି କରାଇଥିଲେ।

                     महल बनवाया।

କର୍ମ ବାଚ୍ୟ   : ताज महल शाह जहां   ତାଜମହଲ ଶାହଜାହାନ୍‌ଙ୍କ ଦ୍ୱାରା ତିଆରି

                     द्वारा बनवाया गया।   କରାଯାଇଥିଲା।

ଏଠାରେ ଏକ ଗୁରୁତ୍ୱପୂର୍ଣ୍ଣ ଜାଣିବା କଥା ହେଉଛି ଯେ ଯଦି କ୍ରିୟାଟି ଅକର୍ମକ ହୋଇଥାଏ, ତେବେ ତାହା ଭାବ ବାଚ୍ୟରେ ପରିଣତ ହେବ। ଉଦାହରଣ ସ୍ୱରୂପ:

କର୍ତ୍ତୃ ବାଚ୍ୟ   : घोड़ा नहीं चल सकता।   ଘୋଡ଼ା ଚାଲିପାରୁ ନାହିଁ।

ଭାବ ବାଚ୍ୟ   : घोड़े से चला नहीं जाता।   ଘୋଡ଼ା ଦ୍ୱାରା ଚାଲିବା ହେଉନାହିଁ।

ଯୌଗିକ କ୍ରିୟା
यौगिक क्रिया

1. प्रेरणार्थक क्रिया Causal Verb

प्रेरणार्थक क्रिया (ପ୍ରେରଣାର୍ଥକ କ୍ରିୟା) - ଅନ୍ୟ ଦ୍ୱାରା କୌଣସି କାର୍ଯ୍ୟ କରାଇବା ପ୍ରେରଣାର୍ଥକ କ୍ରିୟା ସହାୟତାରେ ବ୍ୟକ୍ତ କରାଯାଏ। ଉଦାହରଣ ସ୍ୱରୂପ:

(i) यह पत्र मीनाक्षी से लिखवाओ।   ଏହି ପତ୍ର ମିନାକ୍ଷୀ ଦ୍ୱାରା ଲେଖାଅ।

(ii) मैंने धोबी से कपड़े इस्तरी   ମୁଁ ଧୋବା ଦ୍ୱାରା ପୋଷାକ ଇସ୍ତ୍ରୀ
करवाए।   କରାଇଲି।

ଉପରୋକ୍ତ ବାକ୍ୟ ଦୁଇଟିରେ लिखवाओ, करवाए ହେଉଛି ପ୍ରେରଣାର୍ଥକ କ୍ରିୟା। ଏଗୁଡ଼ିକ ଯଥାକ୍ରମେ लिखना ଏବଂ करना କ୍ରିୟାର ପ୍ରେରଣାର୍ଥକ କ୍ରିୟା ରୂପ।

ସାଧାରଣତଃ ହିନ୍ଦୀ କ୍ରିୟାର ଦୁଇଟି ପ୍ରେରଣାର୍ଥକ ରୂପ ରହିଛି। ଯଥା:

पढ़ना (ପଢ଼ିବା) — पढ़ाना (ପଢ଼ାଇବା) ଏବଂ पढ़वाना (ଦ୍ୱାରା ପଢ଼ାଇବା)

ନିମ୍ନରେ କେତେକ କ୍ରିୟାର ମୂଳ ରୂପ ସହ ପ୍ରେରଣାର୍ଥକ କ୍ରିୟା ରୂପ ପ୍ରଦାନ କରାଯାଇଛି। ଏଗୁଡ଼ିକୁ ଧ୍ୟାନ ଦିଅନ୍ତୁ:

ମୂଳ ରୂପ	କ୍ରିୟା ରୂପ	ପ୍ରଥମ ପ୍ରେରଣାର୍ଥକ	ଦ୍ୱିତୀୟ ପ୍ରେରଣାର୍ଥକ
	[–ना]	[–आना]	[–वाना]
कर	करना	कराना	करवाना
पढ़	पढ़ना	पढ़ाना	पढ़वाना
सुन	सुनना	सुनाना	सुनवाना

लिख	लिखना	लिखाना	लिखवाना
उठ	उठना	उठाना	उठवाना
बोल	बोलना	बुलाना	बुलवाना
जाग	जागना	जगाना	जगवाना
जीत	जीतना	जिताना	जितवाना
लेट	लेटना	लिटाना	लिटवाना
खोद	खोदना	खुदाना	खुदवाना
खा	खाना	खिलाना	खिलवाना
सी	सीना	सिलाना	सिलवाना
दे	देना	दिलाना	दिलवाना
पी	पीना	पिलाना	पिलवाना
रो	रोना	रुलाना	रुलवाना

ବ୍ୟତିକ୍ରମ:

ଏଠାରେ ଏହି କଥା ପ୍ରତି ଧ୍ୟାନ ଦିଅନ୍ତୁ ଯେ କେତେକ କ୍ରିୟା ରହିଛି, ଯେଉଁ ମାନଙ୍କର ପ୍ରେରଣାର୍ଥକ ରୂପ ନାହିଁ। ସେଥିମଧ୍ୟରୁ କେତେକ କ୍ରିୟା ନିମ୍ନରେ ଦ୍ରଷ୍ଟବ୍ୟ:

आना	जाना	पाना	सकना
होना	पड़ना	रहना	सुस्ताना
लजाना	कुम्हलाना		

2. ସହାୟକ କ୍ରିୟା ସହାୟକ କ୍ରିୟା

ସହାୟକ କ୍ରିୟା (ସହାୟକ କ୍ରିୟା) — ଯେଉଁ କ୍ରିୟା ବାକ୍ୟର ପ୍ରଧାନ କ୍ରିୟାର ଭାବ ସଂପୂର୍ଣ୍ଣ କରିବା ପାଇଁ ସହାୟତା ପ୍ରଦାନ କରେ, ତାହାକୁ ସହାୟକ କ୍ରିୟା କୁହାଯାଏ। ହିନ୍ଦୀରେ ସାଧାରଣତଃ ସକନା, ଚୁକନା, ପଡ଼ନା ଏବଂ ଚାହିଏ ଇତ୍ୟାଦି ସହାୟକ କ୍ରିୟା ଭାବରେ ବ୍ୟବହୃତ ହୋଇଥାଏ। ନିମ୍ନରେ ଏହାର ଉଦାହରଣ ଦିଆଯାଇଛି:

(a) **सकना** (ସାମର୍ଥ୍ୟ ଏବଂ ଅନୁମତି ଦର୍ଶାଇବା ପାଇଁ):

(i) हम इसे अपने-आप हल कर
सकते है।

ଆମେ ଏହାକୁ ନିଜେ-ନିଜେ ସମାଧାନ
କରି ପାରିବୁ। (ସାମର୍ଥ୍ୟ)

(ii) मैं हिंदी पढ़ और लिख
सकता हूँ।

ମୁଁ ହିନ୍ଦୀ ପଢ଼ି ଓ ଲେଖି ପାରିବି।
(ସାମର୍ଥ୍ୟ)

(iii) क्या मैं अंदर आ सकता
हूँ, श्रीमान?

ମୁଁ ଭିତରକୁ ଆସିପାରେ କି, ମହାଶୟ ?
(ଅନୁମତି)

(iv) अब आप जा सकते है।

ଏବେ ଆପଣ ଯାଇପାରନ୍ତି। (ଅନୁମତି)

(b) **चुकना** (କାର୍ଯ୍ୟ ସରିଯାଇଥିବା ଦର୍ଶାଇଥାଏ):

(i) हम सब खाना खा चुके हैं।

ଆମେ ସବୁ ଖାଦ୍ୟ ଖାଇ ସାରିଛୁ।

(ii) नेताजी पहले ही आ चुके थे।

ନେତାଜୀ ପୂର୍ବରୁ ହିଁ ଆସି ସାରିଥିଲେ।

(c) **पड़ना** (ଆବଶ୍ୟକତା ଦର୍ଶାଇଥାଏ):

(i) हमें मद्रास जाना पड़ा।

ଆମକୁ ମାଡ୍ରାସ୍ ଯିବାକୁ ପଡ଼ିଲା।

(ii) उसे रोज यहां आना पड़ता है।

ତାକୁ ନିତି ଏଠାକୁ ଆସିବାକୁ ପଡ଼େ।

(d) **चाहिए** (ଔଚିତ୍ୟ ଦର୍ଶାଇଥାଏ):

(i) प्रत्येक को अपना कर्त्तव्य
निभाना चाहिए।

ପ୍ରତ୍ୟେକଙ୍କୁ ନିଜ କର୍ତ୍ତବ୍ୟ ନିର୍ବାହ
କରିବା ଉଚିତ୍।

(ii) आपको भगवद्गीता पढ़नी
चाहिए।

ଆପଣଙ୍କର ଭଗବଦ୍‌ଗୀତା ପଢ଼ିବା ଉଚିତ୍।

(iii) तुम्हें बड़ों का सम्मान
करना चाहिए था।

ତୁମକୁ ବଡ଼ମାନଙ୍କର ସମ୍ମାନ କରିବା
ଉଚିତ୍ ଥିଲା।

3. संयुक्त क्रिया ସଂଯୁକ୍ତ କ୍ରିୟା

ସଂଯୁକ୍ତ କ୍ରିୟା (ସଂଯୁକ୍ତ କ୍ରିୟା) — ଯେତେବେଳେ ଦୁଇଟି ମୂଳ କ୍ରିୟା ମିଶ୍ରିତ ଭାବରେ ଅର୍ଥକୁ ଅଧିକ ଭାବପୂର୍ଣ୍ଣ କରନ୍ତି, ସେତେବେଳେ ତାହାକୁ ସଂଯୁକ୍ତ କ୍ରିୟା କୁହାଯାଏ। ଏଥିରେ ଏକ ମୌଳିକ କ୍ରିୟା ଏବଂ ଏକ ଗୌଣ କ୍ରିୟା ସଂଯୁକ୍ତ ହୋଇ ଥାଆନ୍ତି।

ହିନ୍ଦୀ ଭାଷାରେ ସାଧାରଣତଃ — रखना, लेना, देना, जाना, डालना, रहना, पाना, बैठना, उठना, भागना, देखना ଇତ୍ୟାଦି କ୍ରିୟା। ଗୌଣ କ୍ରିୟା ଭାବରେ ବ୍ୟବହୃତ ହୋଇ ସଂଯୁକ୍ତ କ୍ରିୟା ଗଠନ କରିଥାଆନ୍ତି। ନିମ୍ନରେ ଏହାର ଉଦାହରଣ ବିଭିନ୍ନ ବାକ୍ୟ ମାଧ୍ୟମରେ ଦିଆଯାଇଛି:

(a) **रहना —**

खेलती रहती है   हँसता रहता है   लड़ते रहते हैं

ଉଦାହରଣ - हम चलते रहते हैं।   ଆମେ ଚାଲିଥାଉ।

(b) **उठना —**

जाग उठी   रो उठा   चिल्ला उठे

ଉଦାହରଣ -वह बहुत चिंतित हो उठा   ସେ ବହୁତ ଚିନ୍ତିତ ହୋଇ ଉଠିଲା।

(c) **जाना —**

बैठ जाता है   सो जाएगा   डूब गया

ଉଦାହରଣ -वह मेज पर खड़ा हो गया।   ସେ ଟେବୁଲ୍ ଉପରେ ଠିଆ ହୋଇଗଲା।

(d) **बैठना —**

उठ बैठा है   लड़ बैठी है   कर बैठे हैं

ଉଦାହରଣ -मैं अपना पैन खो बैठा हूँ।   ମୁଁ ମୋର କଲମ ହଜାଇ ବସିଛି।

(e) **पाना —**

कर (नहीं) पाया   दे (नहीं) पाया   बैठ (नहीं) पाये

ଉଦାହରଣ -मैं नींद नहीं कर पाया।   ମୁଁ ଶୋଇ ପାରିଲି ନାହିଁ।

30 ଦିନରେ ଓଡ଼ିଆ ମାଧ୍ୟମରେ ହିନ୍ଦୀ ଶିଖନ୍ତୁ

ଅବ୍ୟୟ ଅଥବା ଅବିକାରୀ
अव्यय या अविकारी

ଯେଉଁ ଶବ୍ଦର ବ୍ୟୟ ନାହିଁ ଅର୍ଥାତ ଯେଉଁ ଶବ୍ଦର ରୂପ ସର୍ବଦା ଅପରିବର୍ତିତ ରହିଥାଏ, ତାହାକୁ ଅବ୍ୟୟ କିମ୍ବା ଅବିକାରୀ ଶବ୍ଦ (अव्यय अथवा अविकारी शब्द) କୁହାଯାଏ, ଯଥା — आज (ଆଜି), कल (କାଲି), जल्दी (ଶୀଘ୍ର), यहां (ଏଠାରେ), वहां (ସେଠାରେ), ଇତ୍ୟାଦି।

ସାଧାରଣତଃ ଚାରି ପ୍ରକାର ଅବ୍ୟୟ ରହିଛି। ସେଗୁଡ଼ିକ ହେଲା—

1. क्रियाविशेषण	କ୍ରିୟାବିଶେଷଣ
2. संबंधबोधक	ସମ୍ବନ୍ଧବୋଧକ
3. समुच्चयबोधक	ସମୁଚ୍ଚୟବୋଧକ
4. विस्मयादिबोधक	ବିସ୍ମୟସୂଚକ

ବର୍ତ୍ତମାନ ଆମେ ଗୋଟିଏ ପରେ ଗୋଟିଏ ଅବ୍ୟୟ ବାବଦରେ ଆଲୋଚନା କରିବା—

1. **क्रियाविशेषण କ୍ରିୟାବିଶେଷଣ**: (ଯେଉଁ ଶବ୍ଦ କ୍ରିୟାର ବିଶେଷତ୍ୱ ଦର୍ଶାଇଥାଏ):

(i) अमित नहीं आएगा।	ଅମିତ ଆସିବ ନାହିଁ।
(ii) तुम्हारे पास कितना समय है?	ତୁମ ପାଖରେ କେତେ ସମୟ ଅଛି ?
(iii) वह कैसे लिखता है?	ସେ କେମିତି ଲେଖେ ?
(iv) कहां जा रहे हो?	କେଉଁଠିକୁ ଯାଉଅଛ ?
(v) अब गाना शुरू करो।	ଏବେ ଗାଇବା ଆରମ୍ଭ କର।

ଉପରୋକ୍ତ ବାକ୍ୟଗୁଡ଼ିକରେ नहीं, कितना, कैसे, कहां, अब ସେହିଛି କ୍ରିୟା ବିଶେଷଣ। ଏଗୁଡ଼ିକ ସମସ୍ତ ଅବ୍ୟୟ (अव्यय):

स्थानसूचक   - कहाँ, यहाँ, वहाँ, जहाँ, किधर।

रीतिसूचक   - धीरे-धीरे, कैसे।

निषेधसूचक   - मत, नहीं, न।

कालसूचक   - अब, जब, तब, कब, तुरंत।

परिमाणसूचक   - उतना, इतना, जितना, कितना।

2. **संबंधबोधक ସମ୍ବନ୍ଧବୋଧକ** (ଏଭଳି ଶବ୍ଦ ବିଶେଷ୍ୟ ବା ସର୍ବନାମ ସହ ବାକ୍ୟର ଅନ୍ୟ ଶବ୍ଦଗୁଡ଼ିକର ସମ୍ବନ୍ଧକୁ ଦର୍ଶାଇଥାଏ):

(i) मेज पर पुस्तक पड़ी है।   ପୁସ୍ତକଟି ଟେବୁଲ୍ ଉପରେ ଅଛି ।

(ii) विकास पीछे रह गया।   ବିକାଶ ପଛରେ ରହିଗଲା ।

(iii) आपके समान बहादुर कोई नहीं।   ଆପଣଙ୍କ ସମକକ୍ଷ ସାହସୀ କେହି ନାହିଁ ।

(iv) तुम मेरे खिलाफ जा रहे हो।   ତୁମେ ମୋ ବିପକ୍ଷରେ ଯାଉଛ ।

(v) यह केवल आपके लिए है।   ଏହା କେବଳ ଆପଣଙ୍କ ପାଇଁ ।

ଏସବୁ ବାକ୍ୟରେ पर, पीछे, (के) समान, खिलाफ ଏବଂ (के) लिए ହେଉଛି ସମ୍ବନ୍ଧବୋଧକ ଅବ୍ୟୟ। ଏଗୁଡ଼ିକ ସାଧାରଣତଃ ସମ୍ବନ୍ଧିତ ଶବ୍ଦ ପରେ ବ୍ୟବହୃତ ହୋଇଥାଆନ୍ତି।

स्थानसूचक   - (के) भीतर, पर, में; (से) दूर, निकट, ऊपर; (के) आगे, पीछे।

कालसूचक   - (के) आगे, पीछे; (के) पश्चात्; उपरांत; (से) पहले।

समतासूचक   - (के) समान, बराबर, जैसा, सा, (की) भांति।

विरोधसूचक   - (के) प्रतिकूल, विरुद्ध, खिलाफ।

कारण बोधक   - (के) लिए, (के) कारण, हेतु।

दिशाबोधक   - को, (की) ओर, (के) प्रति।

पृथकतासूचक   - (से) दूर, से।

साधनसूचक   - (के) सहारे, द्वारा।

3. **समुच्चयबोधक ସମୁଚ୍ଚୟବୋଧକ** (ଏଭଳି ପ୍ରକାର ଶବ୍ଦ ବାକ୍ୟ, ଶବ୍ଦ କିମ୍ବା ଖଣ୍ଡବାକ୍ୟ ଗୁଡ଼ିକୁ ସଂଯୋଗ କରି ଥାଆନ୍ତି):

30 ଦିନରେ ଓଡ଼ିଆ ମାଧ୍ୟମରେ ହିନ୍ଦୀ ଶିଖନ୍ତୁ

(i) डबलरोटी और मक्खन   ରୁଟି ଏବଂ ଲହୁଣି ପର୍ଯ୍ୟାପ୍ତ

     पर्याप्त आहार है।   ଆହାର ଅଟେ ।

(ii) मुझे बुखार हो गया है, इसलिए   ମତେ ଜ୍ୱର ହୋଇଛି, ସେଇଥ୍ ପାଇଁ

     मैं उपस्थित नहीं हो सकता।   ମୁଁ ଉପସ୍ଥିତ ରହିପାରିବି ନାହିଁ ।

(iii) तुम यहां आओगे कि नहीं?   ତୁମେ ଏଠାକୁ ଆସିବ କି ନାହିଁ ?

ଉପରୋକ୍ତ ବାକ୍ୟଗୁଡ଼ିକରେ और (ଏବଂ) इसलिए (ଏଇଥ୍ ପାଇଁ), कि (କିମ୍ବା) ସଂଯୋଗ

ସ୍ଥାପନ ପାଇଁ ବ୍ୟବହୃତ ହୋଇଛନ୍ତି ।

ଅନ୍ୟ କେତେକ ସମୁଚ୍ଚୟବୋଧକ ବା ସଂଯୋଗକାରୀ ଅବ୍ୟୟର ଉଦାହରଣ ନିମ୍ନରେ ଦିଆଗଲା—

(i) और एवं, तथा;   (v)   अर्थात्, जैसे कि;

(ii) अथवा, या नहीं तो;   (vi)   पर, परंतु, किंतु, बल्कि;

(iii) इसलिए, अतएव, क्योंकि;   (vii)   ताकि।

(iv) यदि- तो, यद्यपि- तो भी;

4. विस्मयादिबोधक ବିସ୍ମୟସୂଚକ (ଏଭଳି ଶବ୍ଦ ବକ୍ତାର ବିସ୍ମୟ ଭାବକୁ ସୂଚାଇଥାଏ):

(i) वाह-वाह, मैंने प्रथम पुरस्कार जीता।   ବାଃ-ବାଃ, ମୁଁ ପ୍ରଥମ ପୁରସ୍କାର ଜିତିଲି ।

(ii) अहा! यह बाग कितना सुंदर है।   ଆଃ ! ଏହି ବଗିଚା କେତେ ସୁନ୍ଦର !

(iii) अरे! वह मर गया।   ଆରେ ! ସେ ମରିଗଲା ।

(iv) हाय! मैं अब क्या करूं।   ହାୟ ! ମୁଁ ଏବେ କ'ଣ କରିବି ।

ଉପରୋକ୍ତ ବାକ୍ୟଗୁଡ଼ିକରେ वाह-वाह, अहा, अरे, हाय ହେଉଛି ବିସ୍ମୟସୂଚକ ଅବ୍ୟୟ ।

ବିସ୍ମୟସୂଚକ ଅବ୍ୟୟର ଅନ୍ୟ କେତେକ ଉଦାହରଣ:

विस्मय	– अरे! ओह!	संबोधन	– ओ! अरी-री! अरे, रे! अजी!
उत्साह	– धन्य! शाबाश!	घृणा	– छि:-छि: ऊँह! धत्!
आनंद	– वाह-वाह! अहा!	विवशता	– काश!
दुख	– ओह! हाय!		

ଗଣନା
गिनती

1. ଏକ୍	28. ଅଟ୍ଠାଇସ୍	55. ପଚପନ
2. ଦୋ	29. ଉନତୀସ୍	56. ଛପ୍ପନ
3. ତୀନ୍	30. ତୀସ୍	57. ସଭାବନ
4. ଚାର୍	31. ଇକଭୀସ୍	58. ଅଟ୍ଠାବନ
5. ପାଞ୍ଚ	32. ବତୀସ୍	59. ଉନସଠ
6. ଛେ	33. ତେଇଁତୀସ୍	60. ସାଠ
7. ସାତ୍	34. ଚୌଁତୀସ୍	61. ଇକସଠ
8. ଆଠ୍	35. ପୈଁତୀସ୍	62. ବାସଠ
9. ନୌ	36. ଛତୀସ୍	63. ତିରସଠ
10. ଦସ	37. ସୈଁତୀସ୍	64. ଚୌଁସଠଁ
11. ଗ୍ୟାରହ	38. ଅଢ଼ତୀସ୍	65. ପୈଁସଠଁ
12. ବାରହ	39. ଉନ୍ତାଲୀସ୍	66. ଛିୟାସଠ
13. ତେରହ	40. ଚାଲୀସ୍	67. ସଢ଼ସଠ
14. ଚୌଦହ	41. ଇକତାଲୀସ୍	68. ଅଢ଼ସଠ
15. ପନ୍ଦ୍ରହ	42. ବୟାଲୀସ୍	69. ଉନହଠର
16. ସୋଲହ	43. ତେଁତାଲୀସ୍	70. ସଠର
17. ସତ୍ରହ	44. ଚୱ୍ବାଲୀସ୍	71. ଇକହଠର
18. ଅଠାରହ	45. ପୈଁତାଲୀସ୍	72. ବହଠର
19. ଉନ୍ନୀସ୍	46. ଛିୟାଲୀସ୍	73. ତିହଠର
20. ବୀସ୍	47. ସୈଁତାଲୀସ୍	74. ଚୌହଠର
21. ଇକ୍କୀସ୍	48. ଅଢ଼ତାଲୀସ୍	75. ପଚହଠର
22. ବାଇସ୍	49. ଉନଚାସ	76. ଛିହଠର
23. ତେଇସ୍	50. ପଚାସ	77. ସତହଠର
24. ଚୌବୀସ୍	51. ଇକକ୍ୟାବନ	78. ଅଠହଠର
25. ପଚୀସ୍	52. ବାବନ	79. ଉନାସୀ
26. ଛବୀସ୍	53. ତିରେପନ	80. ଅସୀ
27. ସଭାଇସ୍	54. ଚୌବନ	81. ଇକକ୍ୟାସୀ

82. ବ୍ୟାସୀ

83. ତିରାସୀ

84. ଚୌରାସୀ

85. ପଚାସୀ

86. ଛିୟାସୀ

87. ସତାସୀ

88. ଅଟ୍ଠାସୀ

89. ନଅାସୀ

90. ନବ୍ବେ

91. ଇକୟ୍ୟାନବେ

92. ବାନବେ

93. ତେରାନବେ

94. ଚୌରାନବେ

95. ପଚାନବେ

96. ଛିୟାନବେ

97. ସତାନବେ

98. ଅଟ୍ଠାନବେ

99. ନିନ୍ୟାନବେ

100. ଶୌ

1,000 ହଜାର   1,00,000 ଲାଖ

1,00,00,000 କରୋଡ଼

କ୍ରମାଂକ (क्रमांक)

ପ୍ରଥମ	पहला	ଷଷ୍ଠ	छठा
ଦ୍ୱିତୀୟ	दूसरा	ସପ୍ତମ	सातवाँ
ତୃତୀୟ	तीसरा	ଅଷ୍ଟମ	आठवाँ
ଚତୁର୍ଥ	चौथा	ନବମ	नवाँ
ପଞ୍ଚମ	पाँचवाँ	ଦଶମ	दसवाँ

ଗୁଣନାଂକ (गुणनांक)

ଦୁଇଗୁଣା	दुगुना	ସାତଗୁଣା	सतगुना
ତିନିଗୁଣା	तिगुना	ଆଠଗୁଣା	अठगुना
ଚାରିଗୁଣା	चौगुना	ନଅଗୁଣା	नौगुना
ପାଞ୍ଚଗୁଣା	पचगुना	ଦଶଗୁଣା	दसगुना
ଛଅଗୁଣା	छहगुना		

आवृत्तिपरक अंक ପୁନରାବୃତ୍ତିସୂଚକ ସଂଖ୍ୟା

ଥରେ	एक बार	ଚାରି ଥର	चार बार
ଦୁଇ ଥର	दो बार	ପାଞ୍ଚ ଥର	पांच बार
ତିନି ଥର	तीन बार		

पूर्णयोगांक (ପୂର୍ଣ୍ଣଯୋଗାଙ୍କ)

ଉଭୟ	दोनों	କୋଡ଼ିଏ ଜଣ	बीसों
ତିନିଜଣ	तीनों	କୋଡ଼ିଏ ଜଣିଆ ଛେକ	बीसियों
ଚାରିଜଣ	चारों	ଶହ-ଶହ	सैकड़ों
ଦଶଜଣ	दसों	ହଜାର-ହଜାର	हजारों

ବନାନ ର ଭୁଲ୍
वर्तनी की भूलें

নିম୍ନରେ କେତେକ ଭୁଲ୍ ବନାନ ବିଶିଷ୍ଟ ଶବ୍ଦ ଦିଆଯିବା ସହ ଏହାର ସଠିକ୍ ବନାନ ବିଶିଷ୍ଟ ଶବ୍ଦ ମଧ୍ୟ ଦିଆଯାଇଛି। ପାଠକମାନେ ଏହି ଶବ୍ଦଗୁଡ଼ିକୁ ଧ୍ୟାନର ସହ ପଢ଼ନ୍ତୁ ତଥା ଏଗୁଡ଼ିକର ସଠିକ୍ ବନାନ ମନେ ରଖି ଅଭ୍ୟାସ କରନ୍ତୁ।

ভুল / ভুল	ঠিক্	ভুল	ঠিক্
अवश्यक	आवश्यक	दुख	दुःख
अत्याधिक	अत्यधिक	हिन्दु	हिन्दू
अगनि	अग्नि	जन्ता	जनता
औद्योगिकरण	उद्योगीकरण	प्रथक	पृथक
उज्जवल	उज्ज्वल	कृप्या	कृपया
उपरोक्त	उपर्युक्त	रात्री	रात्रि
आर्शीवाद	आशीर्वाद	बहु	बहू
उपलक्ष	उपलक्ष्य	शुरु	शुरू
एतिहासिक	ऐतिहासिक	गुरू	गुरु
कवियित्री	कवयित्री	पुज्य	पूज्य
चिन्ह	चिह्न	ऐसा	ऐसा
सन्यासी	संन्यासी	लघू	लघु
प्रतिछाया	प्रतिच्छाया	घन्टी	घण्टी
प्रीक्षा	परीक्षा	श्रेष्ट	श्रेष्ठ
श्रीमति	श्रीमती	सतत्	सतत

चरम	चरम	पुन्य	पुण्य
कुरुप	कुरूप	प्रभू	प्रभु
सहस्त्र	सहस्र	स्त्रि	स्त्री
स्वास्थ	स्वास्थ्य	प्रती	प्रति
हंसना	हँसना	कहां	कहाँ
वायू	वायु	हूं	हूँ
प्रन्तु	परन्तु	जै	जय
अत:एव	अतएव	रतन	रत्न
पूज्यनीय	पूजनीय	प्रन	प्रण
कठनाई	कठिनाई	दृष्य	दृश्य
जाग्रत	जागृत	पत्नि	पत्नी
पश्चाताप	पश्चात्ताप	स्वामि	स्वामी
दुरदशा	दुर्दशा	रीती	रीति
श्रंगार	श्रृंगार	तिथी	तिथि
सौन्दर्यता	सौन्दर्य	कृया	क्रिया
समुन्दर	समुद्र	हन्स	हंस
परिवारिक	पारिवारिक	आंख	आँख
बिमार	बीमार	कुपूत	कपूत
कृपालू	कृपालु	पृष्ट	पृष्ठ
अम्रित	अमृत	सपुत्र	सुपुत्र
क्रिषक	कृषक	शरधा	श्रद्धा
प्राधीन	पराधीन	ग्यान	ज्ञान
पुर्नजन्म	पुनर्जन्म	टेड़ा	टेढ़ा
सन्मुख	सम्मुख	बूड़ा	बूढ़ा

लोकिक	लौकिक	पुष्ठ	पुष्ट
आधीन	अधीन	सन्शय	संशय
स्थायि	स्थायी	हिन्सा	हिंसा
पन्डित	पंडित	हन्स	हंस
निर्दोषी	निर्दोष	कुत्तिया	कुतिया
शांतमय	शांतिमय	कुता	कुत्ता
विशवास	विश्वास	निर्दयी	निर्दय
उपयोगता	उपयोगिता	टेड़ा	टेढ़ा
ठकुराईन	ठकुराइन	बूड़ा	बूढ़ा
निरपराधी	निरपराध	कृतग्य	कृतज्ञ
अभिनेत्रि	अभिनेत्री	पड़ाई	पढ़ाई
स्थायीत्व	स्थायित्व	बड़ई	बढ़ई
औढ़ना	ओढ़ना	नीती	नीति
द्वितिय	द्वितीय	औढ़ना	ओढ़ना
सतारह	सत्रह	क्रिपा	कृपा
नवम्	नवम	ऐक	एक
सड़ीयल	सड़ियल	रूपया	रुपया
भारतिय	भारतीय	सोतैला	सौतेला
दुगुणा	दुगुना	क्रिषी	कृषि
पांडीत्य	पांडित्य	सपुत्र	सुपुत्र
स्त्रीयां	स्त्रियाँ	यथेष्ठ	यथेष्ट
दुरावस्था	दुरवस्था	ज्योती	ज्योति
इकठ्ठा	इक्ट्ठा	संसरिक	सांसरिक
कौशलता	कौशल	ज्योत्सना	ज्योत्स्ना

PART 3 : CLASSIFIED SENTENCES

୨୧ତମ ସୋପାନ ଇକ୍କୀସବୀ ସୀଢ଼ୀ

ଉପଯୋଗୀ ଲଘୁ ବାକ୍ୟ
उपयोगी लघु वाक्य

1. ହଇହୋ !	अहो!	ଅହୋ !
2. ନୂତନ ବର୍ଷର ଶୁଭେଚ୍ଛା !	नव वर्ष की शुभकामना!	ନବ ବର୍ଷ କି ଶୁଭକାମନା !
3. ଆପଣଙ୍କୁ ମଧ୍ୟ !	आपको भी!	ଆପକୋ ଭି !
4. ଜନ୍ମଦିନର ଅଭିନନ୍ଦନ !	जन्मदिन मुबारक!	ଜନ୍ମଦିନ ମୁବାରକ !
5. ଆପଣମାନଙ୍କୁ ସ୍ୱାଗତ !	आप सबका स्वागत!	ଆପ ସବକା ସ୍ୱାଗତ !
6. ଅଭିନନ୍ଦନ !	बधाई हो!	ବଧାଇ ହୋ !
7. ଆପଣ ଆସିଥିବାରୁ ଧନ୍ୟବାଦ ।	आपके पधारने का धन्यवाद!	ଆପକେ ପଧାରନେ କା ଧନ୍ୟବାଦ !
8. ଭଗବାନଙ୍କୁ ଧନ୍ୟବାଦ !	भगवान् का धन्यवाद है!	ଭଗବାନ୍ କା ଧନ୍ୟବାଦ ହୈ !
9. ଓଃ ମୋର ପ୍ରିୟ !	ओ मेरे प्रिय!	ଓ ମେରେ ପ୍ରିୟ !
10. ହେ ରାମ !	हे राम	ହେ ରାମ !
11. ଆରେ !	अरे!	ଅରେ !
12. ବହୁତ ଭଲ !	क्या खूब!	କ୍ୟା ଖୁବ୍ !
13. ହାୟ !	हाय!	ହାୟ !
14. ଅତି ଉତ୍ତମ !	क्या खूब!	କ୍ୟା ଖୁବ୍ !
15. କେତେ ଭୟଙ୍କର !	कितना डरावना!	କିତନା ଡରାବନା !
16. କେତେ ଅଯୌକ୍ତିକ !	कितना भौंडा!	କିତନା ଭୌଣ୍ଡା !
17. କେତେ ସୁନ୍ଦର !	कितना सुंदर!	କିତନା ସୁନ୍ଦର !
18. କେତେ ଲଜ୍ଜାଜନକ !	कितना लज्जा-जनक!	କିତନା ଲଜ୍ଜା-ଜନକ !

19. ସତରେ !	सच!	ସଚ !
20. ଆଚ୍ଛା !	अच्छा!	ଅଚ୍ଛା !
21. ଅଭୁତ !	अद्भुत!	ଅଦ୍ଭୁତ !
22. ଆପଣଙ୍କୁ ଧନ୍ୟବାଦ !	आपका धन्यवाद!	ଆପକା ଧନ୍ୟବାଦ !
23. ନିସନ୍ଦେହ !	निस्संदेह	ନିସନ୍ଦେହ !
24. କିଭଳି ମହାନ୍ ବିଜୟ !	कितनी महान विजय!	କିତନୀ ମହାନ ବିଜୟ !
25. ଅଭିନନ୍ଦନ ସହିତ !	अभिनंदन के साथ!	ଅଭିନନ୍ଦନ କେ ସାଥ !

ଅନ୍ୟ କେତେକ ଉପଯୋଗୀ ବାକ୍ୟ କିମ୍ବା ବାକ୍ୟାଂଶ:

1. ଗୋଟେ ମିନିଟ୍ ।	जरा एक मिनट	ଜରା ଏକ ମିନିଟ୍ ।
2. ସଙ୍ଗେ-ସଙ୍ଗେ ଆସୁଛି ।	अभी आया।	ଅଭି ଆୟା ।
3. ଅନ୍ୟ କିଛି ?	कुछ और?	କୁଛ ଔର ?
4. ପର୍ଯ୍ୟାପ୍ତ ଅଟେ ।	काफी है।	କାଫି ହେ ।
5. ଆଉ କିଛି ?	और कुछ?	ଔର କୁଛ ?
6. କିଛି ଚିନ୍ତା ନାହିଁ ।	कोई चिंता नहीं।	କୋଇ ଚିନ୍ତା ନହିଁ ।
7. ଯେମିତି ଆପଣଙ୍କ ଇଚ୍ଛା ।	जैसी आपकी इच्छा।	ଜୈସି ଆପକି ଇଚ୍ଛା ।
8. କୌଣସି କଥା ନାହିଁ ।	कोई बात नहीं।	କୋଇ ବାତ ନହିଁ ।
9. ଆଉ କିଛି ନାହିଁ ।	और कुछ नहीं।	ଔର କୁଛ ନହିଁ ।
10. କଦାପି ନୁହେଁ ।	कदापि नहीं।	କଦାପି ନହିଁ ।
11. ମହିଳାଙ୍କ ପାଇଁ ।	महिलाओं के लिए।	ମହିଲାଓଁ କେ ଲିଏ ।
12. ଭଡ଼ା ପାଇଁ ଖାଲି ଅଛି ।	किराये के लिए खाली है।	କିରାୟେ କେ ଲିଏ ଖାଲି ହେ ।
13. ପ୍ରବେଶ ନିଷେଧ ।	प्रवेश वर्जित है।	ପ୍ରବେଶ ବର୍ଜିତ ହେ ।
14. ପ୍ରବେଶ ନାହିଁ ।	प्रवेश नहीं।	ପ୍ରବେଶ ନହିଁ ।
15. ସାଧାରଣ ରାସ୍ତା ନାହିଁ ।	आम रास्ता नहीं है।	ଆମ ରାସ୍ତା ନହିଁ ହେ ।
16. କଥାବାର୍ତ୍ତା ହେବା ମନା ।	बातचीत करना मना है।	ବାତଚିତ କରନା ମନା ହେ ।
17. ସିଗାରେଟ୍ ପିଇବା ମନା ।	सिगरेट पीना मना है।	ସିଗରେଟ ପିନା ମନା ହେ ।
18. ଛେପ ପକାଇବା ମନା ।	थूकना मना है।	ଥୂକନା ମନା ହେ ।
19. ଗାଡ଼ି ଠିଆ କରିବା ବର୍ଜିତ ଅଟେ ।	वाहन खड़ा करना वर्जित है।	ବାହନ ଖଡ଼ା କରନା ବର୍ଜିତ ହେ ।
20. ବାହାରକୁ ଯିବା ମନା ।	बाहर जाना मना है।	ବାହର ଜାନା ମନା ହେ ।

ବିଧ୍ୟର୍ଥକ ବାକ୍ୟ
विध्यर्थक वाक्य

1. ଆଦେଶ ସୂଚକ ବାକ୍ୟ:

1. ଶୀଘ୍ର କର !	जल्दी करो।	ଜଲ୍ଦି କରୋ।
2. ଚୁପ ରୁହ !	चुप रहो!	ଚୁପ ରହୋ !
3. ଭିତରକୁ ଆସ ।	अंदर आओ।	ଅନ୍ଦର ଆଓ।
4. ବାହାରକୁ ବାହାରି ଯାଅ ।	बाहर निकल जाओ।	ବାହର ନିକଲ ଜାଓ।
5. ବିଜ୍ଞାପନ ମାର ନାହିଁ ।	इश्तहार मत लगाओ।	ଇଶ୍ତହାର ମତ ଲଗାଓ।
6. ବକ୍‍ବାସ କରନାହିଁ ।	बकवास मत करो।	ବକବାସ ମତ କରୋ।
7. ସାବଧାନ ରୁହ ।	सावधान रहो।	ସାବଧାନ ରହୋ।
8. ଗିଲାସେ ପାଣି ଆଣ ।	एक गिलास पानी लाओ।	ଏକ ଗିଲାସ ପାନୀ ଲାଓ।
9. କାଲି ଆସିବାକୁ ଭୁଲ ନାହିଁ ।	कल आना मत भूलो।	କଲ ଆନା ମତ ଭୁଲୋ।
10. ତରତର ହୁଅ ନାହିଁ ।	हड़बड़ी मत करो।	ହଡ଼ବଡ଼ୀ ମତ କରୋ।
11. ବକର-ବକର ହୁଅନାହିଁ ।	बातूनी मत बनो।	ବାତୁନୀ ମତ ବନୋ।
12. ସତ୍ୟ କୁହ ।	सच बोलो।	ସଚ ବୋଲୋ।
13. ମିଛ କୁହ ନାହିଁ ।	झूठ मत बोलो।	ଝୁଠ ମତ ବୋଲୋ।
14. ପଛକୁ ଫେରିଯାଅ ।	वापस जाओ।	ଵାପସ ଜାଓ।
15. ପରିଶ୍ରମ କର ।	परिश्रम करो।	ପରିଶ୍ରମ କରୋ।
16. ଝରକା ବନ୍ଦ କର ।	खिड़की बंद करो।	ଖିଡ଼କୀ ବନ୍ଦ କରୋ।
17. କବାଟ ଖୋଲ ।	दरवाज़ा खोलो।	ଦରବାଜା ଖୋଲୋ।
18. ଆଗକୁ ଆସ ।	आगे आओ।	ଆଗେ ଆଓ।
19. ଏକୁଟିଆ ଆସ ।	अकेले आओ।	ଅକେଲେ ଆଓ।
20. ବସିଯାଅ ।	बैठ जाओ।	ବୈଠ ଜାଓ।
21. ଠିଆ ହୁଅ ।	खड़े हो जाओ।	ଖଡ଼େ ହୋ ଜାଓ।
22. ଶୀଘ୍ର ଉଠ ।	जल्दी उठो।	ଜଲ୍ଦୀ ଉଠୋ।
23. ଆଠଟା ଭିତରେ ପ୍ରସ୍ତୁତ ରୁହ ।	आठ बजे तक तैयार रहो।	ଆଠ ବଜେ ତକ ତୈୟାର ରହୋ।
24. ସର୍ବଦା ବାମ ପଟେ ଚାଲ ।	सदा बायें चलो।	ସଦା ବାୟଁ ଚଲୋ।

25. ଖରାପ ଅଭ୍ୟାସ ଛାଡ଼ ।	बुरी आदतें छोड़ों।	ବୁରୀ ଆଦତେଁ ଛୋଡ଼େଁ ।
26. ନିଜ କାମ ଦେଖ ।	अपना काम देखो।	ଅପନା କାମ ଦେଖୋ ।
27. ଘଣ୍ଟି ବଜାଅ ।	घंटी बजाओ।	ଘଣ୍ଟୀ ବଜାଓ ।
28. ଏହାକୁ ନେଇଯାଅ ।	इसे ले जाओ।	ଇସେ ଲେ ଜାଓ ।
29. ବଳକା ପଇସା ଫେରାଇଦିଅ ।	बाकी पैसे लौटा दो।	ବାକି ପୈସେ ଲୌଟା ଦୋ ।

2. ଅନୁରୋଧ ସୂଚକ ବାକ୍ୟ:

30. କ୍ଷମା କର !	क्षमा करें।	କ୍ଷମା କରେଁ ।
31. ଖରାପ ଭାବ ନାହିଁ ।	बुरा मत मानिए।	ବୁରା ମତ ମାନିଏ ।
32. ମତେ ବୁଝିବାକୁ ଚେଷ୍ଟା କରନ୍ତୁ ।	मुझे समझने का यत्न करें।	ମୁଝେ ସମଝନେ କା ଯତ୍ନ କରେଁ ।
33. ଦୟାକରି ମତେ ଆପଣଙ୍କ ସାଇକଲ ଦିଅନ୍ତୁ ।	कृपया मुझे अपनी साइकिल दीजिए।	କୃପୟା ମୁଝେ ଅପନୀ ସାଇକିଲ ଦିଜିଏ ।
34. ମୋ ପଛରେ ଆସନ୍ତୁ ।	मेरे पीछे आइए।	ମେରେ ପିଛେ ଆଇଏ ।
35. କିଛି ଥଣ୍ଡା ପାନୀୟ ନିଅନ୍ତୁ ।	कुछ ठण्डा लीजिए।	କୁଛ ଠଣ୍ଡା ଲିଜିଏ ।
36. ଟିକିଏ କଫି ନିଅନ୍ତୁ ନା ।	थोड़ी-सी काफी लीजिए।	ଥୋଡ଼ି-ସି କାଫୀ ଲିଜିଏ ।
37. ଦୟାକରି କୋଠରିକୁ ସଫା କରାଇଦିଅନ୍ତୁ ।	कृपया कमरे में सफाई करवा दीजिए।	କୃପୟା କମରେ ମେଁ ସଫାଇ କରବା ଦିଜିଏ ।
38. ଚାକରକୁ ଡାକନ୍ତୁ ନା ।	नौकर को बुलाइए न।	ନୌକର କୋ ବୁଲାଇଏ ନ ।
39. ଲଙ୍କା ଦିଅନ୍ତୁ ନା ।	मिर्च पकड़ाइए न।	ମିର୍ଚ ପକଡ଼ାଇଏ ନ ।
40. ଆମ ପାଇଁ କିଛି ମିଠେଇ ଆଣନ୍ତୁ ।	हमारे लिए कुछ मिठाई लाइए।	ହମାରେ ଲିଏ କୁଛ ମିଠାଇ ଲାଇଏ ।
41. ଦୟାକରି ଏ ଜିନିଷଗୁଡ଼ିକୁ ମୋ ଘରେ ପହଞ୍ଚାଇ ଦିଅନ୍ତୁ ।	कृपया ये वस्तुएं मेरे आवास पर पहुंचवा दीजिए।	କୃପୟା ୟେ ବସ୍ତୁଏଁ ମେରେ ଆବାସ ପର ପହୁଁଚବା ଦିଜିଏ ।
42. ଗାଧୋଇ ଦିଅନ୍ତୁ ।	स्नान कर लीजिए।	ସ୍ନାନ କର ଲିଜିଏ ।
43. ନିଜ ଜାଗାରେ ବସନ୍ତୁ ।	अपनी जगह पर बैठिए।	ଅପନୀ ଜଗହ ପର ବୈଠିଏ ।
44. ଠିକ୍ ସମୟରେ ସୂଚାଇ ଦିଅନ୍ତୁ ।	समय पर सूचित करें।	ସମୟ ପର ସୂଚିତ କରେଁ ।
45. ଦୟାକରି ମତେ ରଣ ପ୍ରଦାନ କରନ୍ତୁ ।	कृपा करके मुझे ऋण प्रदान करें।	କୃପା କରକେ ମୁଝେ ରିଣ ପ୍ରଦାନ କରେଁ ।

3. ଉପଦେଶ ସୂଚକ ବାକ୍ୟ:

46. ଆମେ ଠିକ୍ ସମୟରେ ଯିବା ଉଚିତ ।	हमें समय पर जाना चाहिए।	ହମେଁ ସମୟ ପର ଜାନା ଚାହିଏ।
47. ପରିଶ୍ରମ କର ନହେଲେ ବିଫଳ ହୋଇଯିବ ।	मेहनत करो नहीं तो विफल हो जाओगे।	ମେହନତ କରୋ ନହିଁ ତୋ ବିଫଲ ହୋ ଜାଓଗେ।
48. ଆମେ ଅପେକ୍ଷା କରିବା ।	हम इन्तज़ार कर लें।	ହମ ଇନ୍ତଜାର କର ଲେଁ।
49. ଆସନ୍ତୁ ଚାଲିବା ।	आओ सैर करें।	ଆଓ ସୈର କରେଁ।
50. ଆସନ୍ତୁ ସମୟର ସଦୁପଯୋଗ କରିବା ।	आओ समय का सदुपयोग करें।	ଆଓ ସମୟ କା ସଦୁପଯୋଗ କରେଁ।
51. ଆସନ୍ତୁ ଆମେ ସମ୍ପୂର୍ଣ୍ଣ ଚେଷ୍ଟା କରିବା ।	आओ हम अपना पूरा यत्न करे।	ଆଓ ହମ ଅପନା ପୂରା ଯତ୍ନ କରେ।
52. ଚାଲିବାକୁ ଦିଅନ୍ତୁ ।	चलने दीजिए।	ଚଲନେ ଦିଜିଏ।
53. ଆସନ୍ତୁ ପ୍ରଥମେ ଏହି ବିଷୟରେ ବିଚାର କରିବା ।	आओ पहले इस विषय पर विचार कर लें।	ଆଓ ପହଲେ ଇସ ବିଷୟ ପର ବିଚାର କର ଲେଁ।
54. ଆସନ୍ତୁ ଏକାଠି ସିନେମା ଦେଖିବାକୁ ଯିବା ।	आओ इकट्टे सिनेमा चलें।	ଆଓ ଇକଟ୍ଟେ ସିନେମା ଚଲେଁ।

୨୩ତମ ସୋପାନ ତେଇଶବୀଁ ସୀଢ଼ୀ

ବର୍ତ୍ତମାନ କାଳ
वर्तमान काल

1. ସାମାନ୍ୟ ବର୍ତ୍ତମାନ सामान्य वर्तमान:

1. ମୁଁ ମୋ ଭାଇକୁ ଚିଠି ଲେଖେ ।	मैं अपने भाई को पत्र लिखता हूँ।	ମୈଁ ଅପନେ ଭାଇ କୋ ପତ୍ର ଲିଖତା ହୁଁ।
2. କିଛି ଶିଶୁ ମିଠେଇ ଭଲ ପାଆନ୍ତି ।	कुछ बच्चे मिठाई पसंद करते हैं।	କୁଛ ବଚ୍ଚେ ମିଠାଇ ପସନ୍ଦ କରତେ ହୈଁ।
3. ମୁଁ ପ୍ରତିଦିନ ନଅଟା ବେଳେ ଘରୁ ବାହାରେ ।	मैं प्रतिदिन नौ बजे घर से चलता हूँ।	ମୈଁ ପ୍ରତିଦିନ ନୌ ବଜେ ଘର ସେ ଚଲତା ହୁଁ।
4. ପୃଥିବୀ ସୂର୍ଯ୍ୟଙ୍କ ଚାରିପଟେ ଘୂରେ ।	पृथ्वी सूर्य के चारों ओर घूमती है।	ପୃଥ୍ବୀ ସୂର୍ଯ୍ୟ କେ ଚାରୋଁ ଓର ଘୂମତି ହୈ।
5. ଭଲ ପିଲା ସର୍ବଦା ନିଜ ମାତା-ପିତାଙ୍କ କଥା ମାନେ ।	अच्छा बच्चा सदा अपने माता-पिता का कहना मानता है।	ଅଚ୍ଛା ବଚ୍ଚା ସଦା ଅପନେ ମାତା-ପିତା କା କହନା ମାନତା ହୈ।

6. ସେ ବହୁତ ଯୋର୍‌ରେ ଗାଡ଼ି ଚଲାଏ ।	वह बहुत तेज गाड़ी चलाती है।	ୱହ ବହୁତ ତେଜ ଗାଡ଼ି ଚଲାତୀ ହୈ।
7. ମୁଁ ମୋ ଦାନ୍ତ ଦିନକୁ ଦୁଇଥର ସଫା କରେ ।	मैं अपने दांत दिन में दो बार साफ करता हूं।	ମୈଁ ଅପନେ ଦାନ୍ତ ଦିନ ମେଁ ଦୋ ବାର ସାଫ୍‌ କରତା ହୁଁ।
8. ଆମେ ଭାରତରେ ରହୁ ।	हम भारत में रहते हैं।	ହମ୍‌ ଭାରତ ମେଁ ରହତେ ହୈଁ।
9. ତୁମେ ସବୁବେଳେ ପଇସା ଦେବାକୁ ଭୁଲିଯାଅ ।	तुम सदा पैसे चुकाना भूल जाते हो।	ତୁମ ସଦା ପୈସେ ଚୁକାନା ଭୁଲ ଜାତେ ହୋ।
10. ଶେଷ ବସ୍‌ ଅଧରାତିରେ ବାହାରେ ।	आखिरी बस आधी रात को छूटती है।	ଆଖିରୀ ବସ୍‌ ଆଧୀ ରାତ କୋ ଛୁଟତୀ ହୈ।
11. ତୁମେ ନିଜର ସମସ୍ତ ପଇସା ପୋଷାକ ଉପରେ ଖର୍ଚ୍ଚ କରିଦିଅ ।	तुम अपना सारा पैसा कपड़ों पर खर्च कर देते हो।	ତୁମ ଅପନା ସାରା ପୈସା କପଡ଼େଁ ପର ଖର୍ଚ କର ଦେତେ ହୋ।
12. କେହି କବାଟ ଖଟ୍‌-ଖଟ୍‌ କରେ ।	कोई दरवाजा खटखटाता है।	କୋଇ ଦରବାଜା ଖଟଖଟାତା ହୈ।
13. ସେ ସବୁ ସମୟରେ ଚଷମା ପିନ୍ଧେ ।	वह हर समय ऐनक पहनती है।	ୱହ ହର ସମୟ ଐନକ ପହନତୀ ହୈ।
14. ଭାରତରେ ପନ୍ଦର ଆଞ୍ଚଳିକ ଭାଷା ଅଛି ।	भारत में पन्द्रह क्षेत्रीय भाषाएं हैं।	ଭାରତ ମେଁ ପନ୍ଦ୍ରହ କ୍ଷେତ୍ରୀୟ ଭାଷାୟେଁ ହୈଁ।

2. ତତ୍‍କାଳିକ ବର୍ତ୍ତମାନ   तात्कालिक   वर्तमान

1. ମୋ ମା' କୋଠରି ସଫା କରୁଛନ୍ତି ।	मेरी माताजी कमरा साफ कर रही हैं।	ମେରୀ ମାତାଜୀ କମରା ସାଫ କର ରହି ହୈଁ।
2. ମୁଁ ନବଭାରତ ଟାଇମ୍‌ ପଢ଼ୁଛି ।	मैं नवभारत टाइम्स पढ़ रहा हूं।	ମୈଁ ନବଭାରତ ଟାଇମ୍‌ ପଢ଼ ରହା ହୁଁ।
3. କୁକୁର କାର୍‌ ତଳେ ଶୋଇଛି ।	कुत्ता कार के नीचे लेट रहा है।	କୁତ୍ତା କାର କେ ନିଚେ ଲେଟ ରହା ହୈ।
4. ସେ ବଜାର ଯାଉଛି ।	वह बाजार जा रहा है।	ୱହ ବାଜାର ଜା ରହା ହୈ।
5. ସେ ଅଯଥାରେ ପାଟିତୁଣ୍ଡ କରୁଛି ।	वह बेकार में शोर मचा रही है।	ୱହ ବେକାର ମେଁ ଶୋର ମଚା ରହି ହୈ।
6. ମୁଁ ଏବେ ଆସୁଛି ।	मैं अभी आ रहा हूं।	ମୈଁ ଅଭି ଆ ରହା ହୁଁ।
7. ମୁଁ ଆକାଶକୁ ଦେଖୁଛି ।	मैं आसमान की ओर देख रहा हूं।	ମୈଁ ଆସମାନ କି ଓର ଦେଖ ରହା ହୁଁ।
8. ମୁଁ ଗୀତ ଗାଉଛି ।	मैं गाना गा रही हूं।	ମୈଁ ଗାନା ଗା ରହି ହୁଁ।

30 ଦିନରେ ଓଡ଼ିଆ ମାଧ୍ୟମରେ ହିନ୍ଦୀ ଶିଖନ୍ତୁ

| 9. ସେ କଲମ ଖୋଜୁଛି । | वह पेन ढूंढ़ रही है। | ଓ୍ବହ ପେନ ଢୁଣ୍ଢ ରହି ହୈ। |
| 10. ରୋଗୀ ଡାକ୍ତରଖାନା ଯାଉଛି । | रोगी अस्पताल जा रहा है। | ରୋଗୀ ଅସ୍ପତାଲ ଜା ରହା ହୈ। |

3. ସନ୍ଦିଗ୍ଧ ବର୍ତ୍ତମାନ संदिग्ध वर्तमान

1. ସେ ନିଜ କାର୍ଯ୍ୟାଳୟ ପହଞ୍ଚୁଥିବ ।	वह अपने कार्यालय पहुंच रही होगी।	ଓ୍ବହ ଅପନେ କାର୍ଯ୍ୟାଳୟ ପହୁଞ୍ଚ ରହି ହୋଗୀ।
2. ସେମାନେ ଭୁଲ୍ ଭାବୁଥିବେ ।	वे गलत सोचते होंगे।	ଓ୍ବେ ଗଲତ ସୋଚତେ ହୋଙ୍ଗେ।
3. ମୁଁ କାଲି ବମ୍ବେ ପହଞ୍ଚୁଥିବି ।	मैं कल बम्बई पहुंच रहा होऊंगा।	ମୈଁ କଲ ବମ୍ବଇ ପହୁଞ୍ଚ ରହା ହୋଉଙ୍ଗା।
4. ମୁଁ ମୋ ଛାତ୍ରକୁ ହିନ୍ଦୀ ପଢ଼ାଉଥିବି ।	मैं अपने छात्रों को हिंदी पढ़ा रहा होऊंगा।	ମୈଁ ଅପନେ ଛାତ୍ରୋଁ କୋ ହିନ୍ଦୀ ପଢ଼ା ରହା ହୋଉଙ୍ଗା।
5. ଆପଣଙ୍କ ଭଉଣୀ ଆପଣଙ୍କୁ ଅପେକ୍ଷା କରିଥିବ ।	आपकी बहन आपका इंतजार कर रही होगी।	ଆପକୀ ବହନ ଆପକା ଇନ୍ତଜାର କର ରହି ହୋଗୀ।
6. ସେ ବେହେଲା ବଜାଉଥିବ ।	वह वायलिन बजाती होगी।	ଓ୍ବହ ବାୟଲିନ ବଜାତୀ ହୋଗୀ।
7. ସେ ସପ୍ତାହକ ମଧ୍ୟରେ ପଇସା ଫେରାଉଥିବ ।	वह सप्ताह-भर में पैसा लौटाती होगी।	ଓ୍ବହ ସପ୍ତାହ-ଭର ମେଁ ପୈସା ଲୌଟାତି ହୋଗୀ।
8. ରମା ପ୍ରାତଃ କାଳରେ ନିଜ ପାଠ ପଢ଼ୁଥିବ ।	रमा प्रात:काल अपना पाठ याद करती होगी।	ରମା ପ୍ରାତଃକାଲ ଅପନା ପାଠ ୟାଦ କରତି ହୋଗୀ।

୨୪ତମ ସୋପାନ ଚୌବୀସବୀଂ सीढ़ी

ଭବିଷ୍ୟତ କାଳ
भविष्यत्काल

1. ସାମାନ୍ୟ ଭବିଷ୍ୟତ କାଳ सामान्य भविष्यत्काल

| 1. ମୁଁ ମୋ ଭାଇକୁ ଚିଠି ଲେଖିବି । | मैं अपने भाई को पत्र लिखूंगा। | ମୈଁ ଅପନେ ଭାଇ କୋ ପତ୍ର ଲିଖୁଙ୍ଗା। |

2. ମୋ ବାପା ରବିବାର ଦିନ ଏଠାରେ ପହଞ୍ଚିଯିବେ ।	मेरे पिताजी रविवार तक यहां पहुंच जायेंगे।	ମେରେ ପିତାଜୀ ରବିବାର ତକ ୟହାଁ ପହୁଞ୍ଚ□ଜାୟେଙ୍ଗେ।
3. ମା' କାଲି ବଜାର ଯିବେ ।	माताजी कल बाजार जायेंगी।	ମାତାଜୀ କଲ ବାଜାର ଜାୟେଙ୍ଗୀ ।
4. ସେ ଏହି ବର୍ଷ କଠିନ ପରିଶ୍ରମ କରି ପାଠ ପଢ଼ିବ ।	वह इस वर्ष कड़ी मेहनत से पढ़ाई करेगी।	ୱହ ଇସ ବର୍ଷ କଡ଼ି ମେହନତ ସେ ପଢ଼ାଇ କରେଗୀ ।
5. ଏଥିରେ ମୋର କାମ ଚଳିଯିବ ।	इससे मेरा काम चल जायेगा।	ଇସ୍‌ସେ ମେରା କାମ ଚଲ ଜାୟେଗା ।
6. ମୁଁ ପହରଦିନ ଫେରିଯିବି ।	मैं परसों लौट जाऊंगा।	ମୈଁ ପରସୋଁ ଲୌଟ ଜାଉଙ୍ଗା ।
7. ମୋ ଭାଇ ରାତିରେ ଏଠାରେ ରହିଯିବ ।	मेरा भाई रात को यहां ठहर जाएगा।	ମେରା ଭାଇ ରାତ କୋ ୟହାଁ ଠହର ଜାଏଗା ।
8. ମୁଁ ସନ୍ଧ୍ୟାରେ ନିଶ୍ଚିତ ରୂପେ ଫେରିଯିବି ।	मैं शाम को निश्चित रूप से लौट जाऊंगा।	ମୈଁ ଶାମ କୋ ନିଶ୍ଚିତ ରୂପ ସେ ଲୌଟ ଜାଉଙ୍ଗା ।
9. ଯାହା ବି ହେଉ, ମୁଁ ଏହାକୁ ନିଶ୍ଚୟ କରିବି ।	जो कुछ भी हो, मैं इसे अवश्य करूंगा।	ଜୋ କୁଛ ଭି ହୋ, ମୈଁ ଇସେ ଅବଶ୍ୟ କରୁଙ୍ଗା ।
10. ଆପଣ ଯାହା କିଛି ଚାହିଁବେ, ମୁଁ ଆପଣଙ୍କୁ ନିଶ୍ଚିତ ରୂପେ ଦେବି ।	जो कुछ आप चाहेंगे, मैं आपको निश्चित रूप से दूंगा।	ଜୋ କୁଛ ଆପ ଚାହେଙ୍ଗେ, ମୈଁ ଆପକୋ ନିଶ୍ଚିତ ରୂପ ସେ ଦୁଙ୍ଗା ।
11. ଆମେ ପାଖାପାଖି ପାଞ୍ଚଟା ରେ ବାହାରିବା ।	हम लगभग पांच बजे चलेंगे।	ହମ ଲଗଭଗ ପାଞ୍ଚ ବଜେ ଚଲେଙ୍ଗେ ।
12. ମୁଁ ନିଶ୍ଚିତ ରୂପେ ଧୂମ୍ରପାନ ଛାଡ଼ିଦେବି ।	मैं निश्चित रूप से धूम्रपान छोड़ दूंगा।	ମୈଁ ନିଶ୍ଚିତ ରୂପ ସେ ଧୂମ୍ରପାନ ଛୋଡ଼ ଦୁଙ୍ଗା ।
13. ମୁଁ ନିଶ୍ଚୟ ଆସିବି ।	मैं अवश्य आऊंगा।	ମୈଁ ଅବଶ୍ୟ ଆଉଙ୍ଗା ।
14. ମୁଁ ଏହାକୁ ପରେ ଦେଖିବି ।	मैं इसे बाद में देखूंगा।	ମୈଁ ଇସେ ବାଦ ମେଁ ଦେଖୁଙ୍ଗା ।

2. ସମ୍ଭାବ୍ୟ ଭବିଷ୍ୟତ କାଲ संभाव्य भविष्यत्

1. ଯଦି ତୁମ ଭାଇ ଆସନ୍ତି ତେବେ ତୁମେ ମଧ୍ୟ ନିଶ୍ଚୟ ଆସିବ ।	यदि तुम्हारे भाई साहब आयें तो तुम भी जरूर आना।	ୟଦି ତୁମ୍ହାରେ ଭାଇ ସାହବ ଆୟେଁ ତୋ ତୁମ ଭି ଜରୁର ଆନା ।
2. ଯଦି ତୁମେ ରହିବ ତେବେ ମୁଁ ମଧ୍ୟ ରହିବି ।	यदि तुम ठहरो तो मैं भी ठहरूं।	ୟଦି ତୁମ ଠହରୋ ତୋ ମୈଁ ଭି ଠହରୂଁ

30 ଦିନରେ ଓଡ଼ିଆ ମାଧ୍ୟମରେ ହିନ୍ଦୀ ଶିଖନ୍ତୁ

3. ବୋଧହୁଏ ରଞ୍ଜନା ଆଜି ପହଞ୍ଚିବ ।	शायद रंजना आज पहुंचे।	ଶାୟଦ ରଞ୍ଜନା ଆଜ ପହୁଁଚେ ।
4. ସମ୍ଭବତଃ ମୁଁ ମୋର ସହକର୍ମୀଙ୍କୁ ମଧ ଡାକିବି ।	संभवत: मैं अपने साथियों को भी बुलाऊं।	ସମ୍ଭବତଃ ମୈଁ ଅପନେ ସାଥ୍ୟୋଁ କୋ ଭି ବୁଲାଊଁ ।
5. ଯଦି ତୁମେ ଚାଲିବାକୁ ଯିବ, ତେବେ ମୋତେ ବି ଡାକିବ ।	यदि तुम सैर को जाओ तो मुझे भी बुलाना।	ଯଦି ତୁମ ସୈର କୋ ଜାଓ ତୋ ମୁଝେ ଭି ବୁଲାନା ।
6. ଯଦି ତୁମେ ଚାହିଁବ ତେବେ ମୋ କୁଡ଼ିଆରେ ବିଶ୍ରାମ କର ।	यदि तुम चाहो तो मेरी कुटिया में आराम कर लो।	ଯଦି ତୁମ ଚାହୋ ତୋ ମେରି କୁଟିୟା ମେଁ ଆରାମ କର ଲୋ ।
7. ମୁଁ କେତେବେଲେ ମଧ ଏହି ଷ୍ଟେସନ୍ ଛାଡ଼ିପାରେ ।	मैं कभी भी यह स्टेशन छोड़ दूं।	ମୈଁ କଭି ଭି ୟହ ଷ୍ଟେସନ ଛୋଡ଼ ଦୁଁ ।
8. ହୁଏତ ସେ କାଲି ସଭାକୁ ଆସିବେ ।	कदाचित् वह कल सभा में आये।	କଦାଚିତ୍ ୱହ କଲ ସଭା ମେଁ ଆୟେ ।
9. ଏମିତି ନହେଉ, ସେ କେଉଁଆଡ଼େ ପଲାଇଯିବ ।	ऐसा न हो कहीं वह भाग जाये।	ଐସା ନ ହୋ କହିଁ ୱହ ଭାଗ ଜାୟେ ।
10. ତୁମେ ବିଜ୍ଞାନରେ ନାମ ଲେଖାଅ ନହେଲେ	या तुम विज्ञान में प्रवेश लो या	ୟା ତୁମ ବିଜ୍ଞାନ ମେଁ ପ୍ରବେଶ ଲୋ ୟା

୨୫ତମ ସୋପାନ पच्चीसवीं सीढ़ी

ଅତୀତ କାଳ (1)
भूतकाल (1)

1. ସାମାନ୍ୟ ଅତୀତ କାଳ सामान्य भूत

1. ଛାତ୍ର ଶ୍ରେଣୀରେ ପହଞ୍ଚିଲେ ।	छात्र कक्षा में पहुंचे।	ଛାତ୍ର କକ୍ଷା ମେଁ ପହୁଁଚେ ।
2. ପୁଲିସ ଅପରାଧୀକୁ ଗିରଫ କଲା ।	पुलिस ने अपराधी को गिरफ्तार किया।	ପୁଲିସ ନେ ଅପରାଧୀ କୋ ଗିରଫ୍ତାର କିୟା ।
3. ମୁଁ ତାକୁ କାଲି ଦେଖିଲି ।	मैंने उसे कल देखा।	ମୈଁନେ ଉସେ କଲ ଦେଖା ।
4. ଆମେ ଚାଲୁ-ଚାଲୁ	हम चलते-चलते	ହମ ଚଲତେ-ଚଲତେ

ବାଟରେ ବସିଗଲୁ ।	राह पर बैठ गए।	ରାହ ପର ବୈଠ ଗଏ।
5. ମୁଁ ପ୍ରାତଃ କାଲରେ ତୁମ ଘରକୁ ଗଲି ।	मैं प्रात:काल तुम्हारे घर गया।	ମୈଁ ପ୍ରାତଃକାଲ ତୁମ୍ହାରେ ଘର ଗୟା।
6. ଆମେ ତାଙ୍କୁ (ମହିଳା) ହାର୍ଦ୍ଦିକ ସ୍ୱାଗତ କଲୁ ।	हमने उस (महिला) का हार्दिक स्वागत किया।	ହମନେ ଉସ (ମହିଲା) କା ହାର୍ଦ୍ଦିକ ସ୍ୱାଗତ କିୟା।
7. ଅଧ୍ୟାପକ ଦୁଷ୍ଟ ଛାତ୍ରଙ୍କୁ ଦଣ୍ଡ ଦେଲେ ।	अध्यापक ने शरारती छात्रों को दण्ड दिया।	ଅଧ୍ୟାପକ ନେ ଶରାରତୀ ଛାତ୍ରୋଁ କୋ ଦଣ୍ଡ ଦିୟା।
8. ତୁମେ ମେଚ୍ ଦେଖିଲ ।	तुमने मैच देखा।	ତୁମନେ ମୈଚ ଦେଖା।
9. ପିଲାମାନେ ଦୌଡ଼ିଲେ ଏବଂ ଖେଳିଲେ ।	बच्चे भागे और खेले।	ବଚ୍ଚେ ଭାଗେ ଔର ଖେଲେ।
10. ସେମାନେ ଭିକାରୀକୁ ଦେଖି ହସିଲେ ।	वे भिखारी पर हँसे।	ୱେ ଭିଖାରୀ ପର ହଁସେ।
11. ଝିଅମାନେ ଗୀତ ଗାଇଲେ ।	लड़कियों ने गीत गाया।	ଲଡ଼କିୟୋଁ ନେ ଗୀତ ଗାୟା।
12. ମା' ଗୋଟିଏ ରାଜାର କାହାଣୀ କହିଲେ ।	मां ने राजा की एक कहानी कही।	ମାଁ ନେ ରାଜା କି ଏକ କହାନୀ କହୀ।
13. ଶିଶୁ ଗଭୀର ନିଦରେ ଶୋଇଲା ।	बच्चा गहरी नींद सोया।	ବଚ୍ଚା ଗହରୀ ନୀନ୍ଦ ସୋୟା।
14. ରେଖା ନିଜ ଘନିଷ୍ଠ ବାନ୍ଧବୀକୁ ଚିଠି ଲେଖିଲା ।	रेखा ने अपनी पक्की सहेली को पत्र लिखा।	ରେଖା ନେ ଅପନୀ ପକ୍କୀ ସହେଲୀ କୋ ପତ୍ର ଲିଖା।
15. ସେମାନେ ଖିଆ-ପିଆ କଲେ ଏବଂ ପ୍ରସନ୍ନ ହେଲେ ।	उन्होंने खाया-पिया और प्रसन्न हुए।	ଉନ୍ହୋଁନେ ଖାୟା-ପିୟା ଔର ପ୍ରସନ୍ନ ହୁଏ।

2. ଆସନ୍ନ ଅତୀତ କାଲ ଆସନ୍ନ ଭୂତ

1. ମୁଁ ମୋ କାମ କରି ସାରିଛି ।	मैं अपना काम कर चुका हूं।	ମୈଁ ଅପନା କାମ କର ଚୁକା ହୁଁ।
2. ସେ ମୋତେ ରେଷ୍ଟୁରାଣ୍ଟରେ ଦେଖି ସାରିଛି ।	वह मुझे रेस्तरां में देख चुकी है।	ୱହ ମୁଝେ ରେଷ୍ଟରାଁ ମେଁ ଦେଖ ଚୁକି ହୈ।
3. ଆପଣ ଏହି ପୁସ୍ତକ ପଢ଼ିଛନ୍ତି ।	आपने यह पुस्तक पढ़ी है।	ଆପନେ ୟହ ପୁସ୍ତକ ପଢ଼ୀ ହୈ।

4. ମୁଁ ମୋ କାମ ସମାପ୍ତ କରି ସାରିଛି ।	मैं अपना काम पूरा कर चुकी हूँ।	मैं अपना काम पूरा कर चुकी हूँ।
5. ମୋ ମା' ଘରେ ପହଞ୍ଚି ସାରିଛନ୍ତି ।	मेरी माताजी घर पहुंच चुकी हैं।	मेरी माताजी घर पहुँच चुकी हैं।
6. ଗରିମା ଗୀତ ଗାଇ ସାରିଛି ।	गरिमा ने गीत गाया है।	गरिमा ने गीत गाया है।
7. ଛାତ୍ରମାନେ ନିଜ ଘରକୁ ଯାଇ ସାରିଛନ୍ତି ।	छात्र अपने घरों को जा चुके हैं।	छात्र अपने घरों को जा चुके हैं।
8. ଝାଡ଼ୁଦାର ସଙ୍ଗେ-ସଙ୍ଗେ ଚଟାଣ ସଫା କରିଛି ।	जमादार ने अभी-अभी फर्श साफ किया है।	जमादार ने अभी-अभी फर्श साफ किया है।
9. ଫୋନ୍ ବାଜିବା ବନ୍ଦ ହୋଇଯାଇଛି ।	फोन बजना बंद हो गया है।	फोन बजना बंद हो गया है।
10. କେହି କାନ୍ଥଘଣ୍ଟା ଭାଙ୍ଗି ଦେଇଛି ।	किसी ने दीवाल-घड़ी तोड़ दी है।	किसी ने दीवाल-घड़ी तोड़ दि है।
11. ସେମାନେ ଦୁଃଖଦାୟକ ସମାଚାର ଶୁଣି ସାରିଛନ୍ତି ।	वे दुःखद समाचार सुन चुके हैं।	वे दुःखद समाचार सुन चुके हैं।
12. ସେ କଫି ତିଆରି କରିଛି ।	उसने कॉफी बनाई है।	उसने कॉफी बनाई है।
13. ମୁଁ ବିଲ୍ ପଇଠ କରି ଦେଇଛି ।	मैंने बिल चुका दिया है।	मैंने बिल चुका दिया है।
14. ବାପା ଗଛ ଲଗାଇଛନ୍ତି ।	पिताजी ने पेड़ लगाया है।	पिताजी ने पेड़ लगाया है।
15. ନାଟକ ଏବେ ଆରମ୍ଭ ହୋଇଛି ।	नाटक अभी शुरू हुआ है।	नाटक अभी शुरू हुआ है।

3. ପୂର୍ବ ଅତୀତ କାଳ ପୂର୍ଣ ଭୂତ

1. ମୁଁ ପୂର୍ବରୁ ହିଁ ଚିଠି ଲେଖି ସାରିଥିଲି ।	मैं पहले से ही पत्र लिख चुका था।	मैं पहले से ही पत्र लिख चुका था।
2. ସେ ଏହି ଫିଲ୍ମକୁ ପୂର୍ବରୁ ଦେଖି ସାରିଥିଲା ।	वह इस फिल्म को पहले देख चुकी थी।	वह इस फिल्म को पहले देख चुकी थी।
3. କାଲି ସନ୍ଧ୍ୟା ପର୍ଯ୍ୟନ୍ତ ମୁଁ ତାକୁ ଦେଖିନଥିଲି ।	कल सायंकाल तक मैंने उसे नहीं देखा था।	कल सायंकाल तक मैंने उसे नहीं देखा था।

4. ଅମିତ ଆସିବା ପୂର୍ବରୁ ଅନିଲ ଘରକୁ ଯାଇ ସାରିଥିଲା ।	अमित के आने से पहले अनिल घर जा चुका था।	ଅମିତ କେ ଆନେ ସେ ପହଲେ ଅନିଲ ଘର ଜା ଚୁକା ଥା ।
5. ରୀତା ଆସିବା ବେଳକୁ ମୁଁ ଜଳଖିଆ କରି ସାରିଥିଲି ।	जब रीता आई मैं नाश्ता कर चुका था।	ଜବ ରୀତା ଆଈ ମୈଁ ନାଶତା କର ଚୁକା ଥା ।
6. ଆମେ 1950 ରୁ ଲାଜପତ ନଗରରେ ରହୁଥିଲୁ ।	हम 1950 से लाजपत नगर में रह रहे थे।	ହମ 1950 ସେ ଲାଜପତ ନଗର ମେଁ ରହ ରହେ ଥେ ।
7. ମୁଁ ପାଞ୍ଚଦିନ ହେଲା ତୁମକୁ ଅପେକ୍ଷା କରୁଥିଲି ।	मैं पिछले पांच दिनों से तुम्हारा इंतजार कर रहा था।	ମୈଁ ପିଛଲେ ପାଞ୍ଚ ଦିନୋଁ ସେ ତୁମ୍ହାରା ଇନ୍ତଜାର କର ରହା ଥା ।
8. ଆମେ ଏଭଳି ମ୍ୟାଚ୍ ପୂର୍ବରୁ କେବେ ଦେଖିନଥିଲୁ ।	हमने ऐसा मैच पहले कभी नहीं देखा था।	ହମନେ ଐସା ମୈଚ ପହଲେ କଭି ନହିଁ ଦେଖା ଥା ।
9. ସେ ପାଣି ପିଇ ସାରିଥିଲା ।	वह पानी पी चुकी थी।	ଓ୍ବହ ପାନୀ ପୀ ଚୁକି ଥୀ ।
10. ମୋ ଭଉଣୀ ଡିଗ୍ରୀ ପରୀକ୍ଷା ପାସ୍ କରି ସାରିଥିଲା ।	मेरी बहन डिग्री की परीक्षा पास कर चुकी थी।	ମେରୀ ବହନ ଡିଗ୍ରୀ କି ପରୀକ୍ଷା ପାସ କର ଚୁକୀ ଥା ।
11. ମୁଁ ଏଠାକୁ ତୁମକୁ ସାକ୍ଷାତ କରିବାକୁ ଆସିଥିଲି ।	मैं यहां तुम्हें मिलने आया था।	ମୈଁ ୟହାଁ ତୁହେଁ ମିଲନେ ଆୟା ଥା ।
12. ସେମାନେ ଉଧାର ପରିଶୋଧ କରିନଥିଲେ ।	उन्होंने उधार नहीं चुकाया था।	ଉନ୍ହୋଁନେ ଉଧାର ନହିଁ ଚୁକାୟା ଥା ।
13. ଆମେ ସାର୍ଟ କିଣିଥିଲୁ ।	हमने कमीजें खरीदी थीं।	ହମନେ କମୀଜେଁ ଖରୀଦୀ ଥୀଁ ।
14. ଆମେ ପହଞ୍ଚିବା ପୂର୍ବରୁ ଗାଡ଼ି ପ୍ଲାଟ୍‌ଫର୍ମ ଛାଡ଼ି ସାରିଥିଲା ।	हमारे पहुंचने से पहले गाड़ी प्लेटफार्म छोड़ चुकी थी।	ହମାରେ ପହୁଞ୍ଚନେ ସେ ପହଲେ ଗାଡ଼ି ପ୍ଲେଟଫାର୍ମ ଛୋଡ଼ ଚୁକୀ ଥା ।
15. ସେ ଏହି ଫିଲ୍ମ ଦେଖି ସାରିଥିଲା ।	वह यह फिल्म देख चुका था।	ଓ୍ବହ ୟହ ଫିଲ୍ମ ଦେଖ ଚୁକା ଥା ।

30 ଦିନରେ ଓଡ଼ିଆ ମାଧ୍ୟମରେ ହିନ୍ଦୀ ଶିଖନ୍ତୁ

ଅତୀତ କାଳ (2)
भूत काल (2)

4. ସନ୍ଦିଗ୍‌ଧ ଅତୀତ संदिग्ध भूत

1. ଯଶୋଧରା ଆସିଥିବ ।	यशोधरा आयी होगी।	ଯଶୋଧରା ଆୟୀ ହୋଗୀ।
2. ତୁମେ ଟାଗୋରଙ୍କ ନାମ ନିଶ୍ଚୟ ଶୁଣିଥିବ ।	तुमने टैगोर का नाम अवश्य सुना होगा।	ତୁମ୍‌ନେ ଟୈଗୋର କା ନାମ ଅବଶ୍ୟ ସୁନା ହୋଗା।
3. ସେ ନିଜ ଅତୀତକୁ ଭୁଲି ଯାଇଥିବ ।	वह अपना बीता समय भूल गई होगी।	ଓ୍ୱହ ଅପନା ବୀତା ସମୟ ଭୂଲ ଗଈ ହୋଗା।
4. ସେମାନେ ଶୋଇ ଓ୍ୱେ ସୋ ଗଏ ହୋଇଙ୍ଗେ ।	वे सो गए होंगे।	ସାରିଥିବେ । ଓ୍ୱେ ସୋ ଗଏ ହୋଇଙ୍ଗେ।
5. ସେମାନେ ତାକୁ ପୁରୁଣା ବକେୟା ଦେଇ ସାରିଥିବେ ।	उन्होंने पुरानी देनदारी उसे चुका दी होगी।	ଉନ୍ହୋଁନେ ପୁରାନୀ ଦେନଦାରୀ ଉସେ ଚୁକା ଦୀ ହୋଗା।
6. ସେ ଭାବିଥିବ ଯେ ମୁଁ ସେଠାରେ ଅଛି ।	उसने सोचा होगा कि मैं वहीं हूं।	ଉସନେ ସୋଚା ହୋଗା କି ମୈଁ ଓ୍ୱହିଁ ହୂଁ।
7. ଶ୍ରୀ ମଲିକ ଚିଠି ଲେଖିଥିବେ ।	श्री मलिक ने पत्र लिखा होगा।	ଶ୍ରୀ ମଲିକ ନେ ପତ୍ର ଲିଖା ହୋଗା।
8. ଅନୁଷ୍ଠାନ ମେୟରଙ୍କୁ ନିମନ୍ତ୍ରିତ କରିଥିବ ।	संस्थान ने मेयर को निमंत्रित किया होगा।	ସଂସ୍ଥାନ ନେ ମେୟର କୋ ନିମନ୍ତ୍ରିତ କିୟା ହୋଗା।
9. ସେମାନେ ହସିଥିବେ ଯେତେବେଳେ ସେ ଭିକ ମାଗିଥିବ ।	वे हंसे होंगे जब उसने भीख मांगी होगी।	ଓ୍ୱେ ହଁସେ ହୋଇଙ୍ଗେ ଜବ ଉସନେ ଭୀଖ ମାଙ୍ଗୀ ହୋଗା।
10. ସେମାନେ ଏହାକୁ ସ୍ୱୀକାର କରି ନେଇଥିବେ ।	उन्होंने इसे स्वीकार कर लिया होगा।	ଉନ୍ହୋଁନେ ଇସେ ସ୍ୱୀକାର କର ଲିୟା ହୋଗା।
11. ସେ ନିଜ କର୍ତ୍ତବ୍ୟ ସମ୍ପନ୍ନ କରିଥିବ ।	उसने अपना कर्त्तव्य पूरा किया होगा।	ଉସନେ ଅପନା କର୍ତ୍ତବ୍ୟ ପୂରା କିୟା ହୋଗା।

| 12. | ଲେଖକ ନିଜ ଆତ୍ମକଥା ଲେଖିଥିବେ । | लेखक ने अपनी आत्मकथा लिखी होगी। | ଲେଖକ ନେ ଅପନୀ ଆତ୍ମକଥା ଲିଖୀ ହୋଗୀ। |

5. ଅପୂର୍ଣ୍ଣ ଅତୀତ / अपूर्ण भूत

1.	ମୁଁ ଚିଠି ଲେଖୁଥିଲି ଯେତେ ବେଳେ ସେ କୋଠରୀରେ ପ୍ରବେଶ କଲେ ।	मैं पत्र लिख रहा था जब वह कमरे में घुसा।	ମୈଁ ପତ୍ର ଲିଖ ରହା ଥା ଜବ ଵହ କମରେ ମେଁ ଘୁସା।
2.	କାଲି ମୁଁ ଘୋଡ଼ା ଉପରେ ବସି ସ୍କୁଲ୍ ଯାଉଥିଲି ।	कल मैं घोड़े पर बैठकर स्कूल जा रहा था।	କଲ ମୈଁ ଘୋଡ଼େ ପର ବୈଠକର ସ୍କୁଲ ଜା ରହା ଥା।
3.	ମୁଁ ବାହାରକୁ ଗଲାବେଳେ ବର୍ଷା ହେଉଥିଲା ।	जब मैं बाहर गया तो बारिश हो रही थी।	ଜବ ମୈଁ ବାହର ଗୟା ତୋ ବାରିଶ ହୋ ରହି ଥୀ।
4.	ମୁଁ ଯେତେବେଳେ ତା' ସହ କଥା ହେଉଥିଲି ତେବେ ଏକ ଚିକ୍ଟାର ଶୁଣିଲି ।	जब मैं उससे बात कर रहा था तो मैंने एक चीख सुनी।	ଜବ ମୈଁ ଉସସେ ବାତ କର ରହା ଥା ତୋ ମୈଁନେ ଏକ ଚିଖ ସୁନୀ।
5.	ସେ ହିନ୍ଦୀରେ ନିବନ୍ଧ ଲେଖୁଥିଲା ।	वह हिंदी में निबंध लिख रहा था।	ଵହ ହିନ୍ଦୀ ମେଁ ନିବନ୍ଧ ଲିଖ ରହା ଥା।
6.	ସେମାନେ ଯେତେବେଳେ ଶୋଇଥିଲେ ସେତେବେଳେ କୁକୁର ପହରା ଦେଉଥିଲେ ।	जब वे सो रहे थे तो कुत्ते पहरा दे रहे थे।	ଜବ ଵେ ସୋ ରହେ ଥେ ତୋ କୁତ୍ତେ ପହରା ଦେ ରହେ ଥେ।
7.	ତୁମ ଭାଇ ଯେତେବେଳେ ଆସିଲା ସେତେବେଳେ ଆମେ ଟେନିସ୍ ଖେଳୁଥିଲୁ ।	जब तुम्हारा भाई आया तो हम टेनिस खेल रहे थे।	ଜବ ତୁହ୍ମାରା ଭାଈ ଆୟା ତୋ ହମ ଟେନିସ ଖେଲ ରହେ ଥେ।
8.	ରୀନା ନିଜ ଇଚ୍ଛାକୁ ଲୁଚାଇବାକୁ ଚେଷ୍ଟା କରୁଥିଲା ।	रीना अपनी इच्छा को छिपाने की कोशिश कर रही थी।	ରୀନା ଅପନୀ ଇଚ୍ଛା କୋ ଛିପାନେ କି କୋଶିଶ କର ରହି ଥା।
9.	ସେମାନେ ସଭାରେ ବହୁତ ଜୋର୍‌ରେ କଥା କହୁଥିଲେ ।	वे गोष्ठी में बहुत तेज बोल रहे थे।	ଵେ ଗୋଷ୍ଠୀ ମେଁ ବହୁତ ତେଜ ବୋଲ ରହେ ଥେ।
10.	ଆଶା ମୋ ସହିତ ସ୍କୁଲରେ ପଢ଼ୁଥିଲା ।	आशा मेरे साथ स्कूल में पढ़ रही थी।	ଆଶା ମେରେ ସାଥ ସ୍କୁଲ ମେଁ ପଢ଼ ରହି ଥା।

11. ଦୁଇ ବର୍ଷ ପୂର୍ବେ ଆମେ ପୁନେ ରେ ରହୁଥିଲୁ ।	दो वर्ष पहले हम पुणे में रहते थे।	ଦୋ ବର୍ଷ ପହଲେ ହମ ପୁଣେ ମେଁ ରହତେ ଥେ।
12. ପୂର୍ବରୁ ଏହି ଗାଈ ଦଶ ଲିଟର କ୍ଷୀର ଦେଉଥିଲା ।	पहले यह गाय दस कीलोलीटर दूध देती थी।	ପହଲେ ୟହ ଗାୟ ଦସ କିଲୋଲିଟର ଦୂଧ ଦେତୀ ଥୀ।
13. ଗତ ବିଶ୍ୱଯୁଦ୍ଧରେ ଜର୍ମାନୀୟମାନେ ବୀରତ୍ୱର ସହ ଲଢୁଥିଲେ ।	गत विश्वयुद्ध में जर्मन बड़ी वीरता से लड़ते थे।	ଗତ ବିଶ୍ୱୟୁଦ୍ଧ ମେଁ ଜର୍ମନ ବଡ଼ି ବୀରତା ସେ ଲଡ଼ତେ ଥେ।
14. ସେହି ସମୟରେ ମୁଁ ଦିଲ୍ଲୀରେ ରହୁଥିଲି ।	उस समय मैं दिल्ली में निवास करता था।	ଉସ ସମୟ ମେଁ ଦିଲ୍ଲୀ ମେଁ ନିବାସ କରତା ଥା।
15. ମୁଁ ପ୍ରତିଦିନ ମନ୍ଦିର ଯାଉଥିଲି ।	मैं प्रतिदिन मंदिर जाता था।	ମେଁ ପ୍ରତିଦିନ ମନ୍ଦିର ଜାତା ଥା।
16. 1947 ପୂର୍ବରୁ ଆମେ ପଶ୍ଚିମ ପଞ୍ଜାବରେ ରହୁଥିଲୁ ।	1947 से पूर्व हम पश्चिमी पंजाब में रहते थे।	୧ ୯ ୪ ୭ ସେ ପୂର୍ବ ହମ ପଶ୍ଚିମୀ ପଞ୍ଜାବ ମେଁ ରହତେ ଥେ।
17. ମୁଁ ଯେତେବେଲେ ସାତ ବର୍ଷର ଥିଲି, ମୁଁ ଏକୁଟିଆ ସ୍କୁଲ ଯାଉଥିଲି ।	जब मैं सात वर्ष का था मैं अकेला स्कूल जाता था।	ଜବ ମେଁ ସାତ ବର୍ଷ କା ଥା ମେଁ ଅକେଲା ସ୍କୁଲ ଜାତା ଥା।
18. ମୁଁ ଯେତେବେଲେ ଛୋଟ ଥିଲି, ମୋ ଜେଜେମା' ମତେ କାହାଣୀ ଶୁଣାଉଥିଲେ ।	जब मैं छोटी थी, मेरी दादी मां मुझे कहानी सुनाया करती थी।	ଜବ ମେଁ ଛୋଟୀ ଥା, ମେରୀ ଦାଦୀ ମାଁ ମୁଝେ କହାନୀ ସୁନାୟା କରତୀ ଥୀ।
19. ସତର ବର୍ଷ ବୟସରେ ସେ ବହୁତ ଦ୍ରୁତ ଗତିରେ ଚାଲୁଥିଲା ।	सत्तर साल की आयु में बहुत तेज चलता था।	ସତର ସାଲ କି ଆୟୁ ମେଁ ବହୁତ ତେଜ ଚଲତା ଥା।

6. ସର୍ତ୍ତ ପ୍ରକାଶକ ଅତୀତ ହେତୁ ହେତୁ ମଦ୍ ଭୂତ

1. ଯଦି ତୁମେ ପରିଶ୍ରମ କରିଥାନ୍ତ ତେବେ ଉର୍ତ୍ତୀର୍ଷ ହୋଇଥାନ୍ତ ।	यदि तुम परिश्रम करते तो उत्तीर्ण हो जाते।	ୟଦି ତୁମ ପରିଶ୍ରମ କରତେ ତୋ ଉର୍ତ୍ତୀର୍ଷ ହୋ ଜାତେ।
2. ଯଦି ତୁମେ ସଚ୍ଚୋଟ ହୋଇଥାନ୍ତ ତେବେ ତୁମେ ଅଧିକ ସୁଖୀ ହୋଇଥାନ୍ତ ।	यदि तुम ईमानदार होते तो तुम अधिक सुखी होते।	ୟଦି ତୁମ ଈମାନଦାର ହୋତେ ତୋ ତୁମ ଅଧିକ ସୁଖୀ ହୋତେ।

ଓଡ଼ିଆ	हिन्दी	ଉଚ୍ଚାରଣ
3. ଯଦି ସେ ବୁଦ୍ଧିମତୀ ହୋଇଥାନ୍ତା ତେବେ ସେ ଏମିତି କରିନଥାନ୍ତା ।	यदि वह बुद्धिमती होती तो वह ऐसा न करती।	ୟଦି ୱହ ବୁଦ୍ଧିମତୀ ହୋତୀ ତୋ ୱହ ଐସା ନ କରତୀ।
4. ଯଦି ତୁମେ ଗାଇଥାନ୍ତ ତେବେ ଆମେ ଆନନ୍ଦିତ ହୋଇଥାନ୍ତୁ ।	यदि तुमने गाया होता तो हम आनंद लेते।	ୟଦି ତୁମନେ ଗାୟା ହୋତା ତୋ ହମ ଆନନ୍ଦ ଲେତେ।
5. ଯଦି ସେ ପହଞ୍ଚିଥାନ୍ତା ତେବେ ମୁଁ ଚାଲି ଯାଇଥାନ୍ତି ।	यदि वह पहुंची होती तो मैं चला जाता।	ୟଦି ୱହ ପହୁଞ୍ଚୀ ହୋତୀ ତୋ ମୈଁ ଚଲା ଜାତା।
6. ଯଦି ତୁମେ ଆସିଥାନ୍ତ ତେବେ ମୁଁ ଖେଳିଥାନ୍ତି ।	यदि तुम आए होते तो मैं खेलता।	ୟଦି ତୁମ ଆୟ ହୋତେ ତୋ ମୈଁ ଖେଲତା।
7. ଯଦି ତୁମେ ମୋତେ ଲେଖିଥାନ୍ତ ତେବେ ମୁଁ ତୁମକୁ ଉତ୍ତର ଦେଇଥାନ୍ତି ।	यदि तुमने मुझे लिखा होता मैं तुम्हें उत्तर देता।	ୟଦି ତୁମନେ ମୁଝେ ଲିଖା ହୋତା ମୈଁ ତୁମ୍ହେଁ ଉତ୍ତର ଦେତା।
8. ଯଦି ତୁମେ ମୋତେ କହିଥାନ୍ତ ତେବେ ମୁଁ ରହି ଯାଇଥାନ୍ତି ।	यदि तुमने मुझे कहा होता तो मैं रह जाता।	ୟଦି ତୁମନେ ମୁଝେ କହା ହୋତା ତୋ ମୈଁ ରହ ଜାତା।
9. ଯଦି ସେ ମୋତେ ପୂର୍ବରୁ କହିଥାନ୍ତେ ତେବେ ମୁଁ ଏମିତି କରିନଥାନ୍ତି ।	यदि उसने मुझे पहले बताया होता तो मैं ऐसा न करता।	ୟଦି ଉସନେ ମୁଝେ ପହଲେ ବତାୟା ହୋତା ତୋ ମୈଁ ଐସା ନ କରତା।
10. ଯଦି ତୁମେ ତାକୁ ନିମନ୍ତ୍ରିତ କରିଥାନ୍ତ ତେବେ ସେ ନିଶ୍ଚୟ ଆସିଥାନ୍ତା ।	यदि तुम उसे निमंत्रित करते तो वह जरूर आती।	ୟଦି ତୁମ ଉସେ ନିମନ୍ତ୍ରିତ କରତେ ତୋ ୱହ ଜରୂର ଆତୀ।
11. ଯଦି ରାଧାଙ୍କର ଡେଣା ଥାନ୍ତା ତେବେ ସେ ଉଡ଼ିକରି କୃଷ୍ଣଙ୍କ ପାଖରେ ପହଞ୍ଚି ଯାଇଥାନ୍ତେ ।	यदि राधा के पंख होते तो वह उड़कर कृष्ण के पास पहुँच जाती।	ୟଦି ରାଧା କେ ପଂଖ ହୋତେ ତୋ ୱହ ଉଡ଼କର କୃଷ୍ଣ କେ ପାସ ପହୁଞ୍ଚ ଜାତୀ।
12. ଯଦି ତାକୁ କ୍ୟାମେରା ଭଲ ଲାଗିଥାନ୍ତା ତେବେ ସେ ତାକୁ କିଣି ନେଇଥାନ୍ତା ।	यदि उसे कैमरा पसंद होता तो उसने उसे खरीद लिया होता।	ୟଦି ଉସେ କୈମରା ପସନ୍ଦ ହୋତା ତୋ ଉସନେ ଉସେ ଖରୀଦ ଲିୟା ହୋତା।

ପ୍ରଶ୍ନସୂଚକ ବାକ୍ୟ (1)
प्रश्नसूचक वाक्य (1)

(1) ଅଟେ/ଅଛି ଅଟୁ/ଅଟନ୍ତି ଅଟେ ଥିଲା/ଥିଲି ଥିଲେ

है   हो/हैं   हूं   था/थी   थे/थीं

	ଓଡ଼ିଆ	हिंदी	ଓଡ଼ିଆ
1.	କ'ଣ ହିନ୍ଦୀ କଠିନ ଅଟେ ?	क्या हिंदी कठिन है?	କ୍ୟା ହିନ୍ଦୀ କଠିନ ହୈ ?
2.	କ'ଣ ଆଜି ଥଣ୍ଡା ହେଉଛି ?	आज ठण्ड है?	ଆଜ ଠଣ୍ଡ ହୈ ?
3.	କ'ଣ ଆପଣଙ୍କ ନାମ ନରେନ୍ଦ୍ର କୁମାର ଅଟେ ?	आपका नाम नरेन्द्र कुमार है?	ଆପକା ନାମ ନରେନ୍ଦ୍ର କୁମାର ହୈ ?
4.	କ'ଣ ତୁମେ ଭୂତକୁ ଡର ?	तुम भूतों से डरते हो?	ତୁମ ଭୂତୋଁ ସେ ଡରତେ ହୋ ?
5.	କ'ଣ ତୁମେ ସୁସ୍ଥ ଅଟ ?	तुम स्वस्थ हो?	ତୁମ ସ୍ୱସ୍ଥ ହୋ ?
6.	କ'ଣ ତୁମେ ଶ୍ରୀ ଅମିତାଭ ଅଟ ?	तुम श्री अमिताभ हो?	ତୁମ ଶ୍ରୀ ଅମିତାଭ ହୋ ?
7.	କ'ଣ ମୁଁ ତୁମକୁ ଡରୁଛି ?	मैं तुमसे डरता हूं?	ମୈଁ ତୁମସେ ଡରତା ହୁଁ ?
8.	କ'ଣ ମୁଁ ମୂର୍ଖ ?	मैं मूर्ख हूं?	ମୈଁ ମୂର୍ଖ ହୁଁ ?
9.	କ'ଣ ମୁଁ ତୁମ ଚାକର ?	मैं तुम्हारा नौकर हूं?	ମୈଁ ତୁମ୍ହାରା ନୌକର ହୁଁ ?
10.	କ'ଣ ସେ ଡରି ଯାଇଥିଲା ?	वह डरी हुई थी?	ୱହ ଡରୀ ହୁଈ ଥୀ ?
11.	କ'ଣ ସେ ଏଠାରେ ଅପରିଚିତ ଅଟେ ?	वह यहां अजनबी है?	ୱହ ୟହାଁ ଅଜନବୀ ହୈ ?
12.	କ'ଣ ଜହ୍ନ ଝଟକୁଥିଲା ?	चांद चमक रहा था?	ଚାନ୍ଦ ଚମକ ରହା ଥା ?
13.	କ'ଣ ପିଲାମାନେ ଫୁଟ୍‌ବଲ ଖେଳୁଥିଲେ ?	लड़के फुटबाल खेल रहे थे?	ଲଡ଼୍‌କେ ଫୁଟ୍‌ବାଲ ଖେଲ ରହେ ଥେ ?
14.	କ'ଣ ତୁମେ ଶିମଲାରେ ଆନନ୍ଦରେ ରହିଲ ?	तुम शिमला में आनंद से रहे?	ତୁମ ଶିମଲା ମେଁ ଆନନ୍ଦ ସେ ରହେ ?
15.	କ'ଣ ତୁମେ ତୁମ ସାଙ୍ଗମାନଙ୍କ ସହ ଖୁସି ନଥିଲ ?	क्या तुम अपने साथियों के साथ प्रसन्न नहीं थे?	କ୍ୟା ତୁମ ଅପନେ ସାଥିୟୋଁ କେ ସାଥ ପ୍ରସନ୍ନ ନହିଁ ଥେ ?

(2) ଅତୀତ କ୍ରିୟା, ଭବିଷ୍ୟତ କ୍ରିୟା

ତା, ତେ, ତୀ

16.	କ'ଣ ଆମେ କାମ କରିବାକୁ ଭୟ କରୁ ?	क्या हम काम से जी चुराते हैं?	କ୍ୟା ହମ କାମ ସେ ଜୀ ଚୁରାତେ ହୈଁ ?
17.	ଆପଣ ଧୂମ୍ରପାନ କରନ୍ତି କି ?	आप धूम्रपान करते हैं?	ଆପ ଧୂମ୍ରପାନ କରତେ ହୈଁ ?
18.	ତୁମେ ସର୍ବଦା ସତ କୁହ କି ?	तुम सदा सच बोलते हो?	ତୁମ ସଦା ସଚ ବୋଲତେ ହୋ ?
19.	ସେ ଭଲ ବେଶଭୂଷା ପସନ୍ଦ କରନ୍ତି କି ?	वह अच्छी वेशभूषा पसंद करती है?	ୱହ ଅଚ୍ଛୀ ବେଶଭୂଷା ପସନ୍ଦ କରତୀ ହୈ ?
20.	ସେ ଖେଳ ଖେଳେ ?	वह खेल खेलता है?	ୱହ ଖେଲ ଖେଲତା ହୈ ?
21.	ସେ ନିଜ ପଡ଼ୋଶୀକୁ ପସନ୍ଦ କରେ କି ?	वह अपने पड़ोसी को पसंद करती है?	ୱହ ଅପନେ ପଡ଼ୋସୀ କୋ ପସନ୍ଦ କରତୀ ହୈ ?
22.	ଅନୁପମ ସମସ୍ତ ସେଓ ଖାଇଦେଲା କି ?	अनुपम ने सभी सेब खा लिये?	ଅନୁପମ ନେ ସଭୀ ସେବ ଖା ଲିୟେ ?
23.	ତୁମେ ଏହାକୁ ତିଆରି କରିଛ କି ?	तुमने इसे बनाया?	ତୁମନେ ଇସେ ବନାୟା ?
24.	କ'ଣ ତୁମେ ଘଣ୍ଟି ବଜାଇଲ ?	क्या तुमने घण्टी बजायी?	କ୍ୟା ତୁମନେ ଘଣ୍ଟୀ ବଜାୟୀ ?

(3) ବର୍ତ୍ତମାନ କାଲ, ଅତୀତ କାଲ

ଚୁକା ହୈ, ଚୁକୀ ହୈ

25.	କ'ଣ ସେ ବାପାଙ୍କୁ ଲେଖିଛି ?	क्या उसने पिता को लिखा है?	କ୍ୟା ଉସନେ ପିତା କୋ ଲିଖା ହୈ ?
26.	କ'ଣ ତାହାର ତାପମାନ ଖସିଯାଇଛି ?	क्या उसका तापमान गिर गया है?	କ୍ୟା ଉସକା ତାପମାନ ଗିର ଗୟା ହୈ ?
27.	କ'ଣ ଅନୁରାଗ ଗାଡ଼ି ଫେଲ୍ ହୋଇଗଲା ?	अनुराग से गाड़ी छुट गयी है?	ଅନୁରାଗ ସେ ଗାଡ଼ି ଛୁଟ ଗୟୀ ହୈ ?
28.	ତୁମେ ନିଜର ସମସ୍ତ ଧନ ଖର୍ଚ୍ଚ କରିଦେଇଛ କି ?	तुमने अपना सारा धन खर्च कर दिया है क्या?	ତୁମନେ ଅପନା ସାରା ଧନ ଖର୍ଚ କର ଦିୟା ହୈ କ୍ୟା ?
29.	ଆପଣ କେବେ କୌଣସି କାର୍ ଚଲାଇଛନ୍ତି ?	आपने कभी कोई कार चलायी है?	ଆପନେ କଭି କୋଈ କାର ଚଲାୟୀ ହୈ ?

30 ଦିନରେ ଓଡ଼ିଆ ମାଧ୍ୟମରେ ହିନ୍ଦୀ ଶିଖନ୍ତୁ

30. ତୁମେ ମୋର ରୁମାଲ୍ ପାଇଛ କି ?	तुम्हें मेरा रूमाल मिला है?	ତୁମ୍‌ହେଁ ମେରା ରୂମାଲ ମିଲା ହୈ ?
31. କ'ଣ ଡାକପିଅନ କୌଣସି ଚିଠି ଦେଇଥିଲା ?	क्या डाकिये ने कोई पत्र दिया था?	କ୍ୟା ଡାକିୟେ ନେ କୋଇ ପତ୍ର ଦିୟା ଥା ?
32. ତୁମେ ନିଜ କାମ ସମ୍ପୂର୍ଣ୍ଣ କରିଦେଇଥିଲ କି ?	तुमने अपना काम पूरा कर लिया था?	ତୁମ୍‌ନେ ଅପନା କାମ ପୂରା କର ଲିୟା ଥା ?
33. ତୁମେ କେବେ ବମ୍ବେ ଯାଇଥିଲ କି ?	तुम कभी बम्बई गए थे?	ତୁମ କଭି ବମ୍ବଈ ଗଏ ଥେ ?

(4) ଭବିଷ୍ୟତ କାଳ
-ଗା/ଗେ   -ଗା

34. କ'ଣ ସେମାନେ ଠିକ୍ ସମୟରେ ସଭାରେ ଉପସ୍ଥିତ ହେବେ ?	क्या वे समय पर गोष्ठी में उपस्थित होंगे?	କ୍ୟା ଓ୍ୱେ ସମୟ ପର ଗୋଷ୍ଠୀ ମେଁ ଉପସ୍ଥିତ ହୋଙ୍ଗେ ?
35. କ'ଣ ତୁମେ ଷ୍ଟେସନ୍‌ରେ ତାକୁ ଦେଖା କରିବ ?	तुम उसे स्टेशन पर मिलोगे क्या?	ତୁମ ଉସେ ଷ୍ଟେସନ ପର ମିଲୋଗେ କ୍ୟା ?
36. କ'ଣ ମତେ ମୋ ଭୁଲ୍ ପାଇଁ କ୍ଷମା ମାଗିବାକୁ ପଡ଼ିବ ନାହିଁ ?	क्या मुझे अपनी गलती के लिए क्षमा नहीं मांगनी होगी?	କ୍ୟା ମୁଝେ ଅପନୀ ଗଲତୀ କେ ଲିଏ କ୍ଷମା ନହିଁ ମାଙ୍ଗନୀ ହୋଗା ?
37. କ'ଣ ଆମକୁ ତା ସହ ଦେଖା କରିବା ଉଚିତ ?	हमें उससे मिलना चाहिये क्या?	ହମେଁ ଉସସେ ମିଲନା ଚାହିୟେ କ୍ୟା ?
38. ଯଦି ମୋର ଦରକାର ହୁଏ ତେବେ କ'ଣ ସେ କିଛି ଟଙ୍କା ଦେବ ?	यदि मुझे जरूरत हुई तो क्या वह कुछ रुपये दे देगा?	ୟଦି ମୁଝେ ଜରୂରତ ହୁଈ ତୋ କ୍ୟା ଓ୍ୱହ କୁଛ ରୂପୟେ ଦେ ଦେଗା ?
39. ଯଦି ମୁଁ ଭୁଲ୍ କରିଦିଏ ତେବେ କ'ଣ ତୁମେ ମୋତେ ଠିକ୍ ଉତ୍ତର କହିଦେବ ?	यदि मुझसे गलती हो गयी तो क्या तुम मुझे ठीक उत्तर बता दोगे?	ୟଦି ମୁଝସେ ଗଲତୀ ହୋ ଗୟୀ ତୋ କ୍ୟା ତୁମ ମୁଝେ ଠିକ ଉତ୍ତର ବତା ଦୋଗେ ?
40. କ'ଣ ମୋର ଆପଣଙ୍କୁ ବାଧା ଦେବା ଉଚିତ ନୁହେଁ ?	क्या मुझे आपको बाधा नहीं पहुंचानी चाहिए?	କ୍ୟା ମୁଝେ ଆପକୋ ବାଧା ନହିଁ ପହୁଞ୍ଚାନୀ ଚାହିଏ ?
41. କ'ଣ ଆମେ ଅନ୍ୟମାନଙ୍କ ଉତ୍ତମ କାର୍ଯ୍ୟକୁ ଭୁଲିଯିବା ଉଚିତ ?	क्या हमें दूसरों के अच्छे कार्यों को भूल जाना चाहिए?	କ୍ୟା ହମେଁ ଦୂସରୋଁ କେ ଅଚ୍ଛେ କାର୍ଯ୍ୟୋଁ କୋ ଭୁଲ ଜାନା ଚାହିଏ ?

(5) ପାରିବ,   ପାରିଲା,   ପାରେ
    सकना,   सकते,   सके

42. କ'ଣ ତୁମେ ଏହି ପ୍ରହେଳିକା | क्या तुम इस पहेली | କ୍ୟା ତୁମ ଇସ ପହେଲୀ କୋ
    କୁ ସମାଧାନ କରିପାରିବ ? | को हल कर सकते हो? | ହଲ କର ସକତେ ହୋ ?

43. କ'ଣ ତୁମେ ଏହି ବାଡ଼କୁ | क्या तुम इस जंगले | କ୍ୟା ତୁମ ଇସ ଜଙ୍ଗଲେ କୋ
    ଡେଇଁ ପାରିବ ? | को फांद सकते हो? | ଫାନ୍ଦ ସକତେ ହୋ ?

44. କ'ଣ ସେ ଠିକ୍ ସମୟରେ | क्या वह समय पर | କ୍ୟା ଓହ ସମୟ ପର ଆ
    ଆସି ପାରିଲା ? | आ सका? | ସକା ?

45. କ'ଣ ଆମେ ଏହି କାମ | क्या हम यह काम | କ୍ୟା ହମ ୟହ କାମ ଅକେଲେ
    ଏକାକୀ କରିପାରିଲେ ? | अकेले कर सके? | କର ସକେ ?

46. କ'ଣ ମୁଁ ଭିତରକୁ | क्या मैं अंदर आ | କ୍ୟା ମୈଁ ଅନ୍ଦର ଆ ସକତୀ
    ଆସିପାରେ, ମହାଶୟ ? | सकती हूं, श्रीमान? | ହୁଁ, ଶ୍ରୀମାନ ?

47. କ'ଣ ମୁଁ ଆପଣଙ୍କୁ ସାହାଯ୍ୟ | क्या मैं आपका साथ | କ୍ୟା ମୈଁ ଆପକା ସାଥ ଦେ
    କରିପାରେ, ମହାଶୟା ? | दे सकता हूं, श्रीमती? | ସକତା ହୁଁ, ଶ୍ରୀମତୀ ?

48. କ'ଣ ମୁଁ ଆପଣଙ୍କ ଧ୍ୟାନ | क्या मैं आपका ध्यान | କ୍ୟା ମୈଁ ଆପକା ଧ୍ୟାନ
    ଆକର୍ଷଣ କରିପାରେ ? | आकृष्ट कर सकता हूँ? | ଆକୃଷ୍ଟ କର ସକତା ହୁଁ ?

୨୮ତମ ସୋପାନ अट्ठाईसवीं सीढ़ी

ପ୍ରଶ୍ନସୂଚକ ବାକ୍ୟ (2)
प्रश्नसूचक वाक्य (2)

(1) କ'ଣ   କେବେ   କେଉଁଠି   କାହିଁକି
    क्या   कब   कहां   क्यों

1. ତୁମ ନାମ କ'ଣ ? | तुम्हारा क्या नाम है? | ତୁହ୍ଲାରା କ୍ୟା ନାମ ହୈ ?

2. ତୁମର ବୟସ କେତେ ? | तुम्हारी कितनी उम्र है? | ତୁହ୍ଲାରୀ କିତନୀ ଉମ୍ର ହୈ ?

3. ଏହାର ମାନେ କ'ଣ ? | इसका क्या अभिप्राय है? | ଇସକା କ୍ୟା ଅଭିପ୍ରାୟ ହୈ ?

     30 ଦିନରେ ଓଡ଼ିଆ ମାଧ୍ୟମରେ ହିନ୍ଦୀ ଶିଖନ୍ତୁ

4.	ତୁମେ କ'ଣ ଚାହୁଁଛ ?	तुम क्या चाहते हो?	ତୁମ କ୍ୟା ଚାହତେ ହୋ ?
5.	ଆପଣ କେତେ (ମୂଲ୍ୟ) ପରିଶୋଧ କଲେ ।	आपने कितना (मूल्य) चुकाया?	ଆପନେ କିତନା (ମୂଲ୍ୟ) ଚୁକାୟା ?
6.	ଆପଣ କ'ଣ ନେବେ ?	आप क्या लेंगे?	ଆପ କ୍ୟା ଲେଙ୍ଗେ ?
7.	ବର୍ତ୍ତମାନ କେତେଟା ବାଜିଛି ?	इस समय कितने बजे हैं?	ଇସ ସମୟ କିତନେ ବଜେ ହୈଁ ?
8.	ଆପଣ କେଉଁ ରଙ୍ଗ ପସନ୍ଦ କରନ୍ତି ?	आप कौन सा रंग पसंद करते हैं?	ଆପ କୌନ ସା ରଙ୍ଗ ପସନ୍ଦ କରତେ ହୈଁ ?
9.	ତୁମେ କେତେ ମଜୁରୀ ଚାହୁଁଛ ?	तुम कितनी मजदूरी चाहते हो?	ତୁମ କିତନୀ ମଜଦୂରୀ ଚାହତେ ହୋ ?
10.	ଆପଣଙ୍କର କ'ଣ ଅଭିରୂଚି ଅଛି ?	आपकी क्या अभिरुचि है?	ଆପକି କ୍ୟା ଅଭିରୂଚି ହୈ ?
11.	ଆପଣ ସକାଳୁ କେତେବେଳେ ଉଠନ୍ତି ?	आप सुबह कब उठते हैं?	ଆପ ସୁବହ କବ ଉଠତେ ହୈଁ ?
12.	ତୁମେ ଏହି ସମାଚାର କେବେ ଶୁଣିଲ ?	तुमने यह समाचार कब सुना?	ତୁମନେ ୟହ ସମାଚାର କବ ସୁନା ?
13.	ଆମେ କେବେ ଫେରିବା ?	हम कब लौटेंगे?	ହମ କବ ଲୌଟେଙ୍ଗେ ?
14.	ତୁମେ ତୁମର କାମ କେବେ ସମାପ୍ତ କରିବ ?	तुम अपना काम कब समाप्त करोगे?	ତୁମ ଅପନା କାମ କବ ସମାପ୍ତ କରୋଗେ ?
15.	ସେ ତୁମକୁ ନିଜର କାହାଣୀ କେବେ ଶୁଣାଇଲା ?	उसने तुम्हें अपनी कहानी कब सुनायी?	ଉସନେ ତୁମ୍ହେଁ ଅପନୀ କହାନୀ କବ ସୁନାୟୀ ?
16.	ସେମାନେ ପୁଣିଥରେ କେବେ ଦେଖାଦେବେ ?	वे दुबारा अब कब मिलेंगे?	ୱେ ଦୁବାରା ଅବ କବ ମିଲେଙ୍ଗେ ?
17.	ତୁମର କାର୍ କେବେ ଚୋରି ହେଲା ?	तुम्हारी कार कब चोरी हुई?	ତୁମ୍ହାରୀ କାର କବ ଚୋରୀ ହୁଈ ?
18.	ତୁମେ ତୁମର ନୂଆ ପୋଷାକ କେବେ ପିନ୍ଧ ?	तुम अपने नये कपड़े कब पहनते हो?	ତୁମ ଅପନେ ନୟେ କପଡ଼େ କବ ପହନତେ ହୋ ?
19.	ଆମକୁ ଏହି ଷ୍ଟେସନ୍ କେବେ ଛାଡ଼ିବାକୁ ପଡ଼ିବ ?	हमें इस स्टेशन को कब छोड़ना पड़ेगा?	ହମେଁ ଇସ ଷ୍ଟେଶନ କୋ କବ ଛୋଡ଼ନା ପଡ଼େଗା ?
20.	ତୁମେ ରାତିରେ କେତେବେଳେ ଶୁଅ ?	तुम रात को कब सोते हो?	ତୁମ ରାତ କୋ କବ ସୋତେ ହୋ ?
21.	ତୁମର ପର୍ସ କେଉଁଠି ଅଛି ?	तुम्हारा बटुआ कहां है?	ତୁମ୍ହାରା ବଟୁଆ କହାଁ ହୈ ?
22.	ଆପଣ କେଉଁଠାକୁ ଯାଉଛନ୍ତି ?	आप कहां जा रहे हैं?	ଆପ କହାଁ ଜା ରହେ ହୈଁ ?

23.	ସେମାନେ କେଉଁଠି ରୁହନ୍ତି ?	वे कहां रहते हैं?	ଓ୍ୱେ କହାଁ ରହତେ ହୈଁ ?
24.	ଏହି ରାସ୍ତା କେଉଁ ଆଡ଼କୁ ଯାଇଛି ?	यह रास्ता किधर जाता है?	ୟହ ରାସ୍ତା କିଧର ଜାତା ହୈ ?
25.	ଆପଣ କେଉଁଠୁ ଆସିଛନ୍ତି ?	आप कहां से आये हैं?	ଆପ କହାଁ ସେ ଆୟେ ହୈଁ ?
26.	ଆମେ ପୁସ୍ତକ କେଉଁଠୁ ପାଇପାରିବା ?	हम पुस्तकें कहां से प्राप्त कर सकते हैं?	ହମ ପୁସ୍ତକେଁ କହାଁ ସେ ପ୍ରାପ୍ତ କର ସକତେ ହୈଁ ?
27.	ଆପଣଙ୍କ ହାତଘଣ୍ଟା କେଉଁଠି ତିଆରି ହୋଇଛି ?	आपकी घड़ी कहां की बनी है?	ଆପକି ଘଡ଼ୀ କହାଁ କି ବନି ହୈ ?
28.	ତୁମେ ଚାହା କେଉଁଠୁ କିଣ ?	तुम चाय कहां से खरीदते हो?	ତୁମ ଚାୟ କହାଁ ସେ ଖରୀଦତେ ହୋ ?
29.	ମୁଁ କେଉଁଠି ଓହ୍ଲାଇ ପାରିବି ?	मैं कहां उतर सकता हूं?	ମୈଁ କହାଁ ଉତର ସକତା ହୁଁ ?
30.	ଏବେ ଆମେ କେଉଁଠାକୁ ଯିବା ?	अब हम कहां जायेंगे?	ଅବ ହମ କହାଁ ଜାୟେଙ୍ଗେ ?
31.	ସେ ଏହି ପଦବୀ ପାଇଁ ଆବେଦନ ପତ୍ର କାହିଁକି ଦେଉନାହିଁ ?	वह इस पद के लिए प्रार्थना-पत्र क्यों नहीं देता?	ଓ୍ୱହ ଇସ ପଦ କେ ଲିଏ ପ୍ରାର୍ଥନା-ପତ୍ର କ୍ୟାଁ ନହିଁ ଦେତା ?
32.	ତୁମେ କାହିଁକି ଶୀଘ୍ର ଆସିଲ ନାହିଁ ?	तुम जल्दी क्यों नहीं आये?	ତୁମ ଜଲ୍ଦି କ୍ୟାଁ ନହିଁ ଆୟେ ?
33.	ସେ ମୋତେ କାହିଁକି ଗାଳି ଦେଲା ?	उसने मुझे गाली क्यों दी?	ଉସନେ ମୁଝେ ଗାଲୀ କ୍ୟାଁ ଦି ?
34.	ଆପଣ ଏତେ ମଦ କାହିଁକି ପିଉଛନ୍ତି ?	आप इतनी (शराब) क्यों पीते हैं?	ଆପ ଇତନି (ଶରାବ) କ୍ୟାଁ ପିତେ ହୈଁ ?
35.	ଆପଣ ମୋ ପ୍ରଶ୍ନର ସମାଧାନ କାହିଁକି କରୁନାହାଁନ୍ତି ?	आप मेरे प्रश्नों का समाधान क्यों नहीं करते हैं?	ଆପ ମେରେ ପ୍ରଶ୍ନୋଁ କା ସମାଧାନ କ୍ୟାଁ ନହିଁ କରତେ ହୈଁ ?
36.	ଆଜି ଆପଣ ଏତେ ଦୁଃଖିତ କାହିଁକି ଅଛନ୍ତି ?	आज आप इतने उदास क्यों हैं?	ଆଜ ଆପ ଇତନେ ଉଦାସ କ୍ୟାଁ ହୈଁ ?
37.	ତୁମ ମା' ତୁମ ଉପରେ କାହିଁକି ରାଗିଥିଲେ ?	तुम्हारी माता जी तुमसे नाराज क्यों थी?	ତୁମ୍ହାରି ମାତା ଜୀ ତୁମସେ ନାରାଜ କ୍ୟାଁ ଥା ?

38. କିଛି ଲୋକ ବିଦେଶ ଯାତ୍ରା କାହିଁକି କରନ୍ତି ?	कुछ लोग विदेश यात्रा क्यों करते हैं?	କୁଛ ଲୋଗ ବିଦେଶ ଯ୍ୟାତ୍ରା କ୍ୟୋଁ କରତେ ହୈଁ ?
39. ସେହି ଏମ୍.ଏଲ୍.ଏ. କୁ ଜେଲ୍ କାହିଁକି ପଠାଗଲା ?	उस एम. एल. ए. को जेल क्यों भेजा गया?	ଉସ ଏମ୍. ଏଲ୍. ଏ. କୋ ଜେଲ କ୍ୟୋଁ ଭେଜା ଗୟା ?
40. ଆପଣ ମୋତେ ବୁଝିବାକୁ ଚେଷ୍ଟା କରୁନାହାନ୍ତି କାହିଁକି ?	आप मुझे समझने की कोशिश क्यों नहीं करते?	ଆପ ମୁଝେ ସମଝନେ କି କୋଶିଶ କ୍ୟୋଁ ନହିଁ କରତେ ?

(2) କିଏ   କାହାକୁ   କାହାର
कौन   किसको   किसका

41. ସେହି ବ୍ୟକ୍ତି କିଏ ?	वह व्यक्ति कौन है?	ଓହ ବ୍ୟକ୍ତି କୌନ ହୈ ?
42. ଏହି ଘରେ କିଏ ରୁହେ ?	इस घर में कौन रहता है?	ଇସ ଘର ମେଁ କୌନ ରହତା ହୈ ?
43. ଏହି ଗୀତ କିଏ ଗାଇଛି ?	यह गीत किसने गाया?	ୟହ ଗୀତ କିସନେ ଗାୟା ?
44. ହାତଘଣ୍ଟା କିଏ ସଜାଡେ ?	घड़ियां कौन ठीक करता है?	ଘଡ଼ିୟାଁ କୌନ ଠିକ କରତା ହୈ ?
45. ଯାତାୟାତ ନିୟନ୍ତ୍ରଣ କିଏ କରିଥାଏ ?	यातायात नियंत्रण कौन करता है?	ୟାତାୟାତ ନିୟନ୍ତ୍ରଣ କୌନ କରତା ହୈ ?
46. ଆପଣ କାହାକୁ ଖୋଜୁଛନ୍ତି ?	आप किसे चाहते हैं?	ଆପ କିସେ ଚାହତେ ହୈଁ ?
47. ଆପଣ କାହା ଦ୍ୱାରା ଚାକିରିରେ ରହିଛନ୍ତି ?	आप किसके द्वारा नौकरी पर रखे गए हैं?	ଆପ କିସକେ ଦ୍ୱାରା ନୌକରୀ ପର ରଖେ ଗୟ ହୈଁ ?
48. ଆପଣ କାହାକୁ ବଚନ ଦେଇଛନ୍ତି ?	आपने किसे वचन दिया है?	ଆପନେ କିସେ ବଚନ ଦିୟା ହୈ ?
49. ସେହି ଘର କାହାର ?	वह मकान किसका है?	ଓହ ମକାନ କିସକା ହୈ ?
50. ଆମ ଶିକ୍ଷକମାନେ କାହା ଚାକିରିରେ ଅଛନ୍ତି ?	हमारे अध्यापक किसकी नौकरी में हैं?	ହମାରେ ଅଧ୍ୟାପକ କିସକି ନୌକରୀ ମେଁ ହୈଁ ?

ପ୍ରଶ୍ନସୂଚକ ବାକ୍ୟ (3)
प्रश्नसूचक वाक्य (3)

(1) କେମିଟି	କେବେଯାଁ/କେତେ ପର୍ଯ୍ୟନ୍ତ	କେତୋଟି	କେତେ ପରିମାଣ
कैसे	कब तक/कहां तक	कितने	कितना
1. ଆପଣଙ୍କ ହାଲ୍‌ଚାଲ କ'ଣ ?	आपका क्या हालचाल है?	ଆପକା କ୍ୟା ହାଲଚାଲ ହୈ ?
2. ଏବେ ଆପଣ କେମିଟି ଅନୁଭବ କରୁଛନ୍ତି ?	अब आप कैसे हैं?	ଅବ ଆପ କୈସେ ହୈଁ ?
3. ଆପଣଙ୍କୁ କେମିଟି ସତ୍ୟତା ଜଣାପଡ଼ିଲା ?	आपको सच्चाई का कैसे पता चला?	ଆପକୋ ସଚ୍ଚାଇ କା କୈସେ ପତା ଚଲା ?
4. ଆପଣ କେମିଟି ଅଛନ୍ତି ?	आप कैसे हैं?	ଆପ କୈସେ ହୈଁ ?
5. ଆପଣଙ୍କ ବୟସ କେତେ ?	आपकी उम्र क्या है?	ଆପକି ଉମ୍ର କ୍ୟା ହୈ ?
6. ଏହା କେମିଟି ସମ୍ଭବ ?	यह कैसे संभव है?	ୟହ କୈସେ ସମ୍ଭବ ହୈ ?
7. ଆପଣଙ୍କ ପୁଅର ବୟସ କେତେ ?	आपका लड़का कितना बड़ा है?	ଆପକା ଲଡ଼କା କିତନା ବଡ଼ା ହୈ ?
8. ଆପଣ କେମିଟି ଏହାକୁ ପରିଚାଳନା କଲେ ?	आपने इसका प्रबंध कैसे किया?	ଆପନେ ଇସକା ପ୍ରବନ୍ଧ କୈସେ କିୟା ?
9. ଆପଣ ଭାରତରେ କେବେଠାରୁ ଅଛନ୍ତି ?	आप भारत में कितने समय से हैं?	ଆପ ଭାରତ ମେଁ କିତନେ ସମୟ ସେ ହୈଁ ?
10. ଆପଣଙ୍କ ମା' କେବେଠାରୁ ବେମାର ପଡ଼ିଛନ୍ତି ?	आपकी माताजी कितने समय से बीमार है?	ଆପକି ମାତାଜୀ କିତନେ ସମୟ ସେ ବୀମାର ହୈ ?
11. ସେମାନେ କେତେ ସମୟ ପାଇଁ ରୁମ୍ ଚାହୁଁଛନ୍ତି ?	वे कितने समय के लिए कमरे चाहते हैं?	ୱେ କିତନେ ସମୟ କେ ଲିଏ କମରେ ଚାହତେ ହୈଁ ?
12. ଆପଣଙ୍କ ଘରଠାରୁ ଡାକଘର କେତେ ଦୂର ?	आपके घर से डाकखाना कितनी दूर है?	ଆପକେ ଘର ସେ ଡାକଖାନା କିତନୀ ଦୂର ହୈ ?

13.	ଏହି କୋଠରୀ କେତେ ଲମ୍ବ ଅଟେ ?	यह कमरा कितना लम्बा है?	ୟହ କମରା କିତନା ଲମ୍ବ ହୈ ?
14.	ଏହିଠାରୁ ରାଜଧାନୀ କେତେ ଦୂରରେ ଅଛି ?	यहां से राजधानी कितनी दूरी पर है?	ୟହାଁ ସେ ରାଜଧାନୀ କିତନୀ ଦୂରୀ ପର ହୈ ?
15.	ଆପଣଙ୍କ ପରିବାରରେ କେତେ ବ୍ୟକ୍ତି ଅଛନ୍ତି ?	आपके कुटुम्ब में कितने व्यक्ति हैं?	ଆପକେ କୁଟୁମ୍ବ ମେଁ କିତନେ ବ୍ୟକ୍ତି ହୈଁ ?
16.	ଆପଣଙ୍କର କେତେ ଭାଇ-ଭଉଣୀ ଅଛନ୍ତି ?	आपके कितने भाई-बहन हैं?	ଆପକେ କିତନେ ଭାଇ-ବହନ ହୈଁ ?
17.	ବସ୍‌ରେ କେତୋଟି ସିଟ୍‌ ଅଛି ?	बस में कितनी सीटें हैं?	ବସ ମେଁ କିତନି ସିଟେଁ ହୈଁ ?
18.	କେତେ ଟଙ୍କା ଦେବାର ଅଛି ?	कितनी राशि देनी है?	କିତନି ରାଶି ଦେନି ହୈ ?
19.	ମୁଣ୍ଡ ପିଛା ଆପଣ କେତେ ନେବେ ?	प्रति व्यक्ति आप क्या लेंगे?	ପ୍ରତି ବ୍ୟକ୍ତି ଆପ କ୍ୟା ଲେଙ୍ଗେ ?
20.	କେତେ କ୍ଷୀର ଦରକାର ?	कितना दूध चाहिए?	କିତନା ଦୂଧ ଚାହିଏ ?

(2) କେଉଁଟି

कौन सा/कौन सी

21.	କେଉଁଟି ତୁମର ଛତା ଅଟେ ?	तुम्हारी छतरी कौन सी है?	ତୁମ୍ହାରୀ ଛତରୀ କୌନ ସି ହୈ ?
22.	ତୁମେ ରବିବାର ଦିନ କେଉଁ ଫିଲ୍ମ ଦେଖିବ ?	तुम रविवार को कौन सी फिल्म देखोगे?	ତୁମ ରବିବାର କୋ କୌନ ସି ଫିଲ୍ମ ଦେଖୋଗେ ?
23.	କେଉଁ ରାସ୍ତାଟି ଠିକ୍‌ ଅଟେ ?	कौन सा रास्ता ठीक है?	କୌନ ସା ରାସ୍ତା ଠିକ ହୈ ?
24.	ଟିକଟ ଘର କେଉଁଟି ?	टिकट-घर कौन सा है?	ଟିକଟ-ଘର କୌନ ସା ହୈ ?
25.	ତୁମର ମନପସନ୍ଦ ପୁସ୍ତକ କେଉଁଟି ?	तुम्हारी मन-पसंद पुस्तक कौन सी है?	ତୁମ୍ହାରି ମନ-ପସନ୍ଦ ପୁସ୍ତକ କୌନ ସି ହୈ ?
26.	କେଉଁ ପ୍ଲାଟ୍‌ଫର୍ମରେ ଫ୍ରଣ୍ଟିୟର ମେଲ୍‌ ଆସିବ ?	किस प्लेटफॉर्म पर फ्रांटियर मेल आएगी?	କିସ ପ୍ଲେଟଫାର୍ମ ପର ଫ୍ରାଣ୍ଟିୟର ମେଲ ଆୟେଗୀ ?

ନିଷେଧସୂଚକ ବାକ୍ୟ
निषेधसूचक वाक्य

(1) ନାହିଁ ନା–ନୁହେଁ ନା କଦାପି ନୁହେଁ କିଛି ନାହିଁ କଦାଚିତ୍/ପ୍ରାୟ ନୁହେଁ
नहीं न–नहीं न कदापि नहीं नहीं कभी नहीं

1. ମୋ ବାପାଙ୍କ ସ୍ୱାସ୍ଥ୍ୟ ଠିକ୍ ନାହିଁ ।
मेरे पिताजी की तबियत ठीक नहीं है।
ମେରେ ପିତାଜୀ କି ତବିୟତ ଠିକ ନହିଁ ହୈ ।

2. ଆମେ ମୂର୍ଖ ନୁହେଁ ।
हम मूर्ख नहीं हैं।
ହମ ମୂର୍ଖ ନହିଁ ହୈଁ ।

3. ମୁଁ ଜାଣିନାହିଁ ଆପଣ କ'ଣ କହିଲେ ।
मैं नहीं जानती आपने क्या कहा।
ମୈଁ ନହିଁ ଜାନତି ଆପନେ କ୍ୟା କହା ।

4. ମୁଁ ଜାଣିନାହିଁ ସେ କିଏ ।
मैं नहीं जानता वह कौन है।
ମୈଁ ନହିଁ ଜାନତା ଓହ କୌନ ହୈ ।

5. ନା, ମୁଁ ବୁଝିପାରିଲି ନାହିଁ ।
नहीं, मैं नहीं समझा।
ନହିଁ, ମୈଁ ନହିଁ ସମଝା ।

6. ମୁଁ ଏ ବାବଦରେ କିଛି ଜାଣିନାହିଁ ।
मैं इस बारे में कुछ नहीं जानता।
ମୈଁ ଇସ ବାରେ ମେଁ କୁଛ ନହିଁ ଜାନତା ।

7. କିଛି କଥା ନାହିଁ ।
कोई बात नहीं।
କୋଇ ବାତ ନହିଁ ।

8. ମୁଁ କିଛି ଇଚ୍ଛା କରିନାହିଁ ।
मैंने कुछ नहीं चाहा।
ମୈଁନେ କୁଛ ନହିଁ ଚାହା ।

9. ନା ମହାଶୟ, ମାଲିକ ଏବେ ଆସିବେ ନାହିଁ ।
नहीं श्रीमान्, साहब अभी नहीं आए हैं।
ନହିଁ ଶ୍ରୀମାନ୍, ସାହବ ଅଭି ନହିଁ ଆଏ ହୈଁ ।

10. ସାଧାରଣ ରାସ୍ତା ନାହିଁ ।
आम रास्ता नहीं।
ଆମ ରାସ୍ତା ନହିଁ ।

11. ନା, ମୋର ମୁଣ୍ଡ ବିନ୍ଧୁଛି ।
नहीं, मुझे सिरदर्द है।
ନହିଁ, ମୁଝେ ସିରଦର୍ଦ ହୈ ।

12. ନା, ବିଲ୍କୁଲ ନୁହେଁ ।
नहीं, बिल्कुल नहीं।
ନହିଁ, ବିଲ୍କୁଲ ନହିଁ ।

13. ସେ ବିଶ୍ୱାସର ପାତ୍ର ନୁହେଁ ।
वह विश्वासपात्र नहीं है।
ଓହ ବିଶ୍ୱାସପାତ୍ର ନହିଁ ହୈ ।

14. ଭୁକିଲା କୁକୁର କାମୁଡ଼େ ନାହିଁ ।
भौंकते हुए कुत्ते कभी नहीं काटते। (जो गरजते हैं वे बरसते नहीं)
ଭୌଁକତେ ହୁଏ କୁତ୍ତେ କଭି ନହିଁ କାଟତେ । (ଜୋ ଗରଜତେ ହୈଁ ଓ୍ୱେ ବରସତେ ନହିଁ)

| 15. | କେହି ଏଭଳି ଅସଭ୍ୟ ବ୍ୟକ୍ତି ଦେଖି ନାହାନ୍ତି । | किसी ने ऐसा असभ्य व्यक्ति नहीं देखा है। | କିସି ନେ ଐସା ଅସଭ୍ୟ ବ୍ୟକ୍ତି ନହିଁ ଦେଖା ହୈ । |
| 16. | ଏହାକୁ ଛୁଅଁ ନାହିଁ । | इसे मत छुओ। | ଇସେ ମତ ଛୁଓ । |

(2) ପ୍ରଶ୍ନ-ସହିତ ନିଷେଧସୂଚକ ବାକ୍ୟ
प्रश्न-सहित निषेधसूचक वाक्य

17.	ମୁଁ ଡେଇଁ ପାରିବି । ନୁହେଁ କି ?	मैं कूद सकता हूं। क्या नहीं?	ମୈଁ କୁଦ ସକତା ହୁଁ । କ୍ୟା ନହିଁ ?
18.	ଆମେ ଠିକ୍ ସମୟରେ ଫେରିଯିବା । ନୁହେଁ କି ?	हम समय पर लौट आएंगे। क्या नहीं?	ହମ ସମୟ ପର ଲୌଟ ଆଏଙ୍ଗେ । କ୍ୟା ନହିଁ ?
19.	ସେମାନେ ନିଶ୍ଚୟ ଆସିବେ । ନୁହେଁ କି ?	वे अवश्य आयेंगे। क्या नहीं?	ଓ୍ବେ ଅବଶ୍ୟ ଆୟେଙ୍ଗେ । କ୍ୟା ନହିଁ ?
20.	ସେମାନେ ମୂର୍ଖ ଅଟନ୍ତି । ନୁହେଁ କି ?	वे मूर्ख हैं। क्या नहीं?	ଓ୍ବେ ମୂର୍ଖ ହୈଁ । କ୍ୟା ନହିଁ ?
21.	ତୁମେ ଅନ୍ୟମାନଙ୍କୁ ଗାଳି ଦେବା ଉଚିତ୍ ନୁହେଁ । ଦେବା ଉଚିତ କି ?	तुम्हें दूसरों को गाली नहीं देनी चाहिए। देनी चाहिए?	ତୁମ୍ହେଁ ଦୁସରୋଁ କୋ ଗାଲି ନହିଁ ଦେନି ଚାହିଏ । ଦେନି ଚାହିଏ ?
22.	ତୁମର ସିଗାରେଟ୍ ପିଇବା ବିଲ୍କୁଲ ଉଚିତ ନୁହେଁ । ପିଇବା ଉଚିତ୍ କି ?	तुम्हें सिगरेट बिल्कुल नहीं पीनी चाहिए। पीनी चाहिए?	ତୁମ୍ହେଁ ସିଗରେଟ ବିଲ୍କୁଲ ନହିଁ ପିନି ଚାହିଏ । ପିନି ଚାହିଏ ?
23.	ପର୍ଯ୍ୟାପ୍ତ କ୍ଷୀର ଅଛି । ନୁହେଁ କି ?	दूध काफी है। क्या नहीं?	ଦୂଧ କାଫି ହୈ । କ୍ୟା ନହିଁ ?
24.	କ'ଣ ତୁମେ ନିଜ ରୁମାଲ ଖୋଜି ପାଉନାହଁ ?	क्या तुम अपना रूमाल नहीं ढूंढ़ सकते?	କ୍ୟା ତୁମ ଅପନା ରୁମାଲ ନହିଁ ଢୁଁଢ ସକତେ ?
25.	କ'ଣ ସେ ଏହାଠାରୁ ଭଲ କାମ କରିପାରି ନଥାନ୍ତା ?	क्या वह इससे अच्छा काम नहीं कर सकता था?	କ୍ୟା ଓ୍ବହ ଇସସେ ଅଚ୍ଛା କାମ ନହିଁ କର ସକତା ଥା ?
26.	କ'ଣ ତୁମେ ଆମକୁ ଦେଖା କରିବାକୁ ଆସିପାରି ନଥାନ୍ତ ?	क्या तुम हमें मिलने नहीं आ सकते थे?	କ୍ୟା ତୁମ ହମେଁ ମିଲନେ ନହିଁ ଆ ସକତେ ଥେ ?
27.	କ'ଣ ତୁମେ ଏବେ ବୁଲିବାକୁ ଯାଉନାହଁ ?	क्या तुम अब घूमने नहीं जा रहे हो?	କ୍ୟା ତୁମ ଅବ ଘୂମନେ ନହିଁ ଜା ରହେ ହୋ ?
28.	କ'ଣ ମତେ ତୁମକୁ ପୁଣିଥରେ କହିବାକୁ ପଡ଼ିବ ?	क्या मुझे तुमको दुबारा बताना पड़ेगा।	କ୍ୟା ମୁଝେ ତୁମକୋ ଦୁବାରା ବତାନା ପଡ଼େଗା ?

PART 4 : SITUATIONAL SENTENCES

୩୧ତମ ସୋପାନ ଇକ୍ତୀସବବୀଁ ସୀଢ଼ୀ

ଘରେ
घर में

ଓଡ଼ିଆ	ହିନ୍ଦୀ	ଉଚ୍ଚାରଣ
1. ଆପଣ ବହୁଦିନ ପରେ ଦର୍ଶନ ଦେଲେ ।	आपने बड़े दिनों के बाद दर्शन दिए।	ଆପନେ ବଡ଼େ ଦିନୋଁ କେ ବାଦ ଦର୍ଶନ ଦିଏ।
2. ଆପଣ କାହିଁକି ଆସିଲେ ?	आप कैसे पधारे?	ଆପ କୈସେ ପଧାରେ ?
3. ଆପଣ କାହିଁକି କଷ୍ଟ କଲେ ?	आपने कैसे कष्ट किया।	ଆପନେ କୈସେ କଷ୍ଟ କିୟା।
4. ମୋର ଆପଣଙ୍କ ଠାରୁ ପରାମର୍ଶ ନେବାର ଅଛି ।	मुझे आपसे सलाह लेनी है।	ମୁଝେ ଆପସେ ସଲାହ ଲେନି ହୈ।
5. ଏ ବିଷୟରେ ଆପଣଙ୍କ ମତ କ'ଣ ?	इस विषय में आपका क्या विचार है?	ଇସ ବିଷୟ ମେଁ ଆପକା କ୍ୟା ବିଚାର ହୈ ?
6. ମୁଁ କିଛି ବିଶେଷ କାମ ପାଇଁ ଆସିଛି ।	मैं किसी आवश्यक काम से आया हूं।	ମୈଁ କିସି ଆବଶ୍ୟକ କାମ ସେ ଆୟା ହୂଁ।
7. ତା'ର ତୁମ ପାଖରେ ଗୋଟିଏ କାମ ଥିଲା ।	उसे तुमसे एक काम था।	ଉସେ ତୁମସେ ଏକ କାମ ଥା।
8. ଆଉ କେବେ ଆସ ।	फिर कभी आना।	ଫିର କଭି ଆନା।
9. ଆପଣ ଦୁହେଁ ଆସିପାରନ୍ତି ।	आप दोनों आना।	ଆପ ଦୋନୋଁ ଆନା।
10. କଥା ଦିଅ ଯେ ନିଶ୍ଚୟ ଆସିବ ।	वचन दो कि अवश्य आओगे।	ବଚନ ଦୋ କି ଅବଶ୍ୟ ଆଓଗେ।

30 ଦିନରେ ଓଡ଼ିଆ ମାଧ୍ୟମରେ ହିନ୍ଦୀ ଶିଖନ୍ତୁ

ଓଡ଼ିଆ	ହିନ୍ଦୀ	ଉଚ୍ଚାରଣ
11. ମୁଁ ଆପଣଙ୍କ ନାମ ଭୁଲି ଯାଇଛି ।	मैं आपका नाम भूल गया हूं।	ମୈଁ ଆପକା ନାମ ଭୁଲ ଗୟା ହୁଁ।
12. ଆପଣ ଚିହ୍ନ ହେଉ ନାହାନ୍ତି ।	आप पहचाने नहीं जाते।	ଆପ ପହଚାନେ ନହିଁ ଜାତେ।
13. ଆଜି ସକାଳେ ମୋର ନିଦ ଶୀଘ୍ର ଭାଙ୍ଗିଲା ।	आज प्रात: मेरी आंख जल्दी खुली।	ଆଜ ପ୍ରାତଃ ମେରୀ ଆଁଖ ଜଲଦୀ ଖୁଲୀ।
14. ମୁଁ ଆପଣଙ୍କୁ ଉଠାଇବା ଉଚିତ ମନେକଲି ନାହିଁ ।	मैंने आपको जगाना उचित नहीं समझा।	ମୈଁନେ ଆପକୋ ଜଗାନା ଉଚିତ ନହିଁ ସମଝା।
15. ଆପଣ ଏ ପର୍ଯ୍ୟନ୍ତ ଉଜାଗର ଅଛନ୍ତି ?	आप अभी तक जाग रहे हैं क्या?	ଆପ ଅଭି ତକ ଜାଗ ରହେ ହେଁ କ୍ୟା ?
16. ମୁଁ ଟିକିଏ ବିଶ୍ରାମ ନେଉଛି ।	मैं तनिक विश्राम कर लूं।	ମୈଁ ତନିକ ବିଶ୍ରାମ କର ଲୁଁ।
17. ତାଙ୍କୁ ବିଶ୍ରାମ କରିବାକୁ ଦିଅନ୍ତୁ ।	उन्हें आराम करने दीजिए।	ଉନ୍ହେଁ ଆରାମ କରନେ ଦିଜିଏ।
18. ମୁଁ ପୁଣି କେବେ ଆସିବି ।	मैं फिर कभी आऊंगा।	ମୈଁ ଫିର କଭି ଆଉଙ୍ଗା।
19. ମୋତେ ନିଦ ଲାଗିଲାଣି ।	मुझे नींद आ रही है।	ମୁଝେ ନିଦ ଆ ରହି ହେ।
20. ଏବେ ବିଶ୍ରାମ ନିଅ ।	बस अब आराम करो।	ବସ ଅବ ଆରାମ କରୋ।
21. ମୋତେ ଗଭୀର ନିଦ ଲାଗିଲାଣି ।	मुझे गहरी नींद आयी है।	ମୁଝେ ଗହରୀ ନିଦ ଆୟି ହେ।
22. ଦୟାକରି ତାଙ୍କ ଆସିବାର ଖବର ମୋତେ ଦିଅନ୍ତୁ ।	कृपया मुझे उसके आने की खबर दे दें।	କୃପୟା ମୁଝେ ଉସକେ ଆନେ କି ଖବର ଦେ ଦେଁ।
23. ସେ ବହୁ ପୂର୍ବରୁ ଚାଲି ଗଲାଣି ।	वह बहुत पहले चला गया है।	ୱହ ବହୁତ ପହଲେ ଚଲା ଗୟା ହେ।
24. ଆପଣ କାହିଁକି ଗଲେନାହିଁ ?	आप क्यों नहीं गए?	ଆପ କେୟାଁ ନହିଁ ଗଏ ?
25. ମୁଁ କୌଣସି ଜରୁରୀ କାମ ଯୋଗୁ ଯାଇପାରିଲି ନାହିଁ ।	मैं किसी आवश्यक काम के कारण नहीं जा सका।	ମୈଁ କିସି ଆବଶ୍ୟକ କାମ କେ କାରଣ ନହିଁ ଜା ସକା।

26. ଆପଣ ପହର ଦିନ କାହିଁକି ଆସିଲେ ନାହିଁ ?	आप परसों क्यों नहीं आए?	ଆପ ପରସୋଁ କେଯାଁ ନହିଁ ଆଏ ?
27. ଏକ ଜରୁରୀ କାମ ଆସି ଯାଇଥିଲା ।	एक जरूरी काम आ पड़ा था।	ଏକ ଜରୂରୀ କାମ ଆ ପଡ଼ା ଥା ।
28. ମୁଁ ସକାଳୁ ଘରୁ ବାହାରିଛି ।	मैं सुबह का घर से निकला हूं।	ମୈଁ ସୁବହ କା ଘର ସେ ନିକଲା ହୁଁ ।
29. ସେମାନେ ମୋତେ ଘରେ ଅପେକ୍ଷା କରିଥିବେ ।	वे घर पर मेरी प्रतीक्षा कर रहे होंगे।	ୱେ ଘର ପର ମେରୀ ପ୍ରତୀକ୍ଷା କର ରହେ ହୋଙ୍ଗେ ।
30. ମୁଁ ଏବେ ଆଉ ରହି ପାରିବି ନାହିଁ ।	मैं अब और नहीं रुक सकती।	ମୈଁ ଅବ ଔର ନହିଁ ରୂକ ସକତୀ ।
31. ଆଚ୍ଛା ବିଦାୟ, ପୁଣି ଦେଖାହେବ ।	अच्छा विदा, फिर मिलेंगे।	ଅଚ୍ଛା ବିଦା, ଫିର ମିଲେଙ୍ଗେ ।

୩୨ତମ ସୋପାନ বत्तीसवीं सीढ़ी

କିଣାବିକା
खरीदारी

1. ସେଣ୍ଟ୍ରାଲ ମାର୍କେଟ୍ କେଉଁଠି ଅଛି ?	सेन्ट्रल मार्केट कहां है?	ସେଣ୍ଟ୍ରାଲ ମାର୍କେଟ କହାଁ ହୈ ?
2. ମୋ ସାଙ୍ଗରେ ଚାଲ, ମୁଁ ସେହି ଜାଗାକୁ ଯାଉଛି ।	मेरे साथ चलो, मैं वहीं जा रहा हूं।	ମେରେ ସାଥ ଚଲୋ, ମୈଁ ୱହିଁ ଜା ରହା ହୁଁ ।
3. ମୁଁ କିଛି ପୋଷାକ କିଣିବାକୁ ଚାହୁଁଛି ।	मैं कुछ कपड़े खरीदना चाहता हूं।	ମୈଁ କୁଛ କପଡ଼େ ଖରିଦନା ଚାହତା ହୁଁ ।
4. କେଉଁଟି ସସ୍ତା ଏବଂ ସବୁଠାରୁ ଭଲ ଦୋକାନ ?	सस्ती और सबसे अच्छी दुकान कौन-सी है?	ସସ୍ତୀ ଔର ସବସେ ଅଚ୍ଛୀ ଦୁକାନ କୌନ-ସୀ ହୈ ?
5. ଆପଣଙ୍କ ପାଖରେ କେତେ ଟଙ୍କା ଅଛି ?	आपके पास कितने रुपये हैं?	ଆପକେ ପାସ କିତନେ ରୂପୟେ ହୈଁ ?
6. ନିଜ ଆୟ ଠାରୁ ଅଧିକ ଖର୍ଚ୍ଚ କରନ୍ତୁ ନାହିଁ ।	अपनी आय से अधिक खर्च न कीजिए।	ଅପନୀ ଆୟ ସେ ଅଧିକ ଖର୍ଚ ନ କିଜିଏ ।

7. କ'ଣ ଗୋଟିଏ ଦାମ୍ ?	क्या एक दाम है?	କ୍ୟା ଏକ ଦାମ ହୈ ?
8. ସବୁଠାରୁ କମ୍ ଦାମ୍ କୁହନ୍ତୁ ।	कम से कम दाम बताइए।	କମ ସେ କମ ଦାମ ବତାଇଏ ।
9. କ'ଣ ଆପଣ ଏହାକୁ ସତୁରି ଟଙ୍କାରେ ଦେବେ ?	क्या आप यह सत्तर रुपये में देंगे?	କ୍ୟା ଆପ ୟହ ସତ୍ତର ରୂପୟେ ମେଁ ଦେଙ୍ଗେ ?
10. ଟଙ୍କା ଗଣି ନିଅନ୍ତୁ ।	रुपये गिन लीजिए।	ରୂପୟେ ଗିନ ଲିଜିଏ ।
11. ବଳକା ପଇସା ଦିଅନ୍ତୁ ।	बाकी पैसे दे दो।	ବାକି ପୈସେ ଦେ ଦୋ ।
12. ଆପଣ ମୋଜା ବିକୁଛନ୍ତି କି ?	आप जुराबें बेचते हैं क्या?	ଆପ ଜୁରାବେଁ ବେଚତେ ହୈଁ କ୍ୟା ?
13. ଏହାକୁ କିଣି ନିଅନ୍ତୁ ।	यह खरीद लीजिए।	ୟହ ଖରୀଦ ଲିଜିଏ ।
14. ମତେ ଅନ୍ୟ ପ୍ରକାରର ଦେଖାନ୍ତୁ ।	मुझे और कोई किस्म दिखाओ।	ମୁଝେ ଔର କୋଇ କିସ୍ମ ଦିଖାଓ ।
15. ମୋର ଏହା ଦରକାର ନାହିଁ ।	मुझे यह नहीं चाहिए।	ମୁଝେ ୟହ ନହିଁ ଚାହିଏ ।
16. ଏତେ ଦାମିକା ନୁହେଁ ।	इतना कीमती नहीं।	ଇତନା କିମତୀ ନହିଁ ।
17. ମୋର ଏହି ରଙ୍ଗର ଦରକାର ନାହିଁ ।	मुझे इस रंग का नहीं चाहिए।	ମୁଝେ ଇସ ରଙ୍ଗ କା ନହିଁ ଚାହିଏ ।
18. ଏହାର ରଙ୍ଗ ଉଡ଼ିଯାଇଛି ।	इसका रंग उड़ा हुआ है।	ଇସକା ରଙ୍ଗ ଉଡ଼ା ହୁଆ ହୈ ।
19. ଏହା ଭଲ ଲାଗୁଛି ।	यह अच्छा है।	ୟହ ଅଚ୍ଛା ହୈ ।
20. ଏହା ବହୁତ ମହଙ୍ଗା ଅଟେ ।	यह बहुत महंगा है।	ୟହ ବହୁତ ମହଙ୍ଗା ହୈ ।
21. ଏକଦମ୍ ସସ୍ତା ।	बिल्कुल सस्ता।	ବିଲ୍କୁଲ ସସ୍ତା ।
22. କ'ଣ ଏହା ମରିବ ?	क्या यह सिकुड़ेगा?	କ୍ୟା ୟହ ସିକୁଡ଼େଗା ?
23. କ'ଣ ଆପଣ ଜୋତା ଦୋକାନ ଦେଖାଇ ପାରିବେ ?	क्या आप जूतों की दुकान बतला सकते हैं?	କ୍ୟା ଆପ ଜୂତୋଁ କି ଦୁକାନ ବତଲା ସକତେ ହୈଁ ?
24. ବାଟା ର ଜୋତା ବିଶ୍ୱାସ ଯୋଗ୍ୟ ଅଟେ ।	बाटा के जूते विश्वास के योग्य हैं।	ବାଟା କେ ଜୂତେ ବିଶ୍ୱାସ କେ ଯୋଗ୍ୟ ହୈଁ ।
25. କ'ଣ ଆପଣଙ୍କ ପାଈଁ ଆମେ ମଗେଇଦେବୁ ?	क्या हम आपके लिए मंगवा दें?	କ୍ୟା ହମ ଆପକେ ଲିଏ ମଙ୍ଗବା ଦେଁ ?
26. କ'ଣ ସେହି ଦୋକାନ ଦୂରରେ ଅଛି ?	क्या वह दुकान दूर है?	କ୍ୟା ଓହ ଦୁକାନ ଦୂର ହୈ ?
27. ଗୋଟିଏ ହଲର ମୂଲ୍ୟ କେତେ ?	एक जोड़े की क्या कीमत है?	ଏକ ଜୋଡ଼େ କି କ୍ୟା କିମତ ହୈ ?

୨୮. ମୋ ବିଲ୍ କେଉଁଠି ଅଛି ?	मेरा बिल कहां है?	ମେରା ବିଲ କହାଁ ହୈ ?
୨୯. ପଇଠ କରିବାର କାଉଣ୍ଟର କେଉଁଠି ?	भुगतान करने का काउंटर कौन सा है?	ଭୁଗତାନ କରନେ କା କାଉଣ୍ଟର କୌନ ସା ହୈ ?
୩୦. ଦୟାକରି ମୋତେ ଅଧିକ କମିସନ୍ ଦିଅନ୍ତୁ ।	कृपया मुझे अधिकतम कमीशन दीजिए।	କୃପୟା ମୁଝେ ଅଧିକତମ କମୀଶନ ଦୀଜିଏ ।
୩୧. ଭୁଲ୍ ଭଟ୍କା ସୁଧାର କରାଯିବ ।	भूल चूक सुधार ली जायेगी।	ଭୂଲ ଚୂକ ସୁଧାର ଲି ଜାୟେଗି ।

୩୩ତମ ସୋପାନ ତୈଁତୀସବୀଁ ସୀଢ଼ୀ

ହସ୍ତଶିଳ୍ପୀ
दस्तकार

(1) ମୋଚି मोची

୧. ତୁମେ ମୋର ଜୋତା ମରାମତି କରିଦେଇଛ କି ?	तुमने मेरे जूते मरम्मत कर दिए हैं क्या?	ତୁମନେ ମେରେ ଜୂତେ ମରମ୍ମତ କର ଦିଏ ହୈଁ କ୍ୟା ?
୨. ମୁଁ ମୋ ଜୋତାରେ ସୋଲ୍ ଲଗାଇବାକୁ ଚାହୁଁଛି ।	मैं अपने जूतों पर सोल लगवाना चाहता हूं।	ମୈଁ ଅପନେ ଜୂତୋଁ ପର ସୋଲ ଲଗବାନା ଚାହତା ହୂଁ ।
୩. ଆପଣ ସୋଲ୍ ଲଗାଇଦେଲେ କେତେ ନେଉଛନ୍ତି ?	आप सोल लगाने का क्या लेते हैं?	ଆପ ସୋଲ ଲଗାନେ କା କ୍ୟା ଲେତେ ହୈଁ ?
୪. କଣ୍ଟା ମାର ନାହିଁ, ସିଲେଇ କର ।	कील मत लगाइए, सिलाई कीजिए।	କିଲ ମତ ଲଗାଇଏ, ସିଲାଇ କିଜିଏ ।
୫. ମୋର ଧଳା ଫିତା ଦରକାର ।	मुझे सफेद तस्मे चाहिए।	ମୁଝେ ସଫେଦ ତସ୍ମେ ଚାହିଏ ।

(2) ଘଣ୍ଟା ମରାମତି କରୁଥିବା ବ୍ୟକ୍ତି घड़ीबाज़

| ୬. ଆପଣଙ୍କ ଘଣ୍ଟାର କ'ଣ ହୋଇଛି ? | आपकी घड़ी में क्या खराबी है? | ଆପକି ଘଡ଼ି ମେଁ କ୍ୟା ଖରାବୀ ହୈ ? |
| ୭. ମୋ ଘଣ୍ଟା ଆଠ ମିନିଟ୍ ଆଗୁଆ ହୋଇଯାଉଛି । | मेरी घड़ी आठ मिनट आगे हो जाती है। | ମେରୀ ଘଡ଼ି ଆଠ ମିନଟ ଆଗେ ହୋ ଜାତୀ ହୈ । |

ଓଡ଼ିଆ	हिन्दी	ଓଡ଼ିଆ ଉଚ୍ଚାରଣ
8. ସେହି ଘଣ୍ଟା ଚବିଶ ଘଣ୍ଟାରେ ଛଅ ମିନିଟ୍ ପଛୁଆ ହୋଇଯାଉଛି ।	वह घड़ी चौबीस घंटों में छह मिनट पीछे हो जाती है।	ୱହ ଘଡ଼ି ଚୌବୀସ ଘଣ୍ଟେ ମେଁ ଛହ ମିନଟ ପିଛେ ହୋ ଜାତୀ ହୈ।
9. କ'ଣ ଏହା ତୁମ ହାତରୁ ପଡ଼ିଯାଇଥିଲା ?	क्या यह तुमसे गिर गई थी?	କ୍ୟା ୟହ ତୁମସେ ଗିର ଗଇ ଥା ?
10. ଏହି ଘଣ୍ଟାର କଣ୍ଟା ପଡ଼ିଯାଇଛି ।	इस घड़ी की सुई गिर गयी है।	ଇସ ଘଡ଼ି କି ସୁଈ ଗିର ଗୟୀ ହୈ।

(3) ଦର୍ଜି दर्जी

ଓଡ଼ିଆ	हिन्दी	ଓଡ଼ିଆ ଉଚ୍ଚାରଣ
11. କ'ଣ ଏଠାରେ କୌଣସି ଭଲ ଦର୍ଜି ଦୋକାନ ଅଛି ?	क्या यहाँ किसी अच्छे दर्जी की दुकान है?	କ୍ୟା ୟହାଁ କିସି ଅଛ୍ଛେ ଦର୍ଜୀ କି ଦୁକାନ ହୈ ?
12. ମୁଁ ଗୋଟିଏ ସୁଟ୍ ସିଲେଇ କରିବାକୁ ଚାହୁଁଛି ।	मैं एक सूट सिलवाना चाहता हूं।	ମେଁ ଏକ ସୁଟ ସିଲବାନା ଚାହତା ହୁଁ।
13. କ'ଣ ଆପଣ ଢିଲା ଫିଟିଙ୍ଗ୍ ପସନ୍ଦ କରନ୍ତି ?	क्या आप ढीली फिटिंग पसंद करते हैं?	କ୍ୟା ଆପ ଢିଲି ଫିଟିଙ୍ଗ ପସନ୍ଦ କରତେ ହୈଁ ?
14. ନା, ମୁଁ ସ୍ମାର୍ଟ ଫିଟିଙ୍ଗ୍ ପସନ୍ଦ କରେ ।	नहीं, मैं चुस्त फिटिंग पसंद करता हूँ।	ନହିଁ, ମେଁ ଚୁସ୍ତ ଫିଟିଙ୍ଗ ପସନ୍ଦ କରତା ହୁଁ।
15. କ'ଣ ସାର୍ଟ ସିଲେଇ ସରିଛି ?	क्या कमीज़ सिल गयी?	କ୍ୟା କମୀଜ ସିଲ ଗୟୀ ?
16. ହଁ, କେବଳ ଇସ୍ତ୍ରୀ କରିବା ବାକି ଅଛି ।	हाँ, केवल इस्तरी करना शेष है।	ହାଁ, କେବଲ ଇସ୍ତରୀ କରନା ଶେଷ ହୈ।

(4) ଭଣ୍ଡାରୀ नाई

ଓଡ଼ିଆ	हिन्दी	ଓଡ଼ିଆ ଉଚ୍ଚାରଣ
17. ମୋତେ କେତେ ସମୟ ଅପେକ୍ଷା କରିବାକୁ ପଡ଼ିବ ?	मुझे कितनी देर इंतजार करना पड़ेगा?	ମୁଝେ କିତନୀ ଦେର ଇନ୍ତଜାର କରନା ପଡ଼େଗା ?
18. ଆପଣ କ୍ଲିନ୍ ସେଭ୍ କରିବାକୁ କେତେ ନେଉଛନ୍ତି ?	आप एक सफाचट्ट शेव का क्या लेते हैं?	ଆପ ଏକ ସଫାଚଟ୍ଟ ଶେବ କା କ୍ୟା ଲେତେ ହୈଁ ?
19. ଦୟାକରି ଖୁର ଧାର କରିନିଅନ୍ତୁ ।	कृपया उस्तरा तेज़ कर लीजिए।	କୃପୟା ଉସ୍ତରା ତେଜ କର ଲିଜିଏ।
20. ତୁମ ଖୁରରେ ଧାର ନାହିଁ ।	तुम्हारा उस्तरा कुंद है।	ତୁହ୍ମାରା ଉସ୍ତରା କୁନ୍ଦ ହୈ।
21. ମୋ ବାଲ କାଟନ୍ତୁ, କିନ୍ତୁ ଅତି ଛୋଟ୍ ନୁହେଁ ।	मेरे बाल काटिए, पर बहुत छोटे नहीं।	ମେରେ ବାଲ କାଟିଏ, ପର ବହୁତ ଛୋଟେ ନହିଁ।

(5) ଦୋକାନୀ पंसारी

ଓଡ଼ିଆ	हिन्दी	ଓଡ଼ିଆ ଉଚ୍ଚାରଣ
22. ଏହା ଉଚିତ୍ ଦର ନେଉଥିବା ଦୋକାନ ଅଟେ ।	यह उचित दर की दुकान है।	ୟହ ଉଚିତ ଦର କି ଦୁକାନ ହୈ।

ଓଡ଼ିଆ	हिन्दी	
23. 'ଗୋଟିଏ ଦାମ' ଏବଂ 'ଉଧାର ନାହିଁ' ଏହା ଆମର ନୀତି ଅଟେ ।	'एक दाम' और 'उधार नहीं' ये हमारे उसूल हैं।	'ଏକ ଦାମ' ଔର 'ଉଧାର ନହିଁ' ୟେ ହମାରେ ଉସୂଲ ହୈଁ।
24. ଆମେ ଘରକୁ ଜିନିଷ ପହଞ୍ଚାଇ ଦେଉ ।	हम घर पर सामान पहुंचा देते हैं।	ହମ ଘର ପର ସାମାନ ପହୁଞ୍ଚା ଦେତେ ହୈଁ।
25. ଦୟାକରି ମତେ ୧ କିଲୋ ଦେଶୀ ଘିଅ ଦିଅନ୍ତୁ ।	कृपया मुझे 1 किलो देसी घी दीजिए।	କୃପୟା ମୁଝେ ୧ କିଲୋ ଦେଶୀ ଘୀ ଦିଜିଏ।
26. କେତେ ପଇସା ହେଲା ?	कितने पैसे हुए?	କିତନେ ପୈସେ ହୁଏ ?

(6) ଡ୍ରାଏକ୍ଲିନର୍/ଧୋବା   ड्राईक्लीनर/धोबी

ଓଡ଼ିଆ	हिन्दी	
27. ମୋତେ ଏହି ପୋଷାକ ସପ୍ତାହକ ଭିତରେ ଦରକାର ।	मुझे ये कपड़े एक सप्ताह में चाहिए।	ମୁଝେ ୟେ କପଡ଼େ ଏକ ସପ୍ତାହ ମେଁ ଚାହିଏ।
28. ମୁଁ ଏହି ସୁଟ୍ ଡ୍ରାଏକ୍ଲିନ୍ କରିବାକୁ ଚାହୁଁଛି ।	मैं यह सूट ड्राइक्लीन कराना चाहता हूँ।	ମୈଁ ୟହ ସୂଟ ଡ୍ରାଇକ୍ଲିନ କରାନା ଚାହତା ହୁଁ।
29. ଏହି ସାର୍ଟ ଠିକ୍ ଭାବେ ଧୁଆ ହୋଇନାହିଁ ।	यह कमीज ठीक से नहीं धुली है।	ୟହ କମୀଜ ଠିକ ସେ ନହିଁ ଧୁଲୀ ହୈ।
30. ଏଗୁଡ଼ିକ ରେଶମ କପଡ଼ା । ଏହାକୁ ସାବଧାନତାର ସହ ଧୋଇବ ।	ये रेशमी कपड़े हैं। इन्हें सावधानी से धोना।	ୟେ ରେଶମୀ କପଡ଼େ ହୈଁ। ଇନ୍ହେଁ ସାବଧାନୀ ସେ ଧୋନା।
31. ପ୍ୟାଣ୍ଟଗୁଡ଼ିକ ଠିକ୍ ଭାବେ ଇସ୍ତ୍ରୀ ହୋଇନାହିଁ ।	पैंटें ठीक से इस्तरी नहीं हुई हैं।	ପୈଣ୍ଟେ ଠିକ ସେ ଇସ୍ତରୀ ନହିଁ ହୁଈ ହୈଁ।
32. ଏଗୁଡ଼ିକୁ ଫେରାଇ ନିଅ ।	इन्हें वापिस ले जाओ।	ଇନ୍ହେଁ ବାପିସ ଲେ ଜାଓ।
33. ତୁମେ ଅଧିକ ପଇସା କହୁଛ ।	तुम अधिक पैसे लगाते हो।	ତୁମ ଅଧିକ ପୈସେ ଲଗାତେ ହୋ।
34. ନିଃସନ୍ଦେହ, ଆମେ କାମ ମଧ୍ୟ ଠିକ୍ ସମୟରେ କରୁ ।	बेशक, हम काम भी समय पर करते हैं।	ବେଶକ, ହମ କାମ ଭି ସମୟ ପର କରତେ ହୈଁ।

୩୪ତମ ସୋପାନ   चौंतीसवीं सीढ़ी

ଖାଦ୍ୟ ଏବଂ ପାନୀୟ

खाद्य एवं पेय

ଓଡ଼ିଆ	हिन्दी	
1. ମତେ ଭୋକ ଲାଗୁଛି ।	मुझे भूख लग रही है।	ମୁଝେ ଭୂଖ ଲଗ ରହି ହୈ।

2.	ମୋତେ ଭଲ ଖାଦ୍ୟ କେଉଁଠି ମିଳିପାରିବ ?	मुझे अच्छा खाना कहां मिल सकता है?	ମୁଝେ ଅଚ୍ଛା ଖାନା କହାଁ ମିଲ ସକତା ହେ ?
3.	ଚାଲ, ଖାଦ୍ୟ ଖାଇବା ।	चलो खाना खायें।	ଚଲୋ ଖାନା ଖାୟେଁ ।
4.	ଆପଣ କ'ଣ ଖାଇବେ ?	आप क्या खायेंगे?	ଆପ କ୍ୟା ଖାୟେଙ୍ଗେ ?
5.	ମତେ ମେନ୍ୟୁ ଦିଅନ୍ତୁ ।	मुझे मीनू दीजिए।	ମୁଝେ ମୀନୂ ଦିଜିଏ ।
6.	ଜଲଖିଆ ପ୍ରସ୍ତୁତ କରନ୍ତୁ ।	नाश्ता तैयार कीजिए।	ନାଶ୍ତା ତୈୟାର କିଜିଏ ।
7.	ଆଜି ଆପଣ ଆମ ସହ ଖାଦ୍ୟ ଖାଆନ୍ତୁ ।	आज आप हमारे साथ खाना खाइए।	ଆଜ ଆପ ହମାରେ ସାଥ ଖାନା ଖାଇଏ ।
8.	କ'ଣ ଆପଣଙ୍କ ପାଖରେ କିଛି ବିଶେଷ ଆହାର ଅଛି ?	क्या आपके पास कोई विशेष आहार है?	କ୍ୟା ଆପକେ ପାସ କୋଇ ବିଶେଷ ଆହାର ହେ ?
9.	ଆପଣଙ୍କୁ ମିଠା ଜିନିଷ ପସନ୍ଦ ନା ଲୁଣିଆ ?	आपको मीठी चीज पसंद है या नमकीन?	ଆପକୋ ମିଠୀ ଚିଜ ପସନ୍ଦ ହେ ୟା ନମକୀନ ?
10.	ମୋତେ ଗୁଜରାତୀ ଭୋଜନ ଦିଅନ୍ତୁ ।	मुझे गुजराती भोजन दीजिए।	ମୁଝେ ଗୁଜରାତୀ ଭୋଜନ ଦିଜିଏ ।
11.	ମୋତେ ଲୁଣ ଏବଂ ଲଙ୍କା ଦିଅନ୍ତୁ ।	मुझे नमक और मिर्च दीजिए।	ମୁଝେ ନମକ ଔର ମିର୍ଚ ଦିଜିଏ ।
12.	ଆମ୍ବ ମୋର ପ୍ରିୟ ଫଳ ଅଟେ ।	आम मेरा प्रिय फल है।	ଆମ ମେରା ପ୍ରିୟ ଫଲ ହେ ।
13.	ଆପଣ କ'ଣ ଖାଇବାକୁ ପସନ୍ଦ କରିବେ – ଦେଶୀ ନା ବିଦେଶୀ ଭୋଜନ ?	आप क्या खाना पसंद करेंगे– देशी या विदेशी भोजन?	ଆପ କ୍ୟା ଖାନା ପସନ୍ଦ କରେଙ୍ଗେ– ଦେଶୀ ୟା ବିଦେଶୀ ଭୋଜନ ?
14.	ଆପଣ କ'ଣ ପିଇବାକୁ ପସନ୍ଦ କରିବେ– କାମ୍ପା ନା ଲିମ୍କା ?	आप पेय कौन-सा पसंद करेंगे–कैम्पा या लिम्का?	ଆପ ପେୟ କୌନ-ସା ପସନ୍ଦ କରେଙ୍ଗେ– କୈମ୍ପା ୟା ଲିମ୍କା ?
15.	ମୋତେ ଏକ କପ୍ କଫୀ ଦିଅନ୍ତୁ ।	मुझे एक कप कॉफी दीजिए।	ମୁଝେ ଏକ କପ୍ କାଫୀ ଦିଜିଏ ।
16.	କ'ଣ ଆପଣ ମଦ ପିଇବେ ?	क्या आप शराब लेंगे?	କ୍ୟା ଆପ ଶରାବ ଲେଙ୍ଗେ ?
17.	ନା ମହାଶୟ, ମୁଁ ବିୟର ପିଇବି ।	नहीं श्रीमान्, मैं बियर पीऊंगा।	ନହିଁ ଶ୍ରୀମାନ, ମୈଁ ବିୟର ପିଉଙ୍ଗା ।
18.	ଆଉ ଟିକେ ପାଣି ଦିଅନ୍ତୁ ।	थोड़ा पानी और दीजिए।	ଥୋଡ଼ା ପାନୀ ଔର ଦିଜିଏ ।

	ଓଡ଼ିଆ	ହିନ୍ଦୀ	ଉଚ୍ଚାରଣ
19.	ମୁଁ ଶାକାହାରୀ ଅଟେ, ମୁଁ ମାଂସାହାରୀ ଆହାର ଖାଇ ପାରିବି ନାହିଁ ।	मैं शाकाहारी हूं, मैं मांसाहारी आहार नहीं खा सकता।	ମୈଁ ଶାକାହାରୀ ହୁଁ, ମୈଁ ମାଂସାହାରୀ ଆହାର ନହିଁ ଖା ସକତା ।
20.	ଖାଦ୍ୟ ପରସା ଗଲାଣି ।	खाना परोस दिया गया है।	ଖାନା ପରୋସ ଦିୟା ଗୟା ହୈ ।
21.	ଖାଦ୍ୟ ବହୁତ ସ୍ୱାଦିଷ୍ଟ ହୋଇଛି ।	खाना बहुत स्वादिस्ट बना है।	ଖାନା ବହୁତ ସ୍ୱାଦିଷ୍ଟ ବନା ହୈ ।
22.	ଆପଣ ତ କିଛି ଖାଇ ନାହାନ୍ତି ।	आपने तो कुछ खाया ही नहीं।	ଆପନେ ତୋ କୁଛ ଖାୟା ହି ନହିଁ ।
23.	କୌଣସି କ୍ଷୁଧା ଉଦ୍ଦୀପକ ପାନୀୟ ଦିଅନ୍ତୁ ।	कोई क्षुधावर्धक पेय दीजिए।	କୋଇ କ୍ଷୁଧାବର୍ଦ୍ଧକ ପେୟ ଦିଜିଏ ।
24.	ମୋତେ ଗୋଟିଏ ଭୋଜିକୁ ଯିବାର ଅଛି ।	मुझे एक दावत में जाना है।	ମୁଝେ ଏକ ଦାବତ ମେଁ ଜାନା ହୈ ।
25.	ଆମ ପାଇଁ କିଛି କ୍ଷୀର ଆଣ ।	हमारे लिए कुछ दूध लाओ।	ହମାରେ ଲିଏ କୁଛ ଦୂଧ ଲାଓ ।
26.	କ୍ଷୀରରେ ଚିନି କମ୍ ପକାନ୍ତୁ ।	दूध में चीनी कम डालिए।	ଦୂଧ ମେଁ ଚିନି କମ ଡାଲିଏ ।
27.	ନିଅ, ସର୍ବତ ପିଅ ।	लो, शर्बत पीओ।	ଲୋ, ଶର୍ବତ ପିଓ ।
28.	ଆଉ ଟିକିଏ ନିଅନ୍ତୁ ।	थोड़ा और लीजिए।	ଥୋଡ଼ା ଔର ଲିଜିଏ ।
29.	ଏକ କପ୍ ଚାହା ନିଅନ୍ତୁ ।	एक कप चाय लीजिए।	ଏକ କପ ଚାୟ ଲିଜିଏ ।
30.	ମୋତେ ଚାହା ଭଲ ଲାଗେନାହିଁ ।	मुझे चाय अच्छी नहीं लगती।	ମୁଝେ ଚାୟ ଅଚ୍ଛୀ ନହିଁ ଲଗତୀ ।
31.	ଧନ୍ୟବାଦ, ମୁଁ ବହୁତ ତୃପ୍ତ ହୋଇଗଲିଣି ।	धन्यवाद, मैं बड़ा तृप्त हो गया हूं।	ଧନ୍ୟବାଦ, ମୈଁ ବଡ଼ା ତୃପ୍ତ ହୋ ଗୟା ହୁଁ ।
32.	ବିଲ୍ ଆଣନ୍ତୁ ।	बिल लाइए।	ବିଲ ଲାଇଏ ।
33.	କ'ଣ ଏଥିରେ ସେବା-କର ଲଗାଯାଇଛି ?	क्या इसमें सेवा-राशि लगा दी गई है?	କ୍ୟା ଇସମେଁ ସେବା-ରାଶି ଲଗା ଦୀ ଗଈ ହୈ ?
34.	ନା ମହାଶୟ, ତାହା ଅଲଗା ଅଛି ।	नहीं श्रीमान्, वह अलग है।	ନହିଁ ଶ୍ରୀମାନ୍, ଓ୍ୱହ ଅଲଗ ହୈ ।
35.	ମୋତେ ହାତ ଧୋଇବାରେ ସାହାଯ୍ୟ କରନ୍ତୁ ।	मुझे हाथ धुलाइये।	ମୁଝେ ହାଥ ଧୁଲାଇୟେ ।

ହୋଟେଲ ଏବଂ ରେଷ୍ଟୁରାଣ୍ଟ
होटल एवं रेस्तराँ

1. କେଉଁଟି ଏହି ସହରର ସବୁଠୁ ଭଲ ହୋଟେଲ ?	इस शहर का सबसे अच्छा होटल कौन सा है?	ଇସ ଶହର କା ସବସେ ଅଚ୍ଛା ହୋଟଲ କୌନ ସା ହୈ ?
2. ମୋତେ ଗାଧୁଆ ଘର ଥିବା ଗୋଟିଏ ବେଡ଼ ବିଶିଷ୍ଟ କୋଠରି ଦରକାର ।	मुझे गुसलखाने के साथ लगा एक बिस्तर वाला कमरा चाहिए।	ମୁଝେ ଗୁସଲଖାନେ କେ ସାଥ ଲଗା ଏକ ବିସ୍ତର ବାଲା କମରା ଚାହିଏ ।
3. ଏହି କୋଠରୀ କ'ଣ ଆପଣଙ୍କର ପସନ୍ଦ ?	यह कमरा क्या आपको पसंद है?	ୟହ କମରା କ୍ୟା ଆପକୋ ପସନ୍ଦ ହୈ ?
4. ଏହି କୋଠରୀର ଗୋଟିଏ ଦିନର ଭଡ଼ା କେତେ ?	इस कमरे का एक दिन का किराया कितना है?	ଇସ କମରେ କା ଏକ ଦିନ କା କିରାୟା କିତନା ହୈ ?
5. ମୁଁ ଦୁଇ ସପ୍ତାହ ପର୍ଯ୍ୟନ୍ତ ରହିବି ।	मैं दो सप्ताह तक ठहरूंगा।	ମୈଁ ଦୋ ସପ୍ତାହ ତକ ଠହରୂଙ୍ଗା ।
6. ଏହି କୋଠରୀର ଭଡ଼ା ଦିନକୁ ତିରିଶ ଟଙ୍କା ଅଟେ ।	इस कमरे का किराया तीस रुपये प्रतिदिन है।	ଇସ କମରେ କା କିରାୟା ତୀସ ରୂପୟେ ପ୍ରତିଦିନ ହୈ ।
7. କ'ଣ ମୁଁ ଗରମ ପାଣିରେ ଗାଧୋଇ ପାରିବି ?	क्या मैं गर्म पानी से नहा सकता हूं?	କ୍ୟା ମୈଁ ଗର୍ମ ପାନୀ ସେ ନହା ସକତା ହୁଁ ?
8. ସେବକକୁ ମୋ କୋଠରିକୁ ପଠାନ୍ତୁ ।	बैरे को मेरे कमरे में भेजिए।	ବୈରେ କୋ ମେରେ କମରେ ମେଁ ଭେଜିଏ ।
9. କ'ଣ ମୋ ପାଇଁ କୌଣସି ଚିଠି ଅଛି ?	क्या मेरे लिए कोई पत्र है?	କ୍ୟା ମେରେ ଲିଏ କୋଇ ପତ୍ର ହୈ ?
10. ମୋତେ ଅନ୍ୟ ଏକ କମ୍ବଲ ଦରକାର ।	मुझे दूसरा कम्बल चाहिए।	ମୁଝେ ଦୂସରା କମ୍ବଲ ଚାହିଏ ।
11. ଚଦର ବଦଲାଇ ଦିଅନ୍ତୁ ।	चादर बदल दीजिए।	ଚାଦର ବଦଲ ଦିଜିଏ ।
12. ମୋତେ ଆଉ ଗୋଟିଏ ତକିଆ ଦରକାର ।	मुझे एक तकिया और चाहिए।	ମୁଝେ ଏକ ତକିୟା ଔର ଚାହିଏ ।
13. କ'ଣ ମୋ ପାଇଁ କୌଣସି ଫୋନ୍ ଅଛି ?	क्या मेरे लिए कोई फोन है?	କ୍ୟା ମେରେ ଲିଏ କୋଇ ଫୋନ ହୈ ?

	ଓଡ଼ିଆ	हिन्दी	ଉଚ୍ଚାରଣ
14.	ଦୟାକରି କୋଠରି ସଫା କରାଇ ଦିଅନ୍ତୁ ।	कृपया कमरा साफ करवा दीजिए।	କୃପୟା କମରା ସାଫ କରୱା ଦିଜିଏ ।
15.	ଦୟାକରି ଡାକଘରୁ କିଛି ଡାକ ଟିକଟ ମଗାଇ ଦିଅନ୍ତୁ ।	कृपया डाकखाने से कुछ डाक-टिकटें ला दीजिए।	କୃପୟା ଡାକଖାନେ ସେ କୁଛ ଡାକ-ଟିକଟେଁ ଲା ଦିଜିଏ ।
16.	ମୋ ପାଇଁ କିଛି ଫଳ ନେଇ ଆସିବେ ।	मेरे लिए कुछ फल ले आना।	ମେରେ ଲିଏ କୁଛ ଫଲ ଲେ ଆନା ।
17.	ଦୟାକରି ଦ୍ୱିପ୍ରହରର ଭୋଜନ ଗୋଟାଏ ବେଳେ ଏବଂ ରାତିର ଭୋଜନ ନଅଟାରେ ଦିଅନ୍ତୁ ।	कृपया दोपहर का भोजन एक बजे और रात का भोजन नौ बजे दीजिए।	କୃପୟା ଦୋପହର କା ଭୋଜନ ଏକ ବଜେ ଔର ରାତ କା ଭୋଜନ ନୌ ବଜେ ଦିଜିଏ ।
18.	ଦ୍ୱିପ୍ରହର ଏବଂ ରାତିର ଭୋଜନ ପାଇଁ କେତେ ଟଙ୍କା ଲାଗିବ ?	दोपहर और रात के भोजन के कितने पैसे लगेंगे?	ଦୋପହର ଔର ରାତ କେ ଭୋଜନ କେ କିତନେ ପୈସେ ଲଗେଙ୍ଗେ ?
19.	ଆମେ ପ୍ରତ୍ୟେକ ମିଲ୍ ପାଇଁ ସାତ ଟଙ୍କା ନେଉ ।	हम प्रत्येक खुराक के सात रुपये लेते हैं।	ହମ ପ୍ରତ୍ୟେକ ଖୁରାକ କେ ସାତ ରୂପୟେ ଲେତେ ହୈଁ ।
20.	କ'ଣ ଏଠାରେ ପହଁରିବା ପାଇଁ ପୋଖରୀ ଅଛି ?	क्या आपके यहां तैरने के लिए तालाब है?	କ୍ୟା ଆପକେ ୟହାଁ ତୈରନେ କେ ଲିଏ ତାଲାବ ହୈ ?
21.	କ'ଣ ପହଁରିବା ପାଇଁ ଅଲଗା ପଇସା ନିଅନ୍ତି ?	क्या तैरने का अलग से लेते हैं?	କ୍ୟା ତୈରନେ କା ଅଲଗ ସେ ଲେତେ ହୈଁ ?
22.	ହୋଟେଲ କ'ଣ ଚବିଶ ଘଣ୍ଟା ଖୋଲା ରହେ ।	क्या होटल चौबीस घंटे खुला रहता है।	କ୍ୟା ହୋଟଲ ଚୌବୀସ ଘଣ୍ଟେ ଖୁଲା ରହତା ହୈ ।
23.	ମୁଁ କାଲି ସକାଳୁ ଶୀଘ୍ର ଚାଲିଯିବି ।	मैं कल सुबह जल्दी चला जाऊंगा।	ମୈଁ କଲ ସୁବହ ଜଲ୍ଦୀ ଚଲା ଜାଉଙ୍ଗା ।
24.	ବିଲ୍ ଆଣନ୍ତୁ ।	बिल लाइए।	ବିଲ ଲାଇଏ ।
25.	ଏହି ବିଲ୍ ଭୁଲ୍ ଅଛି ।	इस बिल में गलती है।	ଇସ ବିଲ ମେଁ ଗଲତୀ ହୈ ।
26.	ମୁଁ କେବେ ମଦ ମଗାଇ ନାହିଁ ।	मैंने कभी शराब नहीं मंगाई।	ମୈଁନେ କଭି ଶରାବ ନହିଁ ମଙ୍ଗାଇ ।
27.	ଆପଣ ବିଲ୍‌ରେ ଭୁଲ୍ ବଶତଃ ମଦର ପଇସା ଲେଖିଛନ୍ତି ।	आपने बिल में गलती से शराब के पैसे लगा दिए हैं।	ଆପନେ ବିଲ ମେଁ ଗଲତୀ ସେ ଶରାବ କେ ପୈସେ ଲଗା ଦିଏ ହୈଁ ।
28.	କୁଲିକୁ ଡାକନ୍ତୁ ।	सामान उठाने वाले को बुलाइए।	ସାମାନ ଉଠାନେ ବାଲେ କୋ ବୁଲାଇଏ ।
29.	କ'ଣ ଆପଣ ଚେକ୍ ନେଉଛନ୍ତି ?	क्या आप चेक लेते हैं?	କ୍ୟା ଆପ ଚେକ ଲେତେ ହୈଁ ?

30. ନା, ଆମେ କେବଳ ନଗଦ ଟଙ୍କା ନେଉ ।	नहीं, हम केवल नकद लेते है।	ନହିଁ, ହମ କେବଲ ନକଦ ଲେତେ ହୈ ।
31. ଦୟାକରି ମୋ ପାଇଁ ଟାକ୍ସି ମଗାନ୍ତୁ ।	कृपया मेरे लिए टैक्सी मंगाइए।	କୃପୟା ମେରେ ଲିଏ ଟୈକ୍ସୀ ମଙ୍ଗାଇଏ ।
32. ଦୟାକରି ଏୟାରପୋର୍ଟ୍‍କୁ ଫୋନ୍ କରି ଦିଲ୍ଲୀ ଯାଉଥିବା ଫ୍ଲାଇଟ୍‍ର ସମୟ ପଚାରନ୍ତୁ ।	कृपया एयरपोर्ट पर फोन करके दिल्ली की फ्लाइट का समय पूछिए।	କୃପୟା ଏୟରପୋର୍ଟ ପର ଫୋନ କରକେ ଦିଲ୍ଲୀ କି ଫ୍ଲାଇଟ କା ସମୟ ପୁଛିଏ ।
33. ମୁଁ ଆଗାମୀ ମାସରେ ପୁଣି ଆସିବି ।	मैं अगले माह फिर आऊंगा।	ମୈଁ ଅଗଲେ ମାହ ଫିର ଆଉଙ୍ଗା ।
34. ଉତ୍ତମ ସେବା ପାଇଁ ଆପଣଙ୍କୁ ଧନ୍ୟବାଦ ।	बेहतरीन सुविधाओं के लिए आपका धन्यवाद।	ବେହତରୀନ ସୁବିଧାଉଁ କେ ଲିଏ ଆପକା ଧନ୍ୟବାଦ ।
35. ଆପଣଙ୍କୁ ସ୍ୱାଗତ, ମହାଶୟ ।	आपका स्वागत है, श्रीमान।	ଆପକା ସ୍ୱାଗତ ହୈ, ଶ୍ରୀମାନ ।

ଛତିଶତମ ସୋପାନ ଛत्तीसवीं सीढ़ी

ଡାକଘର/ଟେଲିଫୋନ୍/ବ୍ୟାଙ୍କ
डाकघर/टेलीफोन/बैंक

Post Office डाकघर

1. ଡାକଘର କେଉଁଠି ଅଛି ?	डाकघर किधर है?	ଡାକଘର କିଧର ହୈ ?
2. ଦୟାକରି ଏହି ପାର୍ସେଲ୍‍କୁ ଓଜନ କରନ୍ତୁ ।	कृपया इस पार्सल का भार तौलिए।	କୃପୟା ଇସ ପାର୍ସଲ କା ଭାର ତୌଲିଏ ।
3. ମୁଁ ମନିଅର୍ଡର ଦ୍ୱାରା କିଛି ପଇସା ପଠାଇବାକୁ ଚାହୁଁଛି ।	मैं मनीऑर्डर द्वारा कुछ पैसे भेजना चाहता हूं।	ମୈଁ ମନୀଆର୍ଡର ଦ୍ୱାରା କୁଛ ପୈସେ ଭେଜନା ଚାହତା ହୁଁ ।
4. ମୁଁ କେବଳ ଦୁଇଶହ ଟଙ୍କା ଜମା କରିବାକୁ ଚାହୁଁଛି ।	मैं केवल दो सौ रुपये जमा कराना चाहता हूं।	ମୈଁ କେବଲ ଦୋ ସୌ ରୂପୟେ ଜମା କରାନା ଚାହତା ହୁଁ ।

ଓଡ଼ିଆ	हिन्दी	(ଉଚ୍ଚାରଣ)
5. ମୁଁ କେବଳ ତିନିଶହ ଟଙ୍କା ଉଠାଇବାକୁ ଚାହୁଁଛି ।	मैं केवल तीन सौ रुपये निकलवाना चाहता हूं।	ମୈଁ କେଵ୍‌ଲ ତୀନ ସୌ ରୂପୟେ ନିକଲ୍‌ଵାନା ଚାହତା ହୂଁ।
6. ଦୟାକରି ମୋତେ ଗୋଟିଏ ଅନ୍ତର୍ଦେଶୀୟ ପତ୍ର ଦିଅନ୍ତୁ ।	कृपया मुझे एक अंतर्देशीय पत्र दीजिए।	କୃପୟା ମୁଝେ ଏକ ଅନ୍ତର୍ଦେଶୀୟ ପତ୍ର ଦୀଜିଏ।
7. ଗୋଟିଏ ଲଫାପାର ମୂଲ୍ୟ କେତେ ?	एक लिफाफे की क्या कीमत है?	ଏକ ଲିଫାଫେ କି କ୍ୟା କୀମତ ହୈ ?
8. ମୁଁ ଏହାକୁ ରେଜିଷ୍ଟର୍ଡ ଡାକ ଦ୍ୱାରା ପଠାଇବାକୁ ଚାହୁଁଛି ।	मैं इसे रजिस्टर्ड डाक द्वारा भेजना चाहता हूं।	ମୈଁ ଇସେ ରଜିଷ୍ଟର୍ଡ ଡାକ ଦ୍ୱାରା ଭେଜନା ଚାହତା ହୂଁ।
9. ମୁଁ ଗୋଟିଏ ପୋଷ୍ଟକାର୍ଡ ପାଇଁ କେତେ ପଇସା ଦେବି ?	मैं एक पोस्ट कार्ड के लिए कितने पैसे दूं?	ମୈଁ ଏକ ପୋଷ୍ଟ କାର୍ଡ କେ ଲିଏ କିତନେ ପୈସେ ଦୂଁ ?
10. ଦୟାକରି ମୋତେ ଏକ ଟଙ୍କାର ଡାକ-ଟିକଟ ଦିଅନ୍ତୁ ।	कृपया मुझे एक रुपये की डाक-टिकट दीजिए।	କୃପୟା ମୁଝେ ଏକ ରୂପୟେ କି ଡାକ-ଟିକଟ ଦୀଜିଏ।
11. ମୁଁ ଗୋଟିଏ ଟେଲିଗ୍ରାମ୍ ଦେବାକୁ ଚାହୁଁଛି ।	मैं एक टेलीग्राम देना चाहता हूं।	ମୈଁ ଏକ ଟେଲିଗ୍ରାମ ଦେନା ଚାହତା ହୂଁ।
12. ମୁଁ ତାରବାର୍ତ୍ତା ଦ୍ୱାରା ପଇସା ପଠାଇବାକୁ ଚାହୁଁଛି ।	मैं तार द्वारा पैसे भेजना चाहता हूं।	ମୈଁ ତାର ଦ୍ୱାରା ପୈସେ ଭେଜନା ଚାହତା ହୂଁ।
13. ଦୟାକରି ମୋତେ ଫ୍ରାନ୍ସ ପାଇଁ ଡାକ-ପତ୍ର ଦିଅନ୍ତୁ ।	कृपया मुझे फ्रांस के लिए डाक-पत्र दीजिए।	କୃପୟା ମୁଝେ ଫ୍ରାନ୍‌ କେ ଲିଏ ଡାକ-ପତ୍ର ଦୀଜିଏ।
14. ଦୟାକରି ମୋତେ ଟେଲିଫୋନ ଡିରେକ୍ଟୋରୀ ଦିଅନ୍ତୁ ।	कृपया मुझे टेलीफोन डायरेक्टरी देना।	କୃପୟା ମୁଝେ ଟେଲିଫୋନ ଡାୟରେକ୍ଟୋରୀ ଦେନା।

ଟେଲିଫୋନ୍ (ଦୂରଭାଷ) टेलीफोन (दूरभाष)

ଓଡ଼ିଆ	हिन्दी	(ଉଚ୍ଚାରଣ)
15. ମୁଁ କେଉଁଠୁ ଟେଲିଫୋନ୍ କରିପାରିବି ?	मैं टेलीफोन कहां से कर सकता हूं?	ମୈଁ ଟେଲିଫୋନ କହାଁ ସେ କର ସକତା ହୂଁ ?
16. ଏହି ଟେଲିଫୋନ୍ ଖରାପ ଅଛି ।	यह टेलीफोन खराब है।	ୟହ ଟେଲୀଫୋନ ଖରାବ ହୈ।
17. ମୁଁ ଭୁବନେଶ୍ୱର ପାଇଁ ଏକ ଟ୍ରଙ୍କ୍ କଲ୍ କରିବାକୁ ଚାହୁଁଛି ।	मैं एक ट्रंक काल भुवनेश्वर करना चाहती हूं।	ମୈଁ ଏକ ଟ୍ରଙ୍କ୍ କାଲ ଭୁବନେଶ୍ୱର କରନା ଚାହତୀ ହୂଁ।

30 ଦିନରେ ଓଡ଼ିଆ ମାଧ୍ୟମରେ ହିନ୍ଦୀ ଶିଖନ୍ତୁ

ଓଡ଼ିଆ	हिन्दी	ଓଡ଼ିଆ ଲିପିରେ ହିନ୍ଦୀ
18. ହେଲୋ ! ମୁଁ ଆଭା କହୁଛି ।	हेलो! मैं आभा बोल रही हूं।	ହେଲୋ ! ମେଁ ଆଭା ବୋଲ ରହି ହୁଁ ।
19. ମିନାକ୍ଷୀକୁ ଡାକି ଦିଅନ୍ତୁ ।	मीनाक्षी को बुला दीजिए।	ମୀନାକ୍ଷୀ କୋ ବୁଲା ଦିଜିଏ ।
20. ହେଲୋ, ମିନାକ୍ଷୀ କହୁଛି ।	हेलो, मीनाक्षी बोल रही हूं।	ହେଲୋ, ମୀନାକ୍ଷୀ ବୋଲ ରହି ହୁଁ ।
21. ଦୟାକରି ଆଠଟାରେ ଫୋନ୍ କରନ୍ତୁ ।	कृपया आठ बजे फोन कीजिए।	କୃପୟା ଆଠ ବଜେ ଫୋନ କିଜିଏ ।

ବ୍ୟାଙ୍କ୍   बैंक

ଓଡ଼ିଆ	हिन्दी	ଓଡ଼ିଆ ଲିପିରେ ହିନ୍ଦୀ
22. ଇଣ୍ଡିଆନ୍ ଓଭରସିଜ୍ ବ୍ୟାଙ୍କ୍ କେଉଁଠି ଅଛି ?	इंडियन ओवरसीज़ बैंक कहां है?	ଇଣ୍ଡିୟନ ଓଭରସୀଜ ବୈଙ୍କ କହାଁ ହେ ?
23. କ'ଣ ମୁଁ ମେନେଜରଙ୍କୁ ସାକ୍ଷାତ କରିପାରିବି ?	क्या मैं मैनेजर से मिल सकता हूं?	କ୍ୟା ମେଁ ମୈନେଜର ସେ ମିଲ ସକତା ହୁଁ ?
24. ମୁଁ ଏକ ସଞ୍ଚୟ ଖାତା ଖୋଲିବାକୁ ଚାହୁଁଛି ।	मैं एक बचत खाता खोलना चाहता हूं।	ମେଁ ଏକ ବଚତ ଖାତା ଖୋଲନା ଚାହତା ହୁଁ ।
25. ଦୟାକରି ମୋ ଫାର୍ମ ନାମରେ ଏକ ଚାଲୁ ଖାତା ଖୋଲନ୍ତୁ ।	कृपया मेरी फर्म के नाम एक चालू खाता खोलिए।	କୃପୟା ମେରୀ ଫର୍ମ କେ ନାମ ଏକ ଚାଲୂ ଖାତା ଖୋଲିଏ ।
26. ମୁଁ ପଇସା ଜମା କରିବାକୁ ଚାହୁଁଛି ।	मैं पैसे जमा कराना चाहता हूं।	ମେଁ ପୈସେ ଜମା କରାନା ଚାହତା ହୁଁ ।
27. ମୁଁ ପଇସା ଉଠାଇବାକୁ ଚାହୁଁଛି ।	मैं पैसे निकालना चाहता हूं।	ମେଁ ପୈସେ ନିକାଲନା ଚାହତା ହୁଁ ।
28. ଦୟାକରି ଏକ ଖୋଲା ଚେକ୍ ଦିଅନ୍ତୁ ।	कृपया एक खुला चैक दीजिए।	କୃପୟା ଏକ ଖୁଲା ଚୈକ ଦିଜିଏ ।
29. ଦୟାକରି ମତେ ଦଶଟି ଚେକ୍ ଥିବା ଏକ ଚେକ୍ ବହି ଜାରୀ କରନ୍ତୁ ।	कृपया मुझे दस चैक वाली एक चैक बुक जारी कीजिए।	କୃପୟା ମୁଝେ ଦସ ଚୈକ ବାଲୀ ଏକ ଚୈକ ବୁକ୍ ଜାରୀ କିଜିଏ ।
30. ଦୟାକରି ମୋ ଖାତାର ଜମା ରାଶି କୁହନ୍ତୁ ।	कृपया मेरे खाते की जमा राशि बताइए।	କୃପୟା ମେରେ ଖାତେ କି ଜମା ରାଶି ବତାଇଏ ।
31. ଦୟାକରି ମୋ ପାସବୁକ୍ ସମ୍ପୂର୍ଣ୍ଣ କରି ଦିଅନ୍ତୁ ।	कृपया मेरी पास बुक पूरी करके दें।	କୃପୟା ମେରୀ ପାସ ବୁକ ପୂରୀ କରକେ ଦେଁ ।
32. ମୋତେ ଗୋଟିଏ ରଙ୍ଗିନ୍ ଟେଲିଭିଜନ କିଣିବା ପାଇଁ ରଣ ଦରକାର ।	मुझे एक रंगीन टेलिविजन खरीदने के लिए ऋण चाहिए।	ମୁଝେ ଏକ ରଙ୍ଗୀନ ଟେଲିଭିଜନ ଖରୀଦନେ କେ ଲିଏ ରଣ ଚାହିଏ ।

୩୩. ମୁଁ ଏଜେଣ୍ଟଙ୍କୁ ସାକ୍ଷାତ କରିବାକୁ ଚାହୁଁଛି ।	मैं एजेंट से मिलना चाहता हूं।	ମୈଁ ଏଜେଣ୍ଟ ସେ ମିଲନା ଚାହତା ହୁଁ।
୩୪. କ'ଣ ମୋର କୌଣସି ଚେକ୍ ଫେରିଛି ?	क्या मेरा कोई चैक वापिस आया है?	କ୍ୟା ମେରା କୋଇ ଚୈକ ୱାପିସ ଆୟା ହୈ ?
୩୫. ଏହି ବ୍ୟାଙ୍କର ସେବା ବହୁତ ଭଲ ଅଟେ ।	इस बैंक की सेवा बड़ी अच्छी है।	ଇସ ବୈଙ୍କ କି ସେବା ବଡ଼ି ଅଚ୍ଛୀ ହୈ।

୩୭ତମ ସୋପାନ ସୈଂତୀସବୀଂ ସୀଢ଼ୀ

ଯାତ୍ରା କରିବା ସମୟରେ
यात्रा करते समय

୧. ମୁଁ ଘୋଡ଼ା ସବାରୀ କରିବାକୁ ଯାଉଛି ।	मैं घुड़सवारी करने जा रहा हूं।	ମୈଁ ଘୁଡ଼ସବାରୀ କରନେ ଜା ରହା ହୁଁ।
୨. ଘୋଡ଼ାଶାଳ କେଉଁଠି ଅଛି ?	अस्तबल कहां है?	ଅସ୍ତବଲ କହାଁ ହୈ ?
୩. ମୁଁ କିଛି ସମୟ ପାଇଁ ଓହ୍ଲାଇବି ।	मुझे थोड़ी देर के लिए उतरना है।	ମୁଝେ ଥୋଡ଼ୀ ଦେର କେ ଲିଏ ଉତରନା ହୈ।
୪. ତାକୁ ଚାବୁକ୍ ମାରନାହିଁ ।	उसे चाबुक मत मारो।	ଉସେ ଚାବୁକ ମତ ମାରୋ।
୫. ତାକୁ କିଛି ଘାସ ଦିଅ ।	उसे थोड़ी घास दो।	ଉସେ ଥୋଡ଼ୀ ଘାସ ଦୋ।
୬. କଣ୍ଟା ବାହାର କର ।	कांटे निकालो।	କାଣ୍ଟେ ନିକାଲୋ।
୭. ମୁଁ କାର୍‌ରେ ଯିବାକୁ ଚାହୁଁଛି ।	मैं कार से जाना चाहता हूं।	ମୈଁ କାର ସେ ଜାନା ଚାହତା ହୁଁ।
୮. ଏହାର ଚକା ଠିକ୍ ନାହିଁ ।	इसका पहिया अच्छा नहीं है।	ଇସକା ପହିୟା ଅଚ୍ଛା ନହିଁ ହୈ।
୯. ଏହି ରାସ୍ତା କେଉଁ ଆଡ଼କୁ ଯାଇଛି ?	यह रास्ता किधर को जाता है?	ୟହ ରାସ୍ତା କିଧର କୋ ଜାତା ହୈ ?
୧୦. ଗାଡ଼ି ଏଠାରେ ରଖ ।	गाड़ी इधर रखो।	ଗାଡ଼ି ଇଧର ରଖୋ।
୧୧. ବାହନ ଠିଆ କରିବା ମନା ।	वाहन खंड़ा करना मना है।	ବାହନ ଖଡ଼ା କରନା ମନା ହୈ।
୧୨. କ'ଣ ଏହି ଟ୍ରାମ୍‌ଗାଡ଼ି ପଥ ରେଲ ଷ୍ଟେସନ୍ ଦେଇ ଯାଇଛି ?	क्या इस ट्राम की पटरी रेलवे स्टेशन से होकर जाती है?	କ୍ୟା ଇସ ଟ୍ରାମ କି ପଟରୀ ରେଲୱେ ଷ୍ଟେସନ ସେ ହୋକର ଜାତୀ ହୈ ?

13. ଏହି ବସ୍ କେବେ ଚାଲିବ ?	यह बस कब चलेगी?	ୟହ ବସ କବ ଚଲେଗୀ ?
14. ମତେ କୁହନ୍ତୁ, ଆମେ କାଶ୍ମୀର କେବେ ପହଞ୍ଚିବା ?	मुझे बताइए, हम कश्मीर कब पहुंचेंगे?	ମୁଝେ ବତାଇଏ, ହମ କଶ୍ମୀର କବ ପହୁଣ୍ଚେଙ୍ଗେ ?
15. ମୁଁ ଶିକାରାରେ ବୁଲିବାକୁ ଚାହୁଁଛି ।	मैं शिकारा में सैर करना चाहता हूं।	ମୈଁ ଶିକାରା ମେଁ ସୈର କରନା ଚାହତା ହୁଁ ।
16. ଟିକଟ କାଉଣ୍ଟର କେଉଁଠି ଅଛି ?	टिकट मिलने की जगह कहां है?	ଟିକଟ ମିଲନେ କି ଜଗହ କହାଁ ହୈ ?
17. କ'ଣ ସେଠାରେ କୌଣସି ଦର୍ଶନୀୟ ସ୍ଥାନ ଅଛି ?	क्या वहां कोई दर्शनीय स्थल है?	କ୍ୟା ୱହାଁ କୋଇ ଦର୍ଶନୀୟ ସ୍ଥଲ ହୈ ?
18. ଦୟାକରି ଟିକିଏ ଘୁଞ୍ଚି ଯାଆନ୍ତୁ ।	कृपा करके थोड़ा हट जाइए।	କୃପା କରକେ ଥୋଡ଼ା ହଟ ଜାଇଏ ।
19. ଆଜି ମୁଁ ବମ୍ବେ ଯାଉଛି ।	आज में बम्बई जा रहा हूं।	ଆଜ ମୈଁ ବମ୍ବଈ ଜା ରହା ହୁଁ ।
20. ଆଗାମୀ ଗାଡ଼ି କେତେଟାରେ ବାହାରେ ?	अगली गाड़ी कितने बजे छूटती है।	ଅଗଲୀ ଗାଡ଼ି କିତନେ ବଜେ ଛୁଟତୀ ହୈ ।
21. ଜିନିଷ ବୁକ୍ କରିବାର ଅଫିସ୍ କେଉଁଠି ଅଛି ?	सामान बुक करवाने का दफ्तर कहां है?	ସାମାନ ବୁକ କରୱାନେ କା ଦଫ୍ତର କହାଁ ହୈ ?
22. ଜିନିଷ ପାଇଁ କେତେ ଟଙ୍କା ଦେବାକୁ ହେବ ?	सामान के लिए कितने पैसे देने हैं?	ସାମାନ କେ ଲିଏ କିତନେ ପୈସେ ଦେନେ ହୈଁ ?
23. ମୋ ସ୍ଥାନ ସଂରକ୍ଷିତ କରି ଦିଅନ୍ତୁ ।	मेरा स्थान आरक्षित कर दीजिए।	ମେରା ସ୍ଥାନ ଆରକ୍ଷିତ କର ଦିଜିଏ ।
24. ପ୍ଲାଟ୍ଫର୍ମ ନଂ. 6 କେଉଁଠି ଅଛି ?	प्लेटफार्म नं. 6 कहाँ है?	ପ୍ଲେଟଫାର୍ମ ନଂ. 6 କହାଁ ହୈ ?
25. ପୋଲର ସେପାଖେ ।	पुल के उस पार।	ପୁଲ କେ ଉସ ପାର ।
26. ଭୂତଳ ରାସ୍ତାରେ ଯାଆନ୍ତୁ ।	जमीन के नीचे के रास्ते से जाइए।	ଜମୀନ କେ ନୀଚେ କେ ରାସ୍ତେ ସେ ଜାଇଏ ।
27. ଗାଡ଼ିରେ ଖାଦ୍ୟର ଡବା ରହିଛି ।	गाड़ी में खाने का डिब्बा है।	ଗାଡ଼ି ମେଁ ଖାନେ କା ଡିବ୍ବା ହୈ ।
28. କୌଣସି ସିଟ୍ ଖାଲି ନାହିଁ ।	कोई सीट खाली नहीं है।	କୋଇ ସୀଟ ଖାଲୀ ନହିଁ ହୈ ।
29. ବସରେ ବହୁତ ଭିଡ଼ ଅଛି ।	बस में बहुत भीड़ है।	ବସ ମେଁ ବହୁତ ଭିଡ଼ ହୈ ।
30. ଚାଲୁଥିବା ବସରୁ ଓହ୍ଲାନ୍ତୁ ନାହିଁ ।	चलती बस से मत उतरिए।	ଚଲତୀ ବସ ସେ ମତ ଉତରିଏ ।

ଓଡ଼ିଆ	हिन्दी	
31. ଆମ ବସ୍ ଚାଲୁଛି ।	हमारी बस चल रही है।	ହମାରୀ ବସ ଚଲ ରହୀ ହୈ।
32. ଗୋଟିଏ ଶିଶୁ ପାଇଁ ଭଡ଼ା କେତେ ନେଉଛନ୍ତି ?	बच्चे का कितना किराया लेते हैं?	ବଚ୍ଚେ କା କିତନା କିରାୟା ଲେତେ ହୈଁ ?
33. ମୋତେ ବିମାନ ବନ୍ଦର ପାଖକୁ ନେଇଚାଲନ୍ତୁ ।	मुझे हवाई अड्डे पर ले चलिए।	ମୁଝେ ହବାଇ ଅଡ୍ଡେ ପର ଲେ ଚଲିଏ।
34. ଦୟାକରି ମତେ ସିଙ୍ଗାପୁର ଯିବା ଏବଂ ଆସିବାର ଟିକଟ ଦିଅନ୍ତୁ ।	कृपया सिंगापुर जाने और वापिस आने का टिकट दीजिए।	କୃପୟା ସିଙ୍ଗାପୁର ଜାନେ ଔର ବାପିସ ଆନେ କା ଟିକଟ ଦୀଜିଏ।
35. ଆମ ଜାହାଜ ଠିକ୍ ସମୟରେ ସିଙ୍ଗାପୁର ପହଞ୍ଚିଗଲା ।	हमारा जहाज ठीक समय पर सिंगापुर पहुंच गया।	ହମାରା ଜହାଜ ଠିକ ସମୟ ପର ସିଙ୍ଗାପୁର ପହୁଞ୍ଚ ଗୟା।

୩୮ତମ ସୋପାନ ଅଡ଼ତୀସବୀଁ ସୀଢ଼ି

ସ୍ୱାସ୍ଥ୍ୟ ଏବଂ ସ୍ୱାସ୍ଥ୍ୟ ରକ୍ଷା
स्वास्थ्य एवं स्वास्थ्य रक्षा

ଓଡ଼ିଆ	हिन्दी	
1. ସ୍ୱାସ୍ଥ୍ୟ ହିଁ ସମ୍ପଦ ।	स्वास्थ्य धन है।	ସ୍ୱାସ୍ଥ୍ୟ ଧନ ହୈ।
2. ନିବାରଣ ଠାରୁ ନିରାକରଣ ଭଲ ।	इलाज से परहेज बेहतर है।	ଇଲାଜ ସେ ପରହେଜ ବେହତର ହୈ।
3. ସେ ବହୁତ ଥକି ଯାଇଛି ।	वह बहुत थकी हुई है।	ଉହ ବହୁତ ଥକୀ ହୁଇ ହୈ।
4. ମୋ ସ୍ୱାସ୍ଥ୍ୟ ୱଡ଼ିଯାଇଛି ।	मेरा स्वास्थ्य गिर गया है।	ମେରା ସ୍ୱାସ୍ଥ୍ୟ ଗିର ଗୟା ହୈ।
5. ସେ ସୁସ୍ଥ ହୋଇଯାଇଛି ।	वह स्वस्थ हो गया है।	ଉହ ସ୍ୱସ୍ଥ ହୋ ଗୟା ହୈ।
6. ମତେ ନିଦ ଲାଗୁଛି ।	मुझे नींद आ रही है।	ମୁଝେ ନିନ୍ଦ ଆ ରହୀ ହୈ।
7. ଆମେ ଦିନରେ ଶୋଇବା ଉଚିତ ନୁହେଁ ।	हमें दिन में नहीं सोना चाहिए।	ହମେଁ ଦିନ ମେଁ ନହିଁ ସୋନା ଚାହିଏ।
8. ଆପଣ ଚାଲିବାକୁ ଯିବେ ନା ?	आप टहलने चलेंगे न?	ଆପ ଟହଲନେ ଚଲେଙ୍ଗେ ନ ?

30 ଦିନରେ ଓଡ଼ିଆ ମାଧ୍ୟମରେ ହିନ୍ଦୀ ଶିଖନ୍ତୁ

୯.	ସେ କାଲିଠାରୁ ଆଜି ଭଲ ଅଛି ।	वह कल से आज अच्छा है।	ୱହ କଲ ସେ ଆଜ ଅଚ୍ଛା ହୈ।
୧୦.	ଆଜି ମୋର ସ୍ୱାସ୍ଥ୍ୟ ଠିକ୍ ନାହିଁ ।	आज मेरी तबियत ठीक नहीं।	ଆଜ ମେରୀ ତବିୟତ ଠିକ ନହିଁ।
୧୧.	କ'ଣ ତୁମେ ଔଷଧ ଖାଇବ ନାହିଁ ?	क्या तुम दवा नहीं लोगी?	କ୍ୟା ତୁମ ଦବା ନହିଁ ଲୋଗୀ ?
୧୨.	ଆପଣଙ୍କ ବାପା କେମିତି ଅଛନ୍ତି ?	आपके पिता जी कैसे हैं?	ଆପକେ ପିତା ଜୀ କୈସେ ହୈଁ ?

ଡାକ୍ତର ଏବଂ ରୋଗୀ   ডॉक्टर और रोगी

୧୩.	ମୋତେ ତୁମର ନାଡ଼ି ଦେଖିବାକୁ ଦିଅ ।	मुझे अपनी नब्ज देखने दो।	ମୁଝେ ଅପନୀ ନବ୍ଜ ଦେଖନେ ଦୋ।
୧୪.	ମୋ ସ୍ୱାସ୍ଥ୍ୟ ଖରାପ ଅଛି ।	मेरी तबियत खराब है।	ମେରୀ ତବିୟତ ଖରାବ ହୈ।
୧୫.	ରୋଗୀର ମନବଳ ହ୍ରାସ ପାଉଛି ।	बीमार का दिल कमजोर हो रहा है।	ବୀମାର କା ଦିଲ କମଜୋର ହୋ ରହା ହୈ।
୧୬.	ମୋର ବଦହଜମୀ ହୋଇଛି ।	मेरा हाजमा बिगड़ा हुआ है।	ମେରା ହାଜମା ବିଗଡ଼ା ହୁଆ ହୈ।
୧୭.	ତା'ର ଦେହ ବୁଲଉଛି ।	उसका जी मतला रहा है।	ଉସକା ଜୀ ମତଲା ରହା ହୈ।
୧୮.	କ'ଣ ତୁମ ମୁଣ୍ଡ ଘୂରଉଛି ?	क्या तुम्हारा सिर चकरा रहा है?	କ୍ୟା ତୁମ୍ହାରା ସିର ଚକରା ରହା ହୈ ?
୧୯.	ତା ଉପରେ ଆଉ କୌଣସି ବିପଦ ନାହିଁ ।	उसे अब कोई खतरा नहीं।	ଉସେ ଅବ କୋଇ ଖତରା ନହିଁ।
୨୦.	ଶିଶୁର ଦାନ୍ତ ଉଠୁଛି ।	बच्चे का दांत निकल रहा है।	ବଚ୍ଚେ କା ଦାନ୍ତ ନିକଲ ରହା ହୈ।
୨୧.	ତୁମେ କେତେ ପାନ ଔଷଧ ଖାଇଛ ?	तुमने कितनी खुराकें ली हैं?	ତୁମନେ କିତନୀ ଖୁରାକେଁ ଲି ହୈଁ ?
୨୨.	ମୋର କୋଷ୍ଠକାଠିନ୍ୟ ହୋଇଛି ।	मुझे सख्त कब्ज की शिकायत है।	ମୁଝେ ସଖ୍ତ କବ୍ଜ କୀ ଶିକାୟତ ହୈ।
୨୩.	ମୋର ପୁରୁଣା ଜ୍ୱର ଥିଲା ।	तुम्हें पुराना बुखार था।	ତୁମ୍ହେଁ ପୁରାନା ବୁଖାର ଥା।
୨୪.	ମୋର ଗଳା ଖରାପ ଅଛି ।	मुझे गले की शिकायत है।	ମୁଝେ ଗଲେ କୀ ଶିକାୟତ ହୈ।
୨୫.	କ'ଣ ତାର ମୁଣ୍ଡବ୍ୟଥା ଥିଲା ?	क्या उसे सिरदर्द था?	କ୍ୟା ଉସେ ସିରଦର୍ଦ ଥା ?

ଓଡ଼ିଆ	ହିନ୍ଦୀ	ହିନ୍ଦୀ (ଓଡ଼ିଆ ଉଚ୍ଚାରଣ)
26. ତା ପେଟ ବିନ୍ଧୁଛି ।	उसके पेट में दर्द है।	ଉସକେ ପେଟ ମେଁ ଦର୍ଦ ହେ ।
27. ତାକୁ ସର୍ଦ୍ଦି ହୋଇଛି କି ?	उसे जुकाम हुआ है क्या?	ଉସେ ଜୁକାମ ହୁଆ ହେ କ୍ୟା ?
28. ମୋତେ ତୁମ ଜିଭ ଦେଖାଅ ।	मुझे अपनी जबान दिखाओ।	ମୁଝେ ଅପନୀ ଜବାନ ଦିଖାଓ ।
29. ତା ଭୋକ ମରିଯାଇଛି ।	उसकी भूख मारी गई है।	ଉସକୀ ଭୂଖ ମାରୀ ଗଈ ହେ ।
30. ମୋର ବଥ ହୋଇଛି ।	मुझे फोड़ा हुआ है।	ମୁଝେ ଫୋଡ଼ା ହୁଆ ହେ ।
31. ତା ମାଡ଼ିରୁ ରକ୍ତ ବାହାରେ ।	उसके मसूड़ों से खून निकलता है।	ଉସକେ ମସୂଡ଼ୋଁ ସେ ଖୂନ ନିକଲତା ହେ ।
32. ଡାକ୍ତରଙ୍କୁ ଡାକ ।	डॉक्टर को बुलाओ।	ଡାକ୍ତର କୋ ବୁଲାଓ ।
33. ତା ଯକୃତ ପାଡ଼ା ହେଉଛି ।	उसके कलेजे में पीड़ा है।	ଉସକେ କଲେଜେ ମେଁ ପୀଡ଼ା ହେ ।
34. ତୁମର କିଛି ଝାଡ଼ା ହେବ ।	तुम्हें कुछ दस्त होंगे।	ତୁହେଁ କୁଛ ଦସ୍ତ ହୋଙ୍ଗେ ।
35. ଡାକ୍ତର ପରଦିନ ସକାଳେ ଆସିବେ ।	चिकित्सक अगली सुबह आएँगे।	ଚିକିସ୍କ ଅଗଲୀ ସୁବହ ଆଏଙ୍ଗେ ।

୩୯ତମ ସୋପାନ उनतालीसवीं सीढ़ी

ପାଣିପାଗ
मौसम

ଓଡ଼ିଆ	ହିନ୍ଦୀ	ହିନ୍ଦୀ (ଓଡ଼ିଆ ଉଚ୍ଚାରଣ)
1. ବସନ୍ତ ରତୁ ହୋଇଛି ।	वसंत ऋतु है।	ବସନ୍ତ ରତୁ ହେ ।
2. ଗ୍ରୀଷ୍ମ ରତୁ ହୋଇଛି ।	ग्रीष्म ऋतु है।	ଗ୍ରୀଷ୍ମ ରତୁ ହେ ।
3. ଶରତ ରତୁ ହୋଇଛି ।	पतझड़ ऋतु है।	ପତଝଡ଼ ରତୁ ହେ ।
4. ଶୀତ ରତୁ ହୋଇଛି ।	शीत ऋतु है।	ଶୀତ ରତୁ ହେ ।
5. ଆଜି ବହୁତ ଗରମ ହେଉଛି ।	आज बड़ी गर्मी है।	ଆଜ ବଡ଼ି ଗର୍ମୀ ହେ ।
6. ବହୁତ ଥଣ୍ଡା ଲାଗୁଛି ।	बहुत ठण्डा दिन है।	ବହୁତ ଠଣ୍ଡା ଦିନ ହେ ।
7. ପାଗ ଭଲ ଅଛି ।	सुहावना दिन है।	ସୁହାବନା ଦିନ ହେ ।

	ଓଡ଼ିଆ	हिन्दी	ହିନ୍ଦୀ (ଓଡ଼ିଆ ଲିପିରେ)
8.	ଆଜି କେତେ ଖରାପ ଦିନ ଅଟେ !	आज कितना खराब दिन है।	ଆଜ କିତନା ଖରାବ ଦିନ ହୈ।
9.	ବର୍ଷା ହେଉଛି ।	वर्षा हो रही है।	ବର୍ଷା ହୋ ରହୀ ହୈ।
10.	ଝିପିଝିପ୍ ହେଉଛି ।	बूंदाबांदी हो रही है।	ବୁଦାବାନ୍ଦୀ ହୋ ରହୀ ହୈ।
11.	ଜହ୍ନ ଉଈଁଛି କି ?	चांद निकला है क्या?	ଚାନ୍ଦ ନିକଲା ହୈ କ୍ୟା ?
12.	ବର୍ଷା ବନ୍ଦ ହୋଇଯାଇଛି ।	वर्षा बंद हो गई है।	ବର୍ଷା ବନ୍ଦ ହୋ ଗଇ ହୈ।
13.	ତାକୁ ସର୍ଦ୍ଦି ହୋଇଯିବ ।	उसे सर्दी लग जायेगी।	ଉସେ ସର୍ଦୀ ଲଗ ଜାୟେଗୀ ।
14.	ଏ ପର୍ଯ୍ୟନ୍ତ ବର୍ଷା ହେଉଛି କି ?	अब तक पानी बरस रहा है क्या?	ଅବ ତକ ପାନୀ ବରସ ରହା ହୈ କ୍ୟା ?
15.	ବର୍ଷା ପାଗରେ ଆମେ ବରସାତୀ ପିନ୍ଧୁ ।	बरसात के मौसम में हम बरसाती पहनते हैं।	ବରସାତ କେ ମୌସମ ମେଁ ହମ ବରସାତୀ ପହନତେ ହୈଁ।
16.	ମୁଁ ଥରୁଛି ।	मैं कांप रहा हूं।	ମୈଁ କାଁପ ରହା ହୁଁ ।
17.	ମୋର ଝାଳ ବାହାରୁଛି ।	मुझे पसीना आ रहा है।	ମୁଝେ ପସୀନା ଆ ରହା ହୈ।
18.	ମୁଁ ଓଦା ହୋଇଯାଇଛି ।	मैं भीग गया हूं।	ମୈଁ ଭିଗ ଗୟା ହୁଁ ।
19.	ଶୀତଳ ପବନ ବହୁଛି ।	शीतल वायु बह रही है।	ଶୀତଲ ବାୟୁ ବହ ରହୀ ହୈ।
20.	କେତେ ଘୋର ପବନ ହେଉଛି !	कितनी तेज हवा है!	କିତନୀ ତେଜ ହଵା ହୈ !
21.	ପାଣିପାଗ ବଦଳୁଛି ।	मौसम बदल रहा है।	ମୌସମ ବଦଲ ରହା ହୈ।
22.	ଆକାଶକୁ ବାଦଲ ଢାଙ୍କି ରଖିଛି ।	आकाश बादलों से ढका है।	ଆକାଶ ବାଦଲୋଁ ସେ ଢକା ହୈ।
23.	ଆକାଶ ସଫା ଅଛି ।	आसमान साफ है।	ଆସମାନ ସାଫ ହୈ।
24.	ବିଜୁଳି ମାରୁଛି ।	बिजली चमकती है।	ବିଜଲୀ ଚମକତୀ ହୈ।
25.	ଘଡ଼ଘଡ଼ି ମାରୁଛି ।	बादल गरजते हैं।	ବାଦଲ ଗରଜତେ ହୈଁ।
26.	ସୂର୍ଯ୍ୟ ଦେଖା ଯାଉନାହିଁ ।	सूरज दिखाई नहीं देता है।	ସୂରଜ ଦିଖାଇ ନହିଁ ଦେତା ହୈ।
27.	ବସନ୍ତ ଋତୁ ଭଳି ଲାଗୁଛି ।	बसंत का सा दिन है।	ବସନ୍ତ କା ସା ଦିନ ହୈ।
28.	ଅସହନୀୟ ଗରମ ହେଉଛି ।	गर्मी असहनीय है।	ଗର୍ମୀ ଅସହନୀୟ ହୈ।
29.	ଅଧରାତି ପେରର ସମୟ ।	आधी रात के बाद का समय है।	ଆଧା ରାତ କେ ବାଦ କା ସମୟ ହୈ।

30. ଇନ୍ଦ୍ରଧନୁ କେତେ ସୁନ୍ଦର ଦିଶୁଛି !	इन्द्रधनुष कितना सुंदर है!	ଇନ୍ଦ୍ରଧନୁଷ କିତନା ସୁନ୍ଦର ହୈ !
31. ମୂଷଲାଧାର ବର୍ଷା ହେଉଛି ।	मूसलाधार वर्षा हो रही है।	ମୂସଲାଧାର ବର୍ଷା ହୋ ରହୀ ହୈ ।
32. ଅଧିକ ମାତ୍ରାରେ କୁଆପଥର ପଡୁଛି ।	बुरी तरह से ओले पड़ रहे हैं।	ବୁରୀ ତରହ ସେ ଓଲେ ପଡ଼ ରହେ ହୈଁ ।
33. କ'ଣ ଆପଣ ଛତା ନେବେ ।	क्या आप छाता लेंगे।	କ୍ୟା ଆପ ଛାତା ଲେଙ୍ଗେ ।
34. ଜଳବାୟୁ କେତେ ଭଲ ଅଛି !	जलवायु कितना मोहक है!	ଜଳବାୟୁ କିତନା ମୋହକ ହୈ !

୪୦ତମ ସୋପାନ ଚାଲୀସବୀଁ ସୀଢ଼ୀ

ସମୟ
समय

1. ଘଣ୍ଟା ଦେଖ ।	घड़ी देखो।	ଘଡ଼ୀ ଦେଖୋ ।
2. କେତେଟା ବାଜିଛି ?	क्या बजा है?	କ୍ୟା ବଜା ହୈ ?
3. ଆପଣଙ୍କ ଘଣ୍ଟାରେ କେତେ ବାଜିଛି ?	आपकी घड़ी में क्या बजा है?	ଆପକୀ ଘଡ଼ୀ ମେଁ କ୍ୟା ବଜା ହୈ ?
4. କେତେଟା ବାଜିଛି ?	कितने बजे हैं?	କିତ୍‌ନେ ବଜେ ହୈଁ ?
5. ଠିକ୍ ସାତଟା ବାଜିଛି ।	ठीक सात बजे हैं।	ଠିକ ସାତ ବଜେ ହୈଁ ।
6. ସାଢ଼େ ନଅଟା ବାଜିଛି ।	साढ़े नौ बजे हैं।	ସାଢ଼େ ନୌ ବଜେ ହୈଁ ।
7. ୩ ଟା ବାଜି ୧୫ ମିନିଟ୍ ହୋଇଛି ।	सवा तीन बजे हैं।	ସବା ତୀନ ବଜେ ହୈଁ ।
8. ଚାରିଟା ବାଜିବାକୁ ୧୫ ମିନିଟ୍ ଅଛି ।	पौने चार बजे हैं।	ପୌନେ ଚାର ବଜେ ହୈଁ ।
9. ପାଞ୍ଚଟା ବାଜି ପାଞ୍ଚ ମିନିଟ୍ ହୋଇଛି ।	पांच बजकर पांच मिनट हुए हैं।	ପାଞ୍ଚ ବଜକର ପାଞ୍ଚ ମିନଟ ହୁଏ ହୈଁ ।

30 ଦିନରେ ଓଡ଼ିଆ ମାଧ୍ୟମରେ ହିନ୍ଦୀ ଶିଖନ୍ତୁ

10. ଛଅଟା ବାଜିବାକୁ ଦଶ ମିନିଟ୍ ଅଛି ।	छह बजने में दस मिनट है।	ଛହ ବଜନେ ମେଁ ଦସ ମିନଟ ହେ ।
11. ସାଢ଼େ ଚାରି ବାଜି ସାରିଛି ।	साढ़े चार बजे चुके हैं।	ସାଢ଼େ ଚାର ବଜେ ଚୁକେ ହୈଁ ।
12. ସେ ୧:୧୫ ରେ ପହଞ୍ଚିବେ ।	वह सवा एक बजे पहुंचेगी।	ୱହ ସବା ଏକ ବଜେ ପହୁଞ୍ଚେଗୀ ।
13. ଆମେ ଦଶଟା ପଚିଶ ମିନିଟ୍‌ରେ ଅଫିସ୍ ପହଞ୍ଚିଲୁ ।	हम दस बजकर पचीस मिनट पर कार्यालय पहुंचे।	ହମ ଦସ ବଜକର ପଚୀସ ମିନଟ ପର କାର୍ଯ୍ୟାଲୟ ପହୁଞ୍ଚେ ।
14. ଦିନ ଦ୍ୱିପହରେ ବ୍ୟାଙ୍କ୍ ଲୁଟି ନିଆଗଲା ।	बैंक दिन-दहाड़े लूट लिया गया।	ବୈଙ୍କ ଦିନ-ଦହାଡ଼େ ଲୂଟ ଲିୟା ଗୟା ।
15. ସୋମବାର ଦିନ ବଜାର ବନ୍ଦ ରୁହେ ।	बाजार सोमवार को बंद रहता है।	ବାଜାର ସୋମବାର କୋ ବନ୍ଦ ରହତା ହେ ।
16. ଆମେ ଦେଢ଼ଟାରେ ଦିପହର ଭୋଜନ କରୁ	हम डेढ़ बजे दोपहर का भोजन करते हैं।	ହମ ଡେଢ଼ ବଜେ ଦୋପହର କା ଭୋଜନ କରତେ ହୈଁ ।
17. ଏହି ଦୋକାନ ଅଢ଼େଇଟାରେ ପୁଣି ଖୋଲେ ।	यह दुकान ढाई बजे दुबारा खुलती है।	ୟହ ଦୁକାନ ଢାଇ ବଜେ ଦୁବାରା ଖୁଲତୀ ହେ ।
18. ସକାଳ ଦଶଟା ବାଜିଛି ।	सवेरे के दस बजे हैं।	ସବେରେ କେ ଦସ ବଜେ ହୈଁ ।
19. ଆମକୁ ଅଫିସ୍‌ରୁ ଠିକ୍ ପାଞ୍ଚଟାରେ ଛୁଟି ମିଳେ ।	हमें दफ्तर से ठीक पांच बजे छुट्टी मिलती है।	ହମେଁ ଦଫ୍ତର ସେ ଠିକ ପାଞ୍ଚ ବଜେ ଛୁଟ୍ଟୀ ମିଲତୀ ହେ ।
20. କ'ଣ ତୁମ ହାତଘଣ୍ଟା ପଛୁଆ ଅଛି ?	क्या तुम्हारी कलाई-घड़ी सुस्त है?	କ୍ୟା ତୁମ୍ହାରୀ କଲାଇ-ଘଡ଼ୀ ସୁସ୍ତ ହେ ?
21. କ'ଣ ଏହି ଟେବୁଲ୍ ଘଣ୍ଟା ଆଗୁଆ ଅଛି ?	क्या यह मेज-घड़ी तेज है?	କ୍ୟା ୟହ ମେଜ-ଘଡ଼ୀ ତେଜ ହେ ?
22. କ'ଣ ଅଫିସର କାନ୍ଥଘଣ୍ଟା ଠିକ୍ ନାହିଁ ?	क्या कार्यालय की दीवार घड़ी ठीक नहीं है?	କ୍ୟା କାର୍ଯ୍ୟାଲୟ କୀ ଦୀୱାର ଘଡ଼ୀ ଠିକ ନହିଁ ହେ ?
23. ମୋର ପେନ୍ ଘଣ୍ଟା	मेरी पेन-घड़ी बंद	ମେରୀ ପେନ-ଘଡ଼ୀ ବନ୍ଦ

୨୪. ଉଠିବା ସମୟ ହୋଇଗଲା ।	जागने का समय हो गया।	ଜାଗନେ କା ସମୟ ହୋ ଗୟା ।
୨୫. ଆପଣ ଅଧାଘଣ୍ଟା ଡେରି କରିଛନ୍ତି ।	आपको आधा घंटा देर हो गई।	ଆପକୋ ଆଧା ଘଣ୍ଟା ଦେର ହୋ ଗଈ ।
୨୬. ସେ ଦଶ ମିନିଟ୍ ଆଗରୁ ଆସିଛନ୍ତି ।	वह दस मिनट जल्दी आई है।	ୱହ ଦସ ମିନଟ ଜଲ୍ଦୀ ଆଈ ହୈ ।
୨୭. ଅଧରାତି ହୋଇଛି ।	आधी रात का समय है।	ଆଧୀ ରାତ କା ସମୟ ହୈ ।
୨୮. ମୋ ମା' ସକାଳୁ ବହୁତ ଶୀଘ୍ର ଉଠନ୍ତି ।	मेरी माताजी प्रातः बहुत जल्दी उठती हैं।	ମେରୀ ମାତାଜୀ ପ୍ରାତଃ ବହୁତ ଜଲ୍ଦୀ ଉଠତୀ ହୈଁ ।
୨୯. ପୂର୍ବ ମାସରେ ଆମେ ଏଠାରେ ନଥିଲୁ ।	पिछले महीने हम यहां नहीं थे।	ପିଛଲେ ମହୀନେ ହମ ୟହାଁ ନହୀଁ ଥେ ।
୩୦. ଏହି ମାସରେ ଆମେ ଏଠାରେ ରହିବୁ ।	इस महीने हम यहां रहेंगे।	ଇସ ମହୀନେ ହମ ୟହାଁ ରହେଙ୍ଗେ ।
୩୧. ମୁଁ ଆସନ୍ତା ମାସରେ ଶିମଲା ଯିବି ।	मैं अगले महीने शिमला जाऊंगा।	ମୈଁ ଅଗଲେ ମହୀନେ ଶିମଲା ଜାଉଙ୍ଗା ।
୩୨. ଆମେ 15 ଅଗଷ୍ଟରୁ ବିପଦରେ ଅଛୁ ।	हम 15 अगस्त से संकट में हैं।	ହମ ୧୫ ଅଗସ୍ତ ସେ ସଂକଟ ମେଁ ହୈଁ ।
୩୩. ଆଜି କେତେ ତାରିଖ ?	आज क्या तारीख है?	ଆଜ କ୍ୟା ତାରୀଖ ହୈ ?
୩୪. ଗତକାଲି ତୁମେ କାହିଁକି ଆସିଥିଲ ?	कल तुम क्यों आए थे?	କଲ ତୁମ କ୍ୟାଁ ଆଏ ଥେ ?
୩୫. କାଲି ସାତଟାରେ ଆସ ।	कल सात बजे आना।	କଲ ସାତ ବଜେ ଆନା ।

•••

PART 5 : CONVERSATION

୪୧ତମ ସୋପାନ ଇकतालीसवां सीढ़ी

ଆସନ୍ତୁ, ବାର୍ତ୍ତାଳାପ କରିବା
आओ, बातचीत करें

ପରିଚୟ परिचय

ଆପଣ କେମିତି ଅଛନ୍ତି ?	आपका क्या हाल-चाल है?	ଆପକା କ୍ୟା ହାଲ-ଚାଲ ହୈ ?
ଦୟାକରି କୁହନ୍ତୁ, ଆପଣ ଜଣେ ଛାତ୍ର କି ?	कहिए, (क्या) आप छात्र हैं?	କହିଏ, (କ୍ୟା) ଆପ ଛାତ୍ର ହୈଂ ?
ହଁ ଆଜ୍ଞା, ମୁଁ ଛାତ୍ର ଅଟେ ।	जी हाँ, मैं छात्र हूँ।	ଜୀ ହାଁ, ମୈଂ ଛାତ୍ର ହୁଁ ।
ଆପଣଙ୍କ ନାମ କଣ ?	आपका क्या नाम है?	ଆପକା କ୍ୟା ନାମ ହୈ ?
ମୋର ନାମ ପ୍ରଣବ ଚକ୍ରବର୍ତ୍ତୀ ଅଟେ ।	मेरा नाम प्रणव चक्रवर्ती है।	ମେରା ନାମ ପ୍ରଣବ ଚକ୍ରବର୍ତୀ ହୈ ।
ଆପଣ ଆସାମୀ ନା ବଙ୍ଗାଳୀ ?	आप असमी है या बंगाली?	ଆପ ଅସମୀ ହୈ ୟା ବଙ୍ଗାଲୀ ?
ନା, ମୁଁ ମରାଠା ।	नहीं, मैं मराठी हूं।	ନହିଁ, ମୈଂ ମରାଠା ହୁଁ ।
କୁହନ୍ତୁ, ସେ କିଏ ?	बताइए, वह कौन है?	ବତାଇଏ, ଓ୍ୱହ କୌନ ହୈ ?
ସେ ମୋ ମିତ୍ର ଆଭା ।	वह मेरी मित्र आभा है।	ଓ୍ୱହ ମେରୀ ମିତ୍ର ଆଭା ହୈ ।
ସେ ଜଣେ ଛାତ୍ରୀ କି ?	(क्या) वह छात्रा है?	(କ୍ୟା) ଓ୍ୱହ ଛାତ୍ରା ହୈ ?
ନା, ସେ ଅନୁବାଦକ ଅଟେ ଏବଂ ସରକାରୀ	नहीं, वह अनुवादक है और सरकारी	ନହିଁ, ଓ୍ୱହ ଅନୁବାଦକ ହୈ ଓର ସରକାରୀ

ଓଡ଼ିଆ	हिंदी	ହିନ୍ଦୀ (ଓଡ଼ିଆ ଲିପିରେ)
କାର୍ଯ୍ୟାଳୟରେ କାମ କରେ ।	कार्यालय में काम करती है।	କାର୍ଯ୍ୟାଳୟ ମେଁ କାମ କରତୀ ହେ ।
ଧନ୍ୟବାଦ, ବିଦାୟ !	धन्यवाद, विदा!	ଧନ୍ୟବାଦ, ବିଦା !

ଭାଷା ଶିଖିବା ବାବଦରେ **भाषा सीखने के बारे में**

ଓଡ଼ିଆ	हिंदी	ହିନ୍ଦୀ (ଓଡ଼ିଆ ଲିପିରେ)
ମହୋଦୟ, କ'ଣ ଆପଣ ହିନ୍ଦୀ କୁହନ୍ତି ?	महोदय, (क्या) आप हिंदी बोलते हैं?	ମହୋଦୟ, (କ୍ୟା) ଆପ ହିନ୍ଦୀ ବୋଲତେ ହେଁ ?
ହଁ, ମୁଁ ଟିକେ-ଟିକେ ହିନ୍ଦୀ କୁହେ ।	हां, मैं थोड़ी-थोड़ी हिंदी बोलता हूं।	ହାଁ, ମେଁ ଥୋଡ଼ି-ଥୋଡ଼ି ହିନ୍ଦୀ ବୋଲତା ହୁଁ ।
ଆପଣ ବହୁତ ଭଲ ହିନ୍ଦୀ କୁହନ୍ତି ।	आप हिंदी बड़ी अच्छी बोलते हैं।	ଆପ ହିନ୍ଦୀ ବଡ଼ି ଅଚ୍ଛି ବୋଲତେ ହେଁ ।
ଆପଣଙ୍କ ଜାତି କ'ଣ ?	आपकी जाति क्या है?	ଆପକି ଜାତି କ୍ୟା ହେ ?
ମୋର ଜାତି ହେଉଛି କେଲକର ।	मेरी जाति केलकर है।	ମେରୀ ଜାତି କେଲକର ହେ ।
ମୁଁ ଅଶୋକ କେଲକର ଅଟେ ।	मैं अशोक केलकर हूं।	ମେଁ ଅଶୋକ କେଲକର ହୁଁ ।
ଆପଣ ଏମିତି ଭାବୁଛନ୍ତି ?	आप ऐसा सोचते है?	ଆପ ଐସା ସୋଚତେ ହେ ?
ମୁଁ କଲେଜରେ ପଢ଼ୁଛି ।	कालेज में हिंदी पढ़ रहा हूं।	କାଲେଜ ମେଁ ହିନ୍ଦୀ ପଢ଼ ରହା ହୁଁ ।
ମୁଁ ଭଲ ଭାବରେ ହିନ୍ଦୀ କହିବାକୁ ଚାହୁଁଛି ।	मैं हिन्दी अच्छी तरह बोलना चाहता हूं।	ମେଁ ହିନ୍ଦୀ ଅଚ୍ଛି ତରହ ବୋଲନା ଚାହତା ହୁଁ ।
କ'ଣ ଆପଣଙ୍କ ହିନ୍ଦୀ ଶିକ୍ଷକ ଶ୍ରେଣୀରେ ହିନ୍ଦୀ କୁହନ୍ତି ?	क्या आपके हिंदी शिक्षक कक्षा में बोलते हैं?	କ୍ୟା ଆପକେ ହିନ୍ଦୀ ଶିକ୍ଷକ କକ୍ଷା ମେଁ ବୋଲତେ ହେଁ ?
ନିଃସନ୍ଦେହ ! ସେ ପ୍ରାଞ୍ଜଲ ଭାବରେ ହିନ୍ଦୀ କୁହନ୍ତି ।	नि:संदेह! वह धाराप्रवाह हिंदी में बोलते हैं।	ନିଃସନ୍ଦେହ ! ଵହ ଧାରାପ୍ରବାହ ହିନ୍ଦୀ ମେଁ ବୋଲତେ ହେଁ ।
ଶିକ୍ଷକ ହିନ୍ଦୀ କହୁଥିବା ବେଳେ ଆପଣମାନେ ତାକୁ ବୁଝନ୍ତି ?	जब शिक्षक हिंदी में बोलते हैं तो क्या आप उसे समझते हैं?	ଜବ ଶିକ୍ଷକ ହିନ୍ଦୀ ମେଁ ବୋଲତେ ହେଁ ତୋ କ୍ୟା ଆପ ଉସେ ସମଝତେ ହେଁ ?
ହଁ, ଯେତେବେଳେ ସେ ଶୀଘ୍ର କୁହନ୍ତି ତେବେ ଆମେ	जी हां, जब वह तेज बोलते हैं तो हम	ଜୀ ହାଁ, ଜବ ଵହ ତେଜ ବୋଲତେ ହେଁ ତୋ ହମ

ବୁଝିଯାଉ ।
ଆପଣ କ'ଣ ଘରେ ହିନ୍ଦୀରେ
କଥା ହୁଅନ୍ତି ?
ନିଃସନ୍ଦେହ ନୁହେଁ ! ମୋ
ପରିବାରର ସଦସ୍ୟ ହିନ୍ଦୀରେ
କଥା ହୁଅନ୍ତି ନାହିଁ ।
ସେମାନେ କେବଳ ମରାଠୀରେ
କଥା ହୁଅନ୍ତି । ସେଥିପାଇଁ
ଆମେସବୁ ଘରେ କେବଳ
ମରାଠୀରେ କଥା ହେଉ ।

କିନ୍ତୁ ଆପଣ ବହୁତ ଭଲ
ହିନ୍ଦୀ କହୁଛନ୍ତି !

ଆପଣଙ୍କୁ ଅଶେଷ-ଅଶେଷ
ଧନ୍ୟବାଦ !

समझ लेते हैं।
(क्या) आप घर पर
हिंदी में बोलते हैं?
बेशक नहीं! मेरे
परिवार के सदस्य
हिंदी में नहीं बोलते।
वे केवल मराठी में
बोलते हैं। इसलिए
हम लोग घर में
केवल मराठी में
बोलते हैं।

परंतु आप हिंदी
बहुत अच्छी बोलते
हैं।

आपका बहुत-बहुत
धन्यवाद!

ସମଝ ଲେତେ ହୈଁ ।
(କ୍ୟା) ଆପ ଘର ପର
ହିନ୍ଦୀ ମେଁ ବୋଲତେ ହୈଁ ?
ବେଶକ ନହିଁ ! ମେରେ
ପରିବାର କେ ସଦସ୍ୟ
ହିନ୍ଦୀ ମେଁ ନହିଁ ବୋଲତେ ।
ବେ କେବଲ ମରାଠୀ ମେଁ
ବୋଲତେ ହୈଁ । ଇସଲିଏ
ହମ ଲୋଗ ଘର ମେଁ
କେବଲ ମରାଠୀ ମେଁ
ବୋଲତେ ହୈଁ ।

ପରନ୍ତୁ ଆପ ହିନ୍ଦୀ
ବହୁତ ଅଚ୍ଛୀ ବୋଲତେ
ହୈଁ ।

ଆପକା ବହୁତ-ବହୁତ
ଧନ୍ୟବାଦ !

ଗାଁ ବନାମ ସହର   गाँव बनाम शहर

ଆପଣ ଗାଁରେ ରୁହନ୍ତି, କିନ୍ତୁ
ସହରକୁ କାମ କରିବା ପାଇଁ
ଯାଆନ୍ତି । କ'ଣ ଆପଣ ଗାଁରେ
ରହିବାକୁ ଅଧିକ ପସନ୍ଦ
କରନ୍ତି ?

ହଁ ! ମୁଁ ସେଠାରେ ରହିବାକୁ
ଅଧିକ ପସନ୍ଦ କରେ । କିନ୍ତୁ
ମୁଁ ସହରକୁ ମଧ୍ୟ
ଭଲପାଏ ।

ଆପଣ ସହରକୁ କାହିଁକି
ଇଚ୍ଛା କରନ୍ତି ?

ସହରରେ ସିନେମା-ନାଟକ
ଅଛି, ସଂଗ୍ରହାଳୟ,
ପୁସ୍ତକାଳୟ ଏବଂ ବିଶ୍ୱବିଦ୍ୟାଳୟ

आप गाँव में रहते हैं,
पर शहर में काम
करने जाते हैं। (क्या)
आप गांव में रहना
अधिक पसंद करते
हैं?

जी हां! मैं वहां रहना
अधिक पसंद करता
हू। पर मैं शहर को
भी चाहता हूं।

आप शहर को क्यों
चाहते हैं?

शहर में सिनेमा-
नाटक है, संग्रहालय,
पुस्तकालय और

ଆପ ଗାଁଓ ମେଁ ରହତେ ହୈଁ,
ପର ଶହର ମେଁ କାମ
କରନେ ଜାତେ ହୈଁ । (କ୍ୟା)
ଆପ ଗାଁଓ ମେଁ ରହନା
ଅଧିକ ପସନ୍ଦ କରତେ
ହୈଁ ?

ଜୀ ହାଁ ! ମେଁ ଵହାଁ ରହନା
ଅଧିକ ପସନ୍ଦ କରତା
ହୁଁ । ପର ମେଁ ଶହର କୋ
ଭି ଚାହତା ହୁଁ ।

ଆପ ଶହର କୋ କେଯାଁ
ଚାହତେ ହୈଁ ?

ଶହର ମେଁ ସିନେମା-
ନାଟକ ହୈ, ସଂଗ୍ରହାଳୟ,
ପୁସ୍ତକାଳୟ ଔର

ଆଦି ସବୁକିଛି ଅଛି ।

ହେଲେ ସେଠାରେ କାରଖାନା,
ବସ୍‌, ଟ୍ରକ୍‌, କାର୍‌ ମଧ୍ୟ ଅଛି ।
ସବୁ ସ୍ଥାନରେ କୋଲାହଳ
ସୃଷ୍ଟି ହୁଏ ।
ଏହା ଠିକ୍‌ । ଏହି କାରଣରୁ
ମୁଁ ଗାଁରେ ରହିବାକୁ ଅଧିକ
ଭଲ ବୋଲି ଭାବେ, ଯଦ୍ୟପି
ମୁଁ ସହରରେ କାମ କରେ ।
ଗାଁରେ ଶାନ୍ତି ଥାଏ । ସ୍ୱଚ୍ଛ
ପବନ ଥାଏ ।

ଏବଂ ଆପଣଙ୍କ ପତ୍ନୀ ମଧ୍ୟ
ଗାଁ ଜୀବନ ପସନ୍ଦ
କରନ୍ତି କି ?

ସେ ଏହାକୁ ବହୁତ ପସନ୍ଦ
କରେ । ଯେତେବେଳେ ସେ
ପୋଷାକ ତଥା ଅନ୍ୟ ଜିନିଷ
କିଣିବାକୁ ସହର ଯାଏ ।

ଏହାପରେ ମଧ୍ୟ, ଆମ
ପରିବାରର ସଦସ୍ୟମାନେ
ଗାଁରେ ଖୁସିରେ ଅଛନ୍ତି ।

ଭାଷା ଶିଖିବା भाषा सीखना

ଶ୍ରୀ ନାମ୍ବିଆର ମହୋଦୟ,
ଆପଣ କେମିତି ଅଛନ୍ତି ?
ଏକଦମ ଠିକ୍‌ ଅଛି ।

विश्वविद्यालय आदि
सभी कुछ हैं ।
परन्तु वहां कारखाने
बसें, ट्रक, कारें भी
हैं । हर जगह शोर-
गुल होता है ।
यह ठीक है । यही
कारण है कि मैं
गांव में रहना अधिक
अच्छा समझता हूं,
यद्यपि मैं शहर में
काम करता हूं ।
गांव में शांति होती
है । हवा स्वच्छ
होती है ।

और (क्या) आपकी
पत्नी भी गांव की
जिंदगी पसंद करती हैं?

वह इसे बहुत पसंद
करती है । वैसे जब-
तब वह कपड़े तथा
दूसरी चीजें खरीदने
शहर जाती है ।

इस पर भी, हमारे
परिवार के सदस्य
गांव में प्रसन्न हैं ।

श्री नंबियार महोदय
आप कैसे हैं?
बिलकुल ठीक-ठाक

ବିଶ୍ୱବିଦ୍ୟାଳୟ ଆଦି
ସଭୀ କୁଛ୍ ହୈଁ ।
ପରନ୍ତୁ ଓହାଁ କାରଖାନେ
ବସେଁ, ଟ୍ରକ, କାରେଁ ଭି
ହୈଁ । ହର ଜଗହ ଶୋର-
ଗୁଲ ହୋତା ହୈ ।
ୟହ ଠିକ ହୈ । ୟହି
କାରଣ ହୈ କି ମେଁ
ଗାଁଓ ମେଁ ରହନା ଅଧିକ
ଅଚ୍ଛା ସମଝ୍‌ତା ହୁଁ,
ୟଦ୍ୟପି ମେଁ ଶହର ମେଁ
କାମ କରତା ହୁଁ ।
ଗାଁଓ ମେଁ ଶାନ୍ତି ହୋତୀ
ହୈ । ହଓ୍ୱା ସ୍ୱଚ୍ଛ
ହୋତି ହୈ ।

ଔର (କ୍ୟା) ଆପକି
ପତ୍ନୀ ଭି ଗାଁଓ କି
ଜିନ୍ଦଗୀ ପସନ୍ଦ କରତୀ ହୈଁ ?

ଓ୍ୱହ ଇସେ ବହୁତ ପସନ୍ଦ
କରତୀ ହୈ । ବୈସେ ଜବ-
ତବ ଓ୍ୱହ କପଡ଼େ ତଥା
ଦୂସରୀ ଚିଜେଁ ଖରିଦନେ
ଶହର ଜାତୀ ହୈଁ ।

ଇସ ପର ଭି, ହମାରେ
ପରିବାର କେ ସଦସ୍ୟ
ଗାଁଓ ମେଁ ପ୍ରସନ୍ନ ହୈଁ ।

ଶ୍ରୀ ନମ୍ବିୟାର ମହୋଦୟ
ଆପ କୈସେ ହୈଁ ?
ବିଲକୁଲ ଠିକ-ଠାକ

ଧନ୍ୟବାଦ ।
ଆଉ ଆପଣଙ୍କ ପରିବାର
କେମିତି ଅଛି ?
ଆପଣଙ୍କ ଦୟାରୁ ସବୁ
ଠିକ୍‌ଠାକ୍‌ ଅଛି ।
ଏପରିକି, ମୁଁ ଶୁଣିଛି ଯେ
ଆପଣ କିଛି ସମୟ ହେଲା
ହିନ୍ଦୀ ଶିଖୁଛନ୍ତି ।

ଏହା ସତ ଅଟେ, ମୁଁ ହିନ୍ଦୀ
ପଢ଼ିବା, କହିବା ଏବଂ
ଲେଖିବାକୁ ଚାହୁଁଛି ।

କ’ଣ ଆପଣଙ୍କୁ ଲାଗୁଛି
ହିନ୍ଦୀ ଭାଷା କଠିନ ?

ବିଦେଶୀଙ୍କୁ ତାହା କଠିନ
ଲାଗେ, କିନ୍ତୁ ମୁଁ ଉନ୍ନତି
କରୁଛି ।

ବହୁତ ଭଲ ! ଆପଣ ତ
ପୂର୍ବରୁ ହିଁ ଭଲ ହିନ୍ଦୀ
କୁହନ୍ତି ।
ଧନ୍ୟବାଦ ! ମୁଁ ଆହୁରି ଭଲ
କହିବାକୁ ଚାହୁଁଛି ।

ଆପଣଙ୍କ ଉସ୍ମାହ ପ୍ରଶଂସା
ଯୋଗ୍ୟ ଅଟେ ।

हूं। धन्यवाद।
और आपका परिवार
कैसा है?
आपकी मेहरबानी से
सब ठीक-ठाक है।
वैसे, मैंने सुना है कि
कुछ समय से आप
हिंदी सीख रहे हैं।

यह सच है, मैं हिंदी
पढ़ना, बोलना और
लिखना चाहता हूं।

(क्या) आपको
लगता है कि हिंदी
भाषा कठिन है?
विदेशियों को वह
कठिन लगती है,
पर मैं प्रगति कर
रहा हूं।
बहुत अच्छे! आप तो
पहले ही हिंदी अच्छी
बोलते हैं।
धन्यवाद! मैं और
भी अच्छा बोलना
चाहता हूं।
आपका उत्साह प्रशंसा
योग्य है।

ହୂଁ। ଧନ୍ୟବାଦ।
ଓର ଆପକା ପରିବାର
କୈସା ହୈ ?
ଆପକୀ ମେହରବାନୀ ସେ
ସବ ଠିକ-ଠାକ ହୈ।
ବୈସେ, ମୈଁନେ ସୁନା ହୈ
କି କୁଛ ସମୟ ସେ ଆପ
ହିନ୍ଦୀ ସୀଖ ରହେ ହୈଁ।

ୟହ ସଚ ହୈ, ମୈଁ ହିନ୍ଦୀ
ପଢ଼ନା, ବୋଲନା ଓର
ଲିଖନା ଚାହତା ହୂଁ।

(କୃପା) ଆପକୋ
ଲଗତା ହୈ କି ହିନ୍ଦୀ
ଭାଷା କଠିନ ହୈ ?
ବିଦେଶିୟୋଁ କୋ ବହ
କଠିନ ଲଗତି ହୈ,
ପର ମୈଁ ପ୍ରଗତି କର
ରହା ହୂଁ।
ବହୁତ ଅଚ୍ଛେ ! ଆପ ତୋ
ପହଲେ ହି ହିନ୍ଦୀ ଅଚ୍ଛୀ
ବୋଲତେ ହୈଁ।
ଧନ୍ୟବାଦ ! ମୈଁ ଓର
ଭି ଅଚ୍ଛା ବୋଲନା
ଚାହତା ହୂଁ।
ଆପକା ଉସ୍ମାହ ପ୍ରଶଂସା
ୟୋଗ୍ୟ ହୈ।

•••

ଦୁଇ ମିତ୍ରଙ୍କ ମଧ୍ୟରେ
दो मित्रों के बीच

ମିନାକ୍ଷୀ- ଆପଣ କେମିତି ଅଛନ୍ତି ମହାଶୟ ?	मीनाश्री-आप कैसी है श्रीमती?	— ମାନାକ୍ଷୀ- ଆପ କୈସୀ ହୈ ଶ୍ରୀମତୀ ?
ଗରିମା- ଆପଣଙ୍କ ଦୟାରୁ ଠିକ୍ ଅଛି । ଏବଂ ଆପଣ ?	गरिमा–ठीक-ठाक हूं आपकी कृपा है। और आप?	— ଗରିମା-ଠିକ-ଠାକ ହୁଁ ଆପକୀ କୃପା ହୈ । ଔର ଆପ ?
ମିନାକ୍ଷୀ- ମୁଁ ଭଲ ଅଛି । ଧନ୍ୟବାଦ !	मीनाक्षी–मैं ठीक से हूं। धन्यवाद!	— ମାନାକ୍ଷୀ-ମୈଁ ଠିକ ସେ ହୁଁ । ଧନ୍ୟବାଦ !
ଗରିମା-ଆଚ୍ଛା, ପୁଣି କେବେ ଦେଖାହେବ ।	गरिमा-अच्छा, फिर मिलेंगे।	— ଗରିମା-ଅଚ୍ଛା, ଫିର ମିଲେଙ୍ଗେ ।
●	●	●
ଆଭା-କ'ଣ ତୁମେ ପ୍ରାୟତଃ ଦୂରଦର୍ଶନ ଦେଖ ?	आभा-क्या तुम प्राय: दूरदर्शन देखते हो?	— କ୍ୟା ତୁମ ପ୍ରାୟଃ ଦୂରଦର୍ଶନ ଦେଖତେ ହୋ ?
ଅମିତ-ହାଁ, ମୁଁ ବେଳେ-ବେଳେ ସନ୍ଧ୍ୟାରେ ଏହାକୁ ଦେଖେ ।	अमित-हां, मैं कभी-कभी इसे शाम को देखता हूं।	— ହାଁ, ମୈଁ କଭି-କଭି ଇସେ ଶାମ କୋ ଦେଖତା ହୁଁ ।
ଆଭା-କ'ଣ ତୁମେ ଗତ ରାତିରେ ଦୂରଦର୍ଶନ ଦେଖିଥିଲ ?	आभा-क्या तुमने पिछली रात दूरदर्शन देखा था?	— କ୍ୟା ତୁମନେ ପିଛଲୀ ରାତ ଦୂରଦର୍ଶନ ଦେଖା ଥା ?
ଅମିତ-ହାଁ, ଦେଖିଥିଲି । ମୁଁ କିଛି ଭଲ କାର୍ଯ୍ୟକ୍ରମ ଦେଖିଲି ।	अमित-हां, देखा था। मैंने कुछ अच्छे कार्यक्रम देखे।	— ହାଁ, ଦେଖା ଥା । ମୈଁନେ କୁଛ ଅଚ୍ଛେ କାର୍ଯ୍ୟକ୍ରମ ଦେଖେ ।
●	●	●
ଅମିତ-କ'ଣ ତୁମେ କେବେ ଆକାଶବାଣୀ ଶୁଣ ?	अमित-क्या तुम कभी आकाशवाणी सुनती हो?	— କ୍ୟା ତୁମ କଭି ଆକାଶବାଣୀ ସୁନତୀ ହୋ ?

ଆଭା-ହଁ, ନିଶ୍ଚୟ ।
ପ୍ରକୃତରେ ମୁଁ ସବୁଦିନ
ରାତିରେ ଆକାଶବାଣୀ
ଶୁଣେ ।
ଅମିତ-କେଉଁଟି ତୁମର
ମନପସନ୍ଦ କାର୍ଯ୍ୟକ୍ରମ
ଅଟେ ?

ଆଭା-ମୋତେ ବନ୍ଦନା
ସବୁଠାରୁ ଭଲ ଲାଗେ ।

●

ଶେହନାଜ-ତୁମେ କେଉଁଆଡ଼େ
ଯାଇଥିଲ ?
ମୀନାଜ-ଆମେ ସୁନ୍ଦର ସମୁଦ୍ର
କୂଳକୁ ଯାଇଥିଲୁ ।

ଶେହନାଜ-କ'ଣ ତୁମେ
ସମୁଦ୍ରରେ ପହଁରିଲ ?

ମୀନାଜ- ହଁ, କିନ୍ତୁ ମୁଁ
କୂଳରେ ପହଁରିଥିଲି ।

●

ମଞ୍ଜୁଲା-ଆଜି ରାତିରେ
ଆପଣଙ୍କର କି
କାର୍ଯ୍ୟକ୍ରମ ଅଛି ?
ଗୌରବ-ଏବେ ମୁଁ ସ୍ଥିର
କରିନାହିଁ ।
ମଞ୍ଜୁଲା-କ'ଣ ଆପଣ ସିନେମା
ଯିବାକୁ ଚାହିଁବେ ?

ଗୌରବ-ନାଁ, ମୁଁ ନାଟକ
ଦେଖିବାକୁ ଚାହିଁବି ।

●

आभा-हां, अवश्य।
मैं हर रात असल
में आकाशवाणी
सुनती हूं।
अमित-तुम्हारा
मनपसंद कार्यक्रम
कौन-सा है?

आभा-मुझे वन्दनवार
सबसे अच्छा
लगता है।

●

शहनाज-तुम कहां
गई थीं?
मीनाज-हम सुंदर
समुद्र तट पर
गई थीं।

शहनाज-क्या तुम
समुद्र में तैरी
थीं?

मीनाज-हां, पर मैं
किनारे के पास-पास
तैरी थी।

●

मंजुला-आज रात का,
आप का क्या
कार्यक्रम हैं?
गौरव-अभी मैंने
निश्चय नहीं किया?
मंजुला-क्या आप
सिनेमा जाना
चाहेंगे?

गौरव-नहीं, मैं नाटक
देखना चाहूंगा।

●

— ହାଁ, ଅବଶ୍ୟ।
ମେଁ ହର ରାତ ଅସଲ
ମେଁ ଆକାଶବାଣୀ
ସୁନତି ହୁଁ।
— ତୁହ୍ମାରା ମନପସନ୍ଦ
କାର୍ଯ୍ୟକ୍ରମ
କୌନ-ସା ହୈ ?

— ମୁଝେ ବନ୍ଦନୱାର
ସବସେ ଅଚ୍ଛା
ଲଗତା ହୈ।

●

— ତୁମ କହାଁ ଗଈ
ଥୀଁ ?
— ହମ ସୁନ୍ଦର
ସମୁଦ୍ର ତଟ ପର
ଗଈ ଥୀ।

— କ୍ୟା ତୁମ
ସମୁଦ୍ର ମେଁ ତୈରୀ
ଥୀଁ ?

— ହାଁ, ପର ମେଁ
କିନାରେ କେ ପାସ-
ପାସ ତୈରୀ ଥା।

●

— ଆଜ ରାତ କା,
ଆପ କା କ୍ୟା
କାର୍ଯ୍ୟକ୍ରମ ହୈଁ ?
— ଅଭି ମେଁନେ ନିଶ୍ଚୟ
ନହିଁ କିୟା ?
— କ୍ୟା ଆପ ସିନେମା
ଜାନା ଚାହେଙ୍ଗେ ?

— ନହିଁ, ମେଁ
ନାଟକ ଦେଖନା
ଚାହୁଙ୍ଗା।

●

ଓଡ଼ିଆ	हिन्दी	ଉଚ୍ଚାରଣ
ମନୋଜ-ମୋତେ ରେଲୱେ ଷ୍ଟେସନ ଯିବାର ଅଛି ।	मनोज-मुझे रेलवे स्टेशन जाना है।	— ମୁଝେ ରେଲୱେ ଷ୍ଟେସନ ଜାନା ହୈ।
ବିକାଶ-ତୁମେ ସେଠାକୁ କାହିଁକି ଯିବ ?	विकास-तुम्हें वहां किसलिए जाना है?	— ତୁହେଁ ଵହାଁ କିସଲିଏ ଜାନା ହୈ ?
ମନୋଜ-ମୋ ଭଉଣୀ ବମ୍ବେରୁ ଆସୁଛି, ତାକୁ ଆଣିବାକୁ ଯିବାର ଅଛି ।	मनोज-मेरी बहन बंबई से आ रही है, उसे लेने जाना है।	— ମେରୀ ବହନ ବମ୍ବଈ ସେ ଆ ରହି ହୈ, ଉସେ ଲେନେ ଜାନା ହୈ।
ବିକାଶ-ଆସ ମୋ ସ୍କୁଟର୍‌ରେ ବସି ଯିବା ।	विकास-आओ मेरे स्कूटर पर बैठ चलो।	— ଆଓ ମେରେ ସ୍କୁଟର ପର ବୈଠ ଚଲୋ।

●

ଓଡ଼ିଆ	हिन्दी	ଉଚ୍ଚାରଣ
ପ୍ରଦୀପ-କ'ଣ ଆପଣ ଡା. ଭାରତେନ୍ଦୁ ଅଟନ୍ତି ?	प्रदीप-क्या आप डॉ. भारतेंदु हैं?	— କ୍ୟା ଆପ ଡା. ଭାରତେନ୍ଦୁ ହୈଁ ?
ମନୋହର-ନା, ସେହି ଡେଙ୍ଗା ମହାଶୟ ଡା. ଭାରତେନ୍ଦୁ ଅଟନ୍ତି ?	मनोहर-नहीं, वह लंबे महाशय डॉ. भारतेंदु हैं।	— ନହିଁ, ଵହ ଲମ୍ବେ ମହାଶୟ ଡା. ଭାରତେନ୍ଦୁ ହୈଁ।
ପ୍ରଦୀପ-କ'ଣ ଆପଣଙ୍କ ହିସାବରେ, ସେହି ଲୋକ ଯିଏ ଚଷମା ପିନ୍ଧିଛନ୍ତି ?	प्रदीप-(क्या) आपका मतलब है, वह जो ऐनक पहने हैं?	— (କ୍ୟା) ଆପକା ମତଲବ ହୈ, ଵହ ଜୋ ଐନକ ପହନେ ହୈଁ ?
ମନୋହର-ହଁ, ସେଇ ଯାହାଙ୍କ କଳା କେଶ ଅଛି ।	मनोहर-हां, वह जो काले बालों वाले हैं।	— ହାଁ, ଵହ ଜୋ କାଲେ ବାଲୋଁ ବାଲେ ହୈଁ।

●

ଓଡ଼ିଆ	हिन्दी	ଉଚ୍ଚାରଣ
ଇନାମଦାର-ଆପଣ ଏଠାରେ କେତେବେଲୁ ଅଛନ୍ତି ?	ईनामदार-आप यहां कब से हैं?	— ଆପ ୟହାଁ କବ ସେ ହୈଁ ?
ଗୋପାଲ-ମୁଁ ଦୁଇ ସପ୍ତାହ ହେବ ଏଠାରେ ଅଛି ।	गोपाल-मैं दो सप्ताह से यहां हूं।	— ମୈଁ ଦୋ ସପ୍ତାହ ସେ ୟହାଁ ହୂଁ।
ଇନାମଦାର-ଆପଣ କେବେ କେବେ ଏଠାକୁ ଆସନ୍ତି ?	ईनामदार-आप कब-कब यहां आते हैं?	— ଆପ କବ-କବ ୟହାଁ ଆତେ ହୈଁ ?
ଗୋପାଲ-ମୁଁ ପାଖାପାଖି ବର୍ଷକରେ ଦୁଇଥର ଏହି ସହରକୁ ଆସେ ।	गोपाल-मैं लगभग वर्ष में दो बार इस शहर में आता हूं।	— ମୈଁ ଲଗଭଗ ବର୍ଷ ମେଁ ଦୋ ବାର ଇସ ଶହର ମେଁ ଆତା ହୂଁ।

ଅନୁ-କ'ଣ ତୁମର
ଛୁଟି ଗୁଡ଼ିକ ଭଲରେ
ବିତିଲା ?

ସତ୍ୟ-ହଁ, ଭଲରେ ବିତିଲା ।
ସେହି ସମୟ ବହୁତ
ମଜାଦାର ଥିଲା ।

ଅନୁ-ତୁମେ କ'ଣ କଲ ?

ସତ୍ୟ-ମୁଁ ନୂଆଦିଲ୍ଲୀର
କିଛି ପୁରୁଣା ମିତ୍ରଙ୍କ
ସହ ସାକ୍ଷାତ କଲି ।

अनु-क्या तुम्हारी
छुट्टियाँ अच्छी
बीतीं?

सत्य-हां, अच्छी
बीतीं। वह समय
बड़ा मजे का रहा।

अनु-तुम ने क्या
किया?

सत्य-मैंने नई दिल्ली
के कुछ पुराने मित्रों
से भेंट की।

— କ୍ୟା ତୁମ୍ହାରୀ
ଛୁଟ୍ଟିୟାଁ ଅଚ୍ଛୀ
ବୀତାଁ ?

— ହାଁ, ଅଚ୍ଛୀ
ବୀତାଁ। ଓ୍ୱହ ସମୟ
ବଡ଼ା ମଜେ କା
ରହା।

— ତୁମ ନେ କ୍ୟା
କିୟା ?

— ମୈଁନେ ନଈ ଦିଲ୍ଲୀ
କେ କୁଛ ପୁରାନେ
ମିତ୍ରୋଁ ସେ ଭେଁଟ କୀ।

•••

୪୩ତମ ସୋପାନ   तैंतालीसवां सीढ़ी

ପଇସା ବାବଦରେ
पैसे के बारे में

1. ତୁମ ପାଖରେ କେତେ
ଟଙ୍କା ଅଛି ?
— ବେଶୀ ନାହିଁ ।

तुम्हारे पास कितने
रुपये हैं?
-बहुत अधिक नहीं।

ତୁହ୍ମାରେ ପାସ କିତନେ
ରୂପୟେ ହୈଁ ?
— ବହୁତ ଅଧ୍ୱକ ନହୀଁ।

●

2. ସେ କୌଣସି ବିଷୟରେ
ଚିନ୍ତିତ ଥିବା
ଜଣାପଡୁଛି ।

— ମତେ ଲାଗୁଛି, ତା
ପଇସା ହଜିଯାଇଛି ।

— କ'ଣ ଆପଣଙ୍କୁ ସଠିକ୍
ଜଣାଅଛି ଯେ ତା
ପଇସା ହଜିଯାଇଛି ?

वह किसी बात पर
परेशान दीखती हैं?

-मुझे लगता है, उसके
पैसे खो गए हैं।

-क्या आपको पक्का
मालूम है कि उसके
पैसे खो गए हैं?

ଓ୍ୱହ କିସି ବାତ ପର
ପରେଶାନ ଦିଖତୀ
ହୈଁ ?

—ମୁଝେ ଲଗତା ହୈ,
ଉସକେ ପୈସେ ଖୋ ଗଏ ହୈଁ

— କ୍ୟା ଆପକୋ ପକ୍କା
ମାଲୂମ ହୈ କି ଉସକେ
ପୈସେ ଖୋ ଗଏ ହୈଁ ?

ଓଡ଼ିଆ	ହିନ୍ଦୀ	ହିନ୍ଦୀ (ଓଡ଼ିଆ ଉଚ୍ଚାରଣ)
— ହଁ, ମୋର ବିଶ୍ୱାସ ଅଛି ।	–हां, मुझे विश्वास हैं।	— ହାଁ, ମୁଝେ ବିଶ୍ୱାସ ହୈଁ।
●	●	●
3. ଆପଣଙ୍କ ବ୍ୟାଙ୍କ୍ ଖାତାରେ କେତେ ଟଙ୍କା ଥିଲା ?	अपने बैंक खाते में आपके कितने रुपये थे?	ଅପନେ ବୈଙ୍କ ଖାତେ ମେଁ ଆପକେ କିତନେ ରୂପୟେ ଥେ ?
— ମୋ ପାଖରେ ଠିକ୍ ତିନିଶହ ଟଙ୍କା ଥିଲା ।	–मेरे पास ठीक तीन सौ रुपये थे।	— ମେରେ ପାସ ଠିକ ତୀନ ସୌ ରୂପୟେ ଥେ।
●	●	●
4. କ'ଣ ତୁମେ ନିଜର ମୋଟରସାଇକଲ୍ ବିକି ଦେଇଛ ?	क्या तुमने अपनी मोटरसाइकिल बेच दी?	କ୍ୟା ତୁମନେ ଅପନୀ ମୋଟରସାଇକିଲ ବେଚ ଦୀ ?
— ହଁ, ମୁଁ ମୋର ବନ୍ଧୁ ଅନୁପମକୁ ବିକିଦେଲି ।	–हां, मैंने अपने मित्र अनुपम को बेच दी।	— ହାଁ, ମୈଁନେ ଅପନେ ମିତ୍ର ଅନୁପମ କୋ ବେଚ ଦୀ।
●	●	●
5. କ'ଣ ଆପଣ ଆସନ୍ତା କାଲି ଯାଏଁ ଶହେ ଟଙ୍କା ଉଧାର ଦେଇପାରିବେ ?	क्या आप कल तक के लिए एक सौ रुपये उधार दे सकेंगे?	କ୍ୟା ଆପ କଲ ତକ କେ ଲିଏ ଏକ ସୌ ରୂପୟେ ଉଧାର ଦେ ସକେଙ୍ଗେ ?
— ନା, ମୁଁ ଦେଇପାରିବି ନାହିଁ ।	–नहीं, मैं नहीं दे सकता।	— ନହିଁ, ମୈଁ ନହିଁ ଦେ ସକତା।
●	●	●
6. କ'ଣ ଆପଣ ମୋ ପାଇଁ ଛଅ ଶହ ଟଙ୍କା ବାହାର କରିପାରିବେ ?	क्या आप (मेरे लिए) छह सौ रुपये निकाल सकेंगे?	କ୍ୟା ଆପ (ମେରେ ଲିଏ) ଛହ ସୌ ରୂପୟେ ନିକାଲ ସକେଙ୍ଗେ ?
— ହଁ, କିନ୍ତୁ ମୋତେ ସେହି ପଇସା ଆଗାମୀ ସପ୍ତାହ ପୂର୍ବରୁ ଦରକାର ।	–हां, पर मुझे वह पैसा अगले सप्ताह के पहले चाहिए।	— ହାଁ, ପର ମୁଝେ ୱହ ପୈସା ଅଗଲେ ସପ୍ତାହ କେ ପହଲେ ଚାହିଏ।
7. କ'ଣ ତୁମକୁ ପଇସା ମିଲିଗଲା ?	क्या तुम्हें पैसा मिल गया?	କ୍ୟା ତୁମ୍ହେଁ ପୈସା ମିଲ ଗୟା ?
— ହଁ, ମୁଁ ମୋ ସାଙ୍ଗଠାରୁ ଧାର ନେଇଗଲି ।	–हां, मैंने अपने साथी से उधार	— ହାଁ, ମୈଁନେ ଅପନେ ସାଥୀ ସେ ଉଧାର

ଲେ ଲିଆ।   ले लिया।   ଲେ ଲିୟା।

●

8. କ'ଣ ଆପଣଙ୍କ ପାଖରେ ଖୁଚୁରା ଅଛି ?

(କ୍ୟା) आपके पास रेजगारी है?   (କ୍ୟା) ଆପକେ ପାସ ରେଜଗାରୀ ହୈ ?

— ମୋ ପାଖରେ ଦଶ ପଇସିଆ ସାତଟି ମୁଦ୍ରା ଏବଂ ପାଞ୍ଚ ପଇସିଆ ଛଅଟି ମୁଦ୍ରା ଅଛି ।

-मेरे पास सात सिक्के दस पैसे वाले और छः सिक्के पांच पैसे वाले हैं।

— ମେରେ ପାସ ସାତ ସିକ୍କେ ଦସ ପୈସେ ବାଲେ ଔର ଛଃ ସିକ୍କେ ପାଞ୍ଚ ପୈସେ ବାଲେ ହୈଁ।

●

9. କ'ଣ ଆପଣ ଏହି ଦଶ ଟଙ୍କିଆ ନୋଟ୍‍କୁ ବଦଲାଇ ପାରିବେ ?

(क्या) आप यह दस रुपये वाला नोट बदल सकते हैं?

(କ୍ୟା) ଆପ ୟହ ଦସ ରୂପୟେ ବାଲା ନୋଟ ବଦଲ ସକତେ ହୈଁ ?

— ମୁଁ ଦୁଃଖିତ, ମୋ ପାଖରେ କୌଣସି ନୋଟ୍ ନାହିଁ ।

-खेद है, मेरे पास कोई नोट नहीं है।

— ଖେଦ ହୈ, ମେରେ ପାସ କୋଇ ନୋଟ ନହିଁ ହୈ।

●

10. କ'ଣ ଆପଣଙ୍କ ପାଖରେ ଶହେ ଟଙ୍କାର ଖୁଚୁରା ନୋଟ୍ ଅଛି ?

(क्या) आपके पास एक सौ रुपये के छोटे नोट हैं?

(କ୍ୟା) ଆପକେ ପାସ ଏକ ସୌ ରୂପୟେ କେ ଛୋଟେ ନୋଟ ହୈଁ ?

— ଗୋଟେ ମିନିଟ୍ ରୁହ, ଟିକେ ଦେଖିଦିଏ ।

एक मिनट रुको, जरा देख लूं।

— ଏକ ମିନଟ ରୂକୋ, ଜରା ଦେଖ ଲୁଁ।

11. କ'ଣ ତୁମେ ବିଦେଶୀ ମୁଦ୍ରା ବିନିମୟ କରିବ ?

(क्या) तुम विदेशी मुद्रा विनिमय करोगे?

(କ୍ୟା) ତୁମ ବିଦେଶୀ ମୁଦ୍ରା ବିନିମୟ କରୋଗେ ?

— ହଁ, ନିଶ୍ଚୟ ।

-हां, अवश्य।

— ହାଁ, ଅବଶ୍ୟ ।

●

12. ଆପଣ କେତେ ଟଙ୍କା ବିନିମୟ କରିବେ ?

आप कितनी राशि विनिमय करोगे?

ଆପ କିତନୀ ରାଶି ବିନିମୟ କରୋଗେ ?

— ଜଣେ ଛାତ୍ର ପ୍ରତିବର୍ଷ ପ୍ରାୟତଃ ପାଞ୍ଚ ହଜାର ଡଲାର

-एक छात्र को प्राय: पांच हजार डालर प्रतिवर्ष

— ଏକ ଛାତ୍ର କୋ ପ୍ରାୟଃ ପାଞ୍ଚ ହଜାର ଡାଲର ପ୍ରତିବର୍ଷ

ବିଦେଶୀ ମୁଦ୍ରା ବିନିମୟ କରିପାରିବ ।

विदेशी मुद्रा विनिमय प्राप्त होती है।

ବିଦେଶୀ ମୁଦ୍ରା ବିନିମୟ ପ୍ରାପ୍ତ ପ୍ରାପ୍ତ ହୋତୀ ହୈ ।

●

13. ତୁମର ଦରମା କେତେ ?

— ମତେ ମାସକୁ ଚାରିଶହ ଟଙ୍କା ବେତନ ମିଲେ ।

तुम्हारा वेतन कितना है?

-मुझे चार सौ रुपये प्रतिमाह वेतन मिलता है।

ତୁମ୍ହାରା ବେତନ କିତନା ହୈ ?

— ମୁଝେ ଚାର ସୌ ରୂପୟେ ପ୍ରତିମାହ ବେତନ ମିଲତା ହୈ ।

●

14. ଆପଣ କେତେ ଟଙ୍କା ଚାହୁଁଛନ୍ତି ?

— ମୁଁ ପଚାଶ ଟଙ୍କାରୁ ଅଧିକ ପାଇବାକୁ ଚାହୁଁନାହିଁ ।

आप कितनी राशि चाहते हैं?

-मैं पचास रुपये से अधिक नहीं पाना चाहता।

ଆପ କିତନୀ ରାଶି ଚାହତେ ହୈଁ ?

— ମୈଁ ପଚାସ ରୂପୟେ ସେ ଅଧିକ ନହିଁ ପାନା ଚାହତା ।

●

15. ଆପଣ କିଛି କମିଶନ ଦେବେ ?

आप कुछ कमीशन देंगे?

ଆପ କୁଛ କମୀଶନ ଦେଙ୍ଗେ ?

●

— କିଛି ବି ନୁହେଁ ।

-कुछ भी नहीं।

— କୁଛ ଭି ନହିଁ ।

●

16. କ'ଣ ଏହି ଜିନିଷର ମୂଲ୍ୟ କୋଡ଼ିଏ ଟଙ୍କା ହେବ ?

— କାହିଁକି ନୁହେଁ ? କିନ୍ତୁ ଏହା ତ ଆହୁରି ମହଙ୍ଗା ।

क्या यह वस्तु बीस रुपये की होगी?

-क्यों नहीं? बल्कि यह तो और भी महंगी है।

କ୍ୟା ୟହ ବସ୍ତୁ ବିସ ରୂପୟେ କି ହୋଗା ?

— କେୟାଁ ନହିଁ ? ବଲ୍କି ୟହ ତୋ ଔର ଭି ମହଙ୍ଗୀ ହୈ ।

•••

ବସ୍‌ରେ
बस में

1. ଟିକଟ କାଟିଦିଅ ।	टिकटें ले लो।	ଟିକଟେଁ ଲେ ଲୋ ।
2. ନା, ପୂର୍ବଥର ମୁଁ ଟିକଟ କାଟିଥିଲି । ଆଜି ତୁମର ପାଳି ।	नहीं, पिछली बार मैंने टिकटें ली थीं। आज तुम्हारी बारी है।	ନହିଁ, ପିଛଲୀ ବାର ମୈଁନେ ଟିକଟେଁ ଲୀ ଥାଁ । ଆଜ ତୁହ୍ମାରୀ ବାରୀ ହୈ ।
3. ଆଛା । କଣ ଆମେ ରିଙ୍ଗ ରୋଡ, ଲାଜପତନଗରରେ ଓହ୍ଲାଇବା ?	अच्छा। क्या हम रिंग रोड, लाजपतनगर उतरें?	ଅଛା । କ୍ୟା ହମ ରିଙ୍ଗ ରୋଡ, ଲାଜପତନଗର ଉତରେଁ ?
4. ମୁଁ ତ ଭାବୁଛି, ସେଣ୍ଟ୍ରାଲ୍‌ ମାର୍କେଟ୍‌ ଠାରୁ ସିନେମା ପାଖ ପଡ଼ିବ । ଯାହା ବି ହେଉ, ଭଡ଼ା ତ ଏକା ।	मैं तो समझता हूं, सेंट्रल मार्केट सिनेमा से थोड़ा पास पड़ता है। कुछ भी हो, किराया तो एक-सा है।	ମୈଁ ତୋ ସମଝତା ହୁଁ, ସେଣ୍ଟ୍ରାଲ ମାର୍କେଟ ସିନେମା ସେ ଥୋଡ଼ା ପାସ ପଡ଼ତା ହୈ । କୁଛ ଭି ହୋ, କିରାୟା ତୋ ଏକ-ସା ହୈ ।
5. ହଁ, ଠିକ୍‌ ଅଛି । ମୁଁ ପ୍ରାୟ ରିଙ୍ଗ୍‌ ରୋଡରେ ଓହ୍ଲାଏ । କିନ୍ତୁ ଏହାଦ୍ୱାରା କୌଣସି ଫରକ ପଡ଼େନାହିଁ ।	हां, ठीक है। मैं प्रायः रिंग रोड पर उतरता हूं। पर इससे कोई अंतर नहीं पड़ता।	ହାଁ, ଠିକ ହୈ । ମୈଁ ପ୍ରାୟଃ ରିଙ୍ଗ ରୋଡ ପର ଉତରତା ହୁଁ । ପର ଇସସେ କୋଈ ଅନ୍ତର ନହିଁ ପଡ଼ତା ।
6. ଏବେ ଟିକଟ କାଟିଦିଅ ।	अब टिकटें ले लो।	ଅବ ଟିକଟେଁ ଲେ ଲୋ ।
7. ବସ୍‌ରେ ବହୁତ ଭିଡ଼ ଅଛି, ତେଣୁ ମୁଁ ଭାବୁଛି କଣ୍ଡକ୍ଟର ଅଧିକ ବ୍ୟସ୍ତ ଅଛି ।	बस में भारी भीड़ है। सो मेरा विचार है, संवाहक बहुत व्यस्त हैं।	ବସ ମେଁ ଭାରୀ ଭାଡ଼ ହୈ । ସୋ ମେରା ବିଚାର ହୈ, ସଂବାହକ ବହୁତ ବ୍ୟସ୍ତ ହୈଁ ।
8. କିନ୍ତୁ ତୁମେ କ'ଣ ପଇସା କାଢ଼ି ସାରିଛ ?	पर क्या तुमने पैसे निकाल लिए हैं?	ପର କ୍ୟା ତୁମନେ ପୈସେ ନିକାଲ ଲିଏ ହୈଁ ?

9. ହଁ, ମୋ ପାଖରେ ଭଡ଼ା ପାଇଁ ଖୁଚୁରା ପଇସା ଅଛି ।	हां, मेरे पास किराये के लिए खुले पैसे हैं।	ହାଁ, ମେରେ ପାସ କିରାୟେ କେ ଲିଏ ଖୁଲେ ପୈସେ ହୈଁ।

ସର୍ବସାଧାରଣ ପୁସ୍ତକାଳୟରେ   सार्वजनिक पुस्तकालय में

1. କ'ଣ ମୁଁ ପୁସ୍ତକାଳୟର ନିୟମିତ ସଦସ୍ୟ ହୋଇପାରିବି ?	क्या मैं पुस्तकालय का नियमित सदस्य बन सकता हूँ?	କ୍ୟା ମୈଁ ପୁସ୍ତକାଳୟ କା ନିୟମିତ ସଦସ୍ୟ ବନ ସକତା ହୁଁ ?
2. ନିଃସନ୍ଦେହ । ଏହି ଫର୍ମ ପୂରଣ କରନ୍ତୁ ଏବଂ କୌଣସି ଗେଜେଟେଡ୍ ଅଫିସର୍ଙ୍କ ଠାରୁ ଦସ୍ତଖତ କରାଇ ଆଣନ୍ତୁ ।	नि:संदेह। यह फार्म भरिए और किसी राजपत्रित अधिकारी से हस्ताक्षर करवाइए।	ନିଃସଦେହ । ୟହ ଫାର୍ମ ଭରିଏ ଔର କିସି ରାଜପତ୍ରିତ ଅଧିକାରୀ ସେ ହସ୍ତାକ୍ଷର କରଓ୍ବାଇଏ ।
3. ସଦସ୍ୟତା ଶୁଳ୍କ କେତେ ?	सदस्यता शुल्क कितना है?	ସଦସ୍ୟତା ଶୁଳ୍କ କିତନା ହୈ ?
4. କିଛି ନାହିଁ । ସର୍ବସାଧାରଣ ପୁସ୍ତକାଳୟ ସେବା ସବୁଆଡ଼େ ନିଃଶୁଳ୍କ ଅଟେ ।	कुछ भी नहीं। सार्वजनिक पुस्तकालय सेवा सर्वथा नि:शुल्क है।	କୁଛ ଭି ନହିଁ । ସାର୍ବଜନିକ ପୁସ୍ତକାଳୟ ସେବା ସର୍ବଥା ନିଃଶୁଳ୍କ ହୈ।
5. ଗୋଟିଏ ସମୟରେ ଆପଣ କେତୋଟି ପୁସ୍ତକ ଦିଅନ୍ତି ?	एक समय में आप कितनी पुस्तकें देते हैं?	ଏକ ସମୟ ମେଁ ଆପ କିତନୀ ପୁସ୍ତକେଁ ଦେତେ ହୈଁ ?
6. ପୁସ୍ତକାଳୟ ଚଉଦ ଦିନ ପାଇଁ ତିନୋଟି ପୁସ୍ତକ ଦେଇଥାଏ ।	पुस्तकालय तीन पुस्तकें चौदह दिनों के लिए देता है।	ପୁସ୍ତକାଳୟ ତୀନ ପୁସ୍ତକେଁ ଚୌଦହ ଦିନୋଁ କେ ଲିଏ ଦେତା ହୈ।
7. ଆଛା ! ପ୍ରତିଦିନର ବିଲମ୍ବ ଶୁଳ୍କ କେତେ ?	अच्छा! प्रतिदिन का विलम्ब शुल्क कितना है?	ଅଛା ! ପ୍ରତିଦିନ କା ବିଲମ୍ବ ଶୁଳ୍କ କିତନା ହୈ ?
8. ଆମେ ପ୍ରତିଦିନ ପ୍ରତ୍ୟେକ ପୁସ୍ତକ ପାଇଁ ଦଶ ପାଇସା ନେଉ ।	हम प्रतिदिन प्रत्येक पुस्तक के दस पैसे लेते हैं।	ହମ ପ୍ରତିଦିନ ପ୍ରତ୍ୟେକ ପୁସ୍ତକ କେ ଦସ ପୈସେ ଲେତେ ହୈଁ।
9. ପୁସ୍ତକାଳୟ କେତେଟାରୁ କେତେଟା ପର୍ଯ୍ୟନ୍ତ ଖୋଲା ରୁହେ ?	पुस्तकालय कितने बजे से कितने बजे तक खुला रहता है?	ପୁସ୍ତକାଳୟ କିତନେ ବଜେ ସେ କିତନେ ବଜେ ତକ ଖୁଲା ରହତା ହୈ ?

| 10. | ପୁସ୍ତକାଳୟ ସକାଳ ୯ ଟାରୁ ସନ୍ଧ୍ୟା ସାଢ଼େ ସାତଟା ପର୍ଯ୍ୟନ୍ତ ଖୋଲା ରୁହେ । | पुस्तकालय प्रात: नौ बजे से सायं साढ़े सात बजे तक खुला रहता है। | ପୁସ୍ତକାଳୟ ପ୍ରାତଃ ନୌ ବଜେ ସେ ସାୟଂ ସାଢ଼େ ସାତ ବଜେ ତକ ଖୁଲା ରହତା ହୈ । |

ସିନେମା ଘରେ सिनेमा घर में

1.	ବିରତି ହୋଇଗଲା । ସ୍ନାକ୍ ବାର୍କୁ ଯାଇ ଚାହା କପେ ଲେଖା ପିଇବା ?	मध्यावकाश हो गया। अल्पाहार गृह चलकर एक-एक प्याला चाय ले लें?	ମଧ୍ୟାବକାଶ ହୋ ଗୟା । ଅଲ୍ପାହାର ଗୃହ ଚଲକର ଏକ-ଏକ ପ୍ୟାଲା ଚାୟ ଲେ ଲେଁ ?
2.	ମୋର କିଛି ଦରକାର ନାହିଁ । ଚାଲ ଆମ ଗୋଡ଼ ସିଧା କରିନେବା ।	मुझे कुछ नहीं चाहिए। जरा अपनी टांगे सीधी कर लें।	ମୁଝେ କୁଛ ନହିଁ ଚାହିଏ । ଜରା ଅପନୀ ଟାଙ୍ଗେ ସିଧୀ କର ଲେଁ ।
3.	ଚାଲ ଯିବା । ନାୟିକା ବାବଦରେ ତୁମର ମତ କଣ ?	चलो चलें। नायिका के बारे में तुम्हारा क्या विचार है?	ଚଲୋ ଚଲେଁ । ନାୟିକା କେ ବାରେ ମେଁ ତୁମ୍ହାରା କ୍ୟା ବିଚାର ହୈ ?
4.	ତା'ର ପ୍ରଦର୍ଶନ ବହୁତ ଭଲ ଥିଲା ।	उसका प्रदर्शन बहुत अच्छा था।	ଉସକା ପ୍ରଦର୍ଶନ ବହୁତ ଅଚ୍ଛା ଥା ।
5.	ବସ୍ତୁତଃ ତାହାର ଭବିଷ୍ୟତ ବହୁତ ଉଜ୍ଜ୍ୱଳ ଅଟେ ।	वस्तुत: उसका भविष्य बहुत उज्ज्वल है।	ବସ୍ତୁତଃ ଉସକା ଭବିଷ୍ୟ ବହୁତ ଉଜ୍ଜ୍ୱଲ ହୈ ।
6.	ସେ ନିଶ୍ଚୟ ହିଁ ସବୁ ଅଭିନେତାଙ୍କ ଠାରୁ ଆଗେଇ ଗଲା ।	वह निश्चय ही सब अभिनेताओं से आगे बढ़ गई।	ଓହ ନିଶ୍ଚୟ ହୀ ସବ ଅଭିନେତାଓଁ ସେ ଆଗେ ବଢ଼ ଗଈ ।
7.	ସେ ଯେତିକି ଭଲ ଥିଲା ସେତିକି ଅନ୍ୟ କେହି ନଥିଲେ ।	जितनी अच्छी वह रही उतना कोई दूसरा नहीं रहा।	ଜିତନୀ ଅଚ୍ଛୀ ଓହ ରହୀ ଉତନା କୋଇ ଦୂସରା ନହିଁ ରହା ।
8.	କେବଳ ଛୋଟ ଝିଅ ମୀରାକୁ ଛାଡ଼ି, ଯିଏ ଆମ ସମସ୍ତଙ୍କ ମନୋରଞ୍ଜନ କଲା ।	केवल नन्हीं बच्ची मीरा को छोड़कर जिसने हम सबका मनोरंजन किया।	ଚକେବଲ ନନ୍ହିଁ ବଚ୍ଚୀ ମୀରା କୋ ଛୋଡ଼କର ଜିସନେ ହମ ସବକା ମନୋରଞ୍ଜନ କିୟା ।
9.	ଘଣ୍ଟି ବାଜୁଛି । ଏହା ଫେରିବାର ସମୟ ଅଟେ ।	घंटी बज रही है। यह लौटने का समय है।	ଘଣ୍ଟି ବଜ ରହି ହୈ । ୟହ ଲୌଟନେ କା ସମୟ ହୈ ।

ରାସ୍ତା ପଚାରିବା ବେଳେ
रास्ता पूछते हुए

1. କ୍ଷମା କରିବେ, କ'ଣ ଆପଣ କହି ପାରିବେ କି ମନ୍ଦିର କେଉଁଠି ଅଛି ?
   आपको कष्ट न हो क्या आप बता सकते हैं कि मंदिर कहां है?
   ଆପକୋ କଷ୍ଟ ନ ହୋ କ୍ୟା ଆପ ବତା ସକତେ ହୈଁ କି ମନ୍ଦିର କହାଁ ହୈ ?

2. କେଉଁ ମନ୍ଦିର ?
   कौन सा मंदिर?
   କୌନ ସା ମନ୍ଦିର ?

3. ମୋ କହିବାର ମାନେ, ଲକ୍ଷ୍ମୀ ନାରାୟଣ ମନ୍ଦିର ।
   मेरा मतलब है, लक्ष्मी नारायण मंदिर।
   ମେରା ମତଲବ ହୈ, ଲକ୍ଷ୍ମୀ ନାରାୟଣ ମନ୍ଦିର ।

4. ଆଛା, ବିରଲା ମନ୍ଦିର । ପ୍ରଥମ ଟ୍ରାଫିକ୍ ଲାଇଟ ପର୍ଯ୍ୟନ୍ତ ସିଧା ଯାଆନ୍ତୁ ଏବଂ ତା ପରେ ବାମକୁ ବୁଲନ୍ତୁ ।
   अच्छा, बिरला मंदिर। पहली ट्रैफिक बत्ती तक सीधे जाइए और फिर दायें घूमिए।
   ଅଛା, ବିରଲା ମନ୍ଦିର । ପହଲୀ ଟ୍ରୈଫିକ ବତ୍ତୀ ତକ ସାଧେ ଜାଇଏ ଔର ଫିର ଦାୟେଁ ଘୂମିଏ ।

5. ଆଛା ! କ'ଣ ଏହା ଦୂରରେ ଅଛି ?
   अच्छा! क्या यह दूर है?
   ଅଛା ! କ୍ୟା ୟହ ଦୂର ହୈ ?

6. ନା, ଅଧିକ ଦୂର ନୁହେଁ । କେବଳ ଏକ କିଲୋମିଟର ।
   नहीं, अधिक दूर नहीं। केवल एक किलोमीटर।
   ନହୀଁ, ଅଧିକ ଦୂର ନହୀଁ । କେବଲ ଏକ କିଲୋମୀଟର ।

7. ପ୍ରଥମ ଟ୍ରାଫିକ୍ ଲାଇଟ୍ ଠାରୁ ବାମ ପଟକୁ ଯିବାର ଅଛି ?
   पहली ट्रैफिक बत्ती पर बायीं ओर घूमना है?
   ପହଲୀ ଟ୍ରୈଫିକ ବତ୍ତୀ ପର ବାୟୀଁ ଓର ଘୂମନା ହୈ ?

8. ଆପଣ ଯେତେବେଳେ ବାମ ପଟକୁ ବୁଲିବେ, ତେବେ ଆପଣଙ୍କୁ ମନ୍ଦିର ଦେଖାଯିବ ।
   जब आप बायीं ओर घूमेंगे, तो मंदिर आपको दिखाई देगा।
   ଜବ ଆପ ବାୟୀଁ ଓର ଘୂମେଙ୍ଗେ, ତୋ ମନ୍ଦିର ଆପକୋ ଦିଖାଈ ଦେଗା ।

9. ଆପଣଙ୍କୁ ଧନ୍ୟବାଦ !
   आपका धन्यवाद!
   ଆପକା ଧନ୍ୟବାଦ !

10. ଏମିତି କୌଣସି କଥା ନାହିଁ । ଅପରିଚିତ ବ୍ୟକ୍ତିଙ୍କୁ
    ऐसी कोई बात नहीं। अजनबी की
    ଐସୀ କୋଇ ବାତ ନହୀଁ । ଅଜନବୀ କୀ ସହାୟତା

| ସାହାଯ୍ୟ କରିବା ଖୁସିର କଥା । | सहायता करना प्रसन्नता की बात है। | କରନା ପ୍ରସନ୍ନତା କୀ ବାତ ହୈ। |

ଔଷଧ ଦୋକାନରେ   कैमिस्ट की दूकान पर

1. କ'ଣ ଆପଣ ମୋ ଟିଠାରେ ଥିବା ଔଷଧ ଦେଇପାରିବେ ?	क्या आप मेरी पर्ची की दवाई दे सकेंगे?	କ୍ୟା ଆପ ମେରୀ ପର୍ଚୀ କୀ ଦବାଇ ଦେ ସକେଙ୍ଗେ ?
2. ନିଶ୍ଚୟ, ମହାଶୟ ! କ'ଣ ଆପଣ କିଛି ସମୟ ପରେ ଆସିପାରିବେ ?	अवश्य, महोदय। क्या आप थोड़ी देर बाद फिर आ सकेंगे?	ଅବଶ୍ୟ, ମହୋଦୟ । କ୍ୟା ଆପ ଥୋଡ଼ୀ ଦେର ବାଦ ଫିର ଆ ସକେଙ୍ଗେ ?
3. କେତେ ସମୟ ଲାଗିବ ?	कितना समय लगेगा।	କିତନା ସମୟ ଲଗେଗା ?
4. କେବଳ ଦଶ ମିନିଟ୍ ।	केवल दस मिनट।	କେଉଲ ଦସ ମିନଟ ।
5. କ'ଣ ଆପଣ ମୁଣ୍ଡବିନ୍ଧା ପାଇଁ କୌଣସି ଔଷଧ କହିବେ ?	क्या आप सिरदर्द के लिए कोई दवा बताएंगे?	କ୍ୟା ଆପ ସିରଦର୍ଦ କେ ଲିଏ କୋଇ ଦଵା ବତାଏଙ୍ଗେ ?
6. ହଁ, ଏହି ଟାବ୍ଲେଟ୍ ଅଧିକ ଫଳପ୍ରଦ । ଆଜିକାଲି ଅଧିକାଂଶ ଡାକ୍ତର ଏହାକୁ ଲେଖୁଛନ୍ତି ।	हां, ये टिकिया बड़ी प्रभावपूर्ण हैं। आजकल बहुधा डॉक्टर इनको देते हैं।	ହାଁ, ୟେ ଟିକିୟା ବଡ଼ୀ ପ୍ରଭାବପୂର୍ଣ ହୈଁ । ଆଜକଲ ବହୁଧା ଡାକ୍ଟର ଇନକୋ ଦେତେ ହୈଁ ।
7. ବହୁତ ଭଲ ! ମୁଁ ଦଶଟି ଟାବ୍ଲେଟ୍ ନେବି ।	बहुत अच्छा! मैं दस टिकिया लूंगा।	ବହୁତ ଅଚ୍ଛା ! ମୈଁ ଦସ ଟିକିୟା ଲୁଙ୍ଗା ।
8. ଏତିକି ତ' ମହାଶୟ ?	इतना ही है न महोदय?	ଇତନା ହୀ ହୈ ନ ମହୋଦୟ ?
9. ହଁ ଆଜ୍ଞା, କେବଳ ମୋ ଟିଠାର ଔଷଧ । କ'ଣ ତାହା ଏବେ ପ୍ରସ୍ତୁତ ହୋଇଯିବ ?	जी हां, केवल मेरी पर्ची की दवाई। क्या वह अभी तैयार हो जाएगी?	ଜୀ ହାଁ, କେବଲ ମେରୀ ପର୍ଚୀ କୀ ଦବାଇ । କ୍ୟା ଵହ ଅଭି ତୈୟାର ହୋ ଜାଏଗୀ ?
10. ନା, ଏବେ ନୁହେଁ । କିଛି ସମୟ ଅପେକ୍ଷା କରନ୍ତୁ । ଦୟାକରି ବସିଯାଆନ୍ତୁ ।	नहीं, अभी नहीं। थोड़ी देर प्रतीक्षा कीजिए। कृपया बैठ जाइए।	ନହିଁ, ଅଭି ନହିଁ । ଥୋଡ଼ୀ ଦେର ପ୍ରତୀକ୍ଷା କିଜିଏ । କୃପୟା ବୈଠ ଜାଇଏ ।

ଟେଲିଫୋନ୍‌ରେ   दूरभाष पर

1. ଏହା ଡାୟମଣ୍ଡ ପକେଟ୍ ବୁକ୍ କି ?	डायमंड पॉकेट बुक्स?	ଡାୟମଣ୍ଡ ପାଁକେଟ ବୁକ୍ ?
2. ଆଜ୍ଞା ହଁ, ଡାୟମଣ୍ଡ । ନମସ୍କାର ।	जी हां, डायमंड। नमस्कार।	ଜୀ ହାଁ, ଡାୟମଣ୍ଡ । ନମସ୍କାର ।

3.	କ'ଣ ନରେନ୍ଦ୍ର କୁମାର ଅଛନ୍ତି ?	କ୍ୟା ଶ୍ରୀ ନରେନ୍ଦ୍ର କୁମାର ହୈଁ ?	କ୍ୟା ଶ୍ରୀ ନରେନ୍ଦ୍ର କୁମାର ହୈଁ ?
4.	ମୁଁ ଦୁଃଖିତ, ସେ ଏବେ ଆସିନାହାନ୍ତି ।	ଖେଦ ହୈ, ୱହ ଅଭୀ ଆୟେ ନହୀଁ ହୈଁ ।	ଖେଦ ହୈ, ୱହ ଅଭି ଆୟେ ନହିଁ ହୈଁ ।
5.	କ'ଣ ଆପଣ କହିପାରିବେ, ସେ କେତେବେଳେ ଆସିବେ ?	କ୍ୟା ଆପ ବତା ସକତେ ହୈଁ, ୱେ କବ ଆଏଁଗେ ?	କ୍ୟା ଆପ ବତା ସକତେ ହୈଁ, ୱେ କବ ଆଏଁଗେ ?
6.	ମୁଁ ଜାଣିନାହିଁ । ଆପଣ ନିଜର ସନ୍ଦେଶ ମତେ ଦେଇପାରନ୍ତି ।	ମୈଁ ନହୀଁ ଜାନତା । ଆପ ଅପନା ସଂଦେଶ ଦେ ସକତେ ହୈଁ ।	ମୈଁ ନହିଁ ଜାନତା । ଆପ ଅପନା ସନ୍ଦେଶ ଦେ ସକତେ ହୈଁ ।
7.	କ'ଣ ଆପଣ ତାଙ୍କୁ କହିଦେବେ ଯେ ଶ୍ରୀ ଲାମ୍ବାଙ୍କ ଫୋନ୍ ଆସିଥିଲା, ଏବଂ ସେ ଆସି ମୋତେ ଶୀଘ୍ରାତି ଶୀଘ୍ର ଫୋନ୍ କରିବେ ?	କ୍ୟା ଆପ ଉନ୍ହେଁ କହ ଦେଁଗେ କି ଶ୍ରୀ ଲାମ୍ବା କା ଫୋନ ଆୟା ଥା, ଔର ୱେ ମୁଝେ ଆକର ଜଲ୍ଦୀ ସେ ଜଲ୍ଦୀ ଫୋନ କର ଲେଁ ?	କ୍ୟା ଆପ ଉନ୍ହେଁ କହ ଦେଁଗେ କି ଶ୍ରୀ ଲାମ୍ବ କା ଫୋନ ଆୟା ଥା, ଔର ୱେ ମୁଝେ ଆକର ଜଲ୍ଦୀ ସେ ଜଲ୍ଦୀ ଫୋନ କର ଲେଁ ?
8.	କହିଦେବି । ଆପଣଙ୍କ ଫୋନ୍ ନମ୍ବର କେତେ ?	କହ ଦୂଙ୍ଗା । ଆପକା ଫୋନ ନମ୍ବର କ୍ୟା ହୈ ?	କହ ଦୂଙ୍ଗା । ଆପକା ଫୋନ ନମ୍ବର କ୍ୟା ହୈ ?
9.	ମୋ ନମ୍ବର ହେଉଛି 654527–ଶ୍ରୀ ନରେନ୍ଦ୍ର କୁମାର ଏହା ଜାଣିଛନ୍ତି ।	ମେରା ନମ୍ବର 654527 ହୈ–ଶ୍ରୀ ନରେନ୍ଦ୍ର କୁମାର ଇସେ ଜାନତେ ହୈଁ ।	ମେରା ନମ୍ବର 654527 ହୈ–ଶ୍ରୀ ନରେନ୍ଦ୍ର କୁମାର ଇସେ ଜାନତେ ହୈଁ ।
10.	ଠିକ୍ ଅଛି, ମହାଶୟ ! ସେ ଆସିବା କ୍ଷଣି, ମୁଁ ତାଙ୍କୁ ଜଣାଇଦେବି ।	ବହୁତ ଅଚ୍ଛା, ଶ୍ରୀମାନ୍! ଜୈସେ ହୀ ୱହ ଆୟେଁଗେ, ମୈଁ ଉନ୍ହେଁ ବତା ଦୂଙ୍ଗା ।	ବହୁତ ଅଚ୍ଛା, ଶ୍ରୀମାନ୍! ଜୈସେ ହି ୱହ ଆୟେଁଗେ, ମୈଁ ଉନ୍ହେଁ ବତା ଦୂଙ୍ଗା ।
11.	ଧନ୍ୟବାଦ । ଦୟାକରି ମନେ ରଖନ୍ତୁ, ଏହା ଜରୁରୀ ଅଟେ । ବିଦାୟ !	ଧନ୍ୟବାଦ। କୃପୟା ଧ୍ୟାନ ରଖିଏ ୟହ ଅତ୍ୟାବଶ୍ୟକ ହୈ । ଅଲବିଦା!	ଧନ୍ୟବାଦ । କୃପୟା ଧ୍ୟାନ ରଖିଏ ୟହ ଅତ୍ୟାବଶ୍ୟକ ହୈ । ଅଲବିଦା!

...

30 ଦିନରେ ଓଡ଼ିଆ ମାଧ୍ୟମରେ ହିନ୍ଦୀ ଶିଖନ୍ତୁ

ଟ୍ରଙ୍କ୍ କଲ୍ କରିବା ସମୟରେ
ट्रंक कॉल करते समय

ଗ୍ରାହକ–ହାଲୋ ଏକ୍‌ଚେଞ୍ଜ !	ग्राहक-हेलो एक्सचेंज।	ଗ୍ରାହକ– ହେଲୋ ଏକ୍‌ଚେଞ୍ଜ !
ଚାଳକ–ଆଜ୍ଞା ହଁ, ଏକ୍‌ଚେଞ୍ଜରୁ କହୁଛି ।	चालक-जी हां, एक्सचेंज से बोल रहा हूं।	ଚାଳକ– ଜୀ ହାଁ, ଏକ୍‌ଚେଞ୍ଜ ସେ ବୋଲ ରହା ହୁଁ।
ଗ୍ରାହକ–ଦୟାକରି ଗୋଟିଏ ଜରୁରୀ ଟ୍ରଙ୍କ୍ କଲ୍ ବୁକ୍ କରନ୍ତୁ ।	ग्राहक-कृपया एक आवश्यक ट्रंक कॉल बुक कीजिए।	ଗ୍ରାହକ– କୃପୟା ଏକ ଆବଶ୍ୟକ ଟ୍ରଙ୍କ୍ କାଁଲ ବୁକ୍ କିଜିଏ।
ଚାଳକ–କେଉଁ ସହର ପାଇଁ ?	चालक-किस शहर के लिए?	ଚାଳକ– କିସ ଶହର କେ ଲିଏ ?
ଗ୍ରାହକ–ଆଜ୍ଞା, ପୁନେ ପାଇଁ ।	ग्राहक-जी, पुणे के लिए।	ଗ୍ରାହକ– ଜୀ, ପୁଣେ କେ ଲିଏ।
ଚାଳକ–କେଉଁ ନମ୍ବର ?	चालक-कौन-सा नंबर?	ଚାଳକ– କୌନ-ସା ନମ୍ବର ?
ଗ୍ରାହକ–6543	ग्राहक-6543	ଗ୍ରାହକ– 6543
ଚାଳକ–କ'ଣ କଲ୍ ବ୍ୟକ୍ତିଗତ ଅଟେ ?	चालक-क्या कॉल व्यक्तिगत है?	ଚାଳକ– କ୍ୟା କାଁଲ ବ୍ୟକ୍ତିଗତ ହୈ ?
ଗ୍ରାହକ–ହଁ ମହାଶୟ ଏହା ୟଶ ଶାହଙ୍କ ନାମରେ ।	ग्राहक-हां श्रीमान् यह यश शाह के नाम से है।	ଗ୍ରାହକ– ହାଁ ଶ୍ରୀମାନ୍ ୟହ ୟଶ ଶାହ କେ ନାମ ସେ ହୈ।
ଚାଳକ–ଦୟାକରି ନାମର ବନାନ କୁହନ୍ତୁ ।	चालक-कृपया नाम के हिज्जे बोलिए।	ଚାଳକ– କୃପୟା ନାମ କେ ହିଜ୍ଜେ ବୋଲିଏ।
ଗ୍ରାହକ–ୟ ରେ ୟମୁନାନଗର, ଶରେ ଶିବପୁରୀ, ୟ ଶ ୟଶ ଶାହ, ଡେକାନ କଲେଜ, ପୁନେ ।	ग्राहक-य से यमुनानगर श से शिवपुरी, य श यश शाह, दक्कन कॉलेज, पुणे।	ଗ୍ରାହକ– ୟ ସେ ୟମୁନାନଗର ଶ ସେ ଶିବପୁରୀ, ୟ ଶ ୟଶ ଶାହ, ଦକ୍‌ନ କାଁଲେଜ, ପୁଣେ।

ଚାଳକ-ଠିକ୍ ଅଛି, ଆପଣଙ୍କ ଫୋନ୍ ନମ୍ବର ?	चालक-ठीक है, आपका फोन नंबर?	ଚାଲକ- ଠିକ ହୈ, ଆପକା ଫୋନ ନମ୍ବର ?
ଗ୍ରାହକ-203606	ग्राहक-203606	ଗ୍ରାହକ- ଦୋ ଶୂନ୍ୟ ତିନ ଛହ ଶୂନ୍ୟ ଛହ।
ଚାଳକ-ଠିକ୍ ଅଛି । ପାଞ୍ଚ ମିନିଟ୍ ଅପେକ୍ଷା କରନ୍ତୁ ।	चालक-ठीक है। पांचेक मिनट प्रतीक्षा कीजिए।	ଚାଲକ- ଠିକ ହୈ। ପାଞ୍ଚେକ ମିନଟ ପ୍ରତୀକ୍ଷା କିଜିଏ।
ଗ୍ରାହକ-ମୋ ପଞ୍ଜିକରଣ ନମ୍ବର କେତେ ?	ग्राहक-मेरा पंजीकरण नंबर क्या है?	ଗ୍ରାହକ- ମେରା ପଞ୍ଜୀକରଣ ନମ୍ବର କ୍ୟା ହୈ ?
ଚାଳକ-ବ ରେ ବମ୍ବେ 1002	चालक-ब से बंबई 1002	ଚାଲକ- ବ ସେ ବମ୍ବଈ ଏକ ଶୂନ୍ୟ ଶୂନ୍ୟ ଦୋ।
ଗ୍ରାହକ-ଧନ୍ୟବାଦ ମହାଶୟ ! [ସାତ ମିନିଟ୍ ପରେ]	ग्राहक-धन्यवाद श्रीमान्! [सात मिनट बाद]	ଗ୍ରାହକ- ଧନ୍ୟବାଦ ଶ୍ରୀମାନ୍ ! [ସାତ ମିନଟ ବାଦ]
ଚାଳକ-ହାଲୋ ! କଣ ନମ୍ବର 203606 ?	चालक-हेलो! नंबर 203606?	ଚାଲକ- ହେଲୋ ! ନମ୍ବର ଦୋ ଶୂନ୍ୟ ତିନ ଛହ ଶୂନ୍ୟ ଛହ ?
ଗ୍ରାହକ-ହଁ, କହୁଛି ।	ग्राहक-हां, बोल रहा हूं।	ଗ୍ରାହକ- ହାଁ, ବୋଲ ରହା ହୁଁ।
ଚାଳକ-ପୁନେ ପାଇଁ ଆପଣଙ୍କ ଟ୍ରଙ୍କ୍ କଲ୍ ...ନିଜ ଲୋକ ସହିତ କଥା ହୁଅନ୍ତୁ ।	चालक-पुणे के लिए आपका ट्रंक कॉल ...अपने व्यक्ति से बात कीजिए।	ଚାଲକ- ପୁଣେ କେ ଲିଏ ଆପକା ଟ୍ରଙ୍କ କାଁଲ ...ଅପନେ ବ୍ୟକ୍ତି ସେ ବାତ କିଜିଏ।
ଗ୍ରାହକ-ଆପଣଙ୍କୁ ଅଶେଷ ଧନ୍ୟବାଦ ।	ग्राहक-आपका बहुत धन्यवाद।	ଗ୍ରାହକ- ଆପକା ବହୁତ ଧନ୍ୟବାଦ।
ଗ୍ରାହକ-ହାଲୋ, ୟଶ ଶାହ ?	ग्राहक-हेलो, यश शाह?	ଗ୍ରାହକ- ହେଲୋ, ୟଶ ଶାହ ?
ୟଶ-କହୁଛି ।	यश-बोल रही हूं।	ୟଶ- ବୋଲ ରହୀ ହୁଁ।
ଗ୍ରାହକ-ଦିଲ୍ଲୀରୁ,	ग्राहक-दिल्ली से,	ଗ୍ରାହକ- ଦିଲ୍ଲୀ ସେ,

ଅମିତ କହୁଛି ।	अमित बोल रहा हूं।	ଅମିତ ବୋଲ ରହା ହୁଁ।
ଯଶ-ଆଛ୍ଛା! ତୁମର ବାପା ତୁମ ବିଷୟରେ ବହୁତ ଚିନ୍ତା କରୁଥିଲେ ।	यश-अच्छा! तुम्हारे पिता जी तुम्हारे बारे में बहुत चिंतित थे।	ଯଶ- ଆଚ୍ଛା ! ତୁହ୍ଲାରେ ପିତା ଜୀ ତୁହ୍ଲାରେ ବାରେ ମେଁ ବହୁତ ଚିନ୍ତିତ ଥେ ।
ଅମିତ-ମୁଁ ଏଠାରେ କାଲି ପହଞ୍ଚିଲି ।	अमित-मैं यहां कल ही पहुंचा।	ଅମିତ- ମେଁ ୟହାଁ କଲ ହୀ ପହୁଞ୍ଚା ।
ଯଶ-ଘରେ ସମସ୍ତେ କେମିତି ଅଛନ୍ତି ? ମୋ ଭାଉଜ-ତୁମ ମା' କେମିତି ଅଛନ୍ତି ?	यश-परिवार में सभी कैसे हैं? मेरी भाभी तुम्हारी माँ जी कैसी हैं।	ଯଶ- ପରିବାର ମେଁ ସଭି କୈସେ ହେଁ ? ମେରୀ ଭାଭୀ ତୁହ୍ଲାରୀ ମାଁ ଜୀ କୈସୀ ହେଁ ?
ଅମିତ-ସମସ୍ତେ ଭଲରେ ଅଛନ୍ତି, ମୋ ବାପା କୁଆଡ଼େ ଗଲେ ?	अमित-सभी ठीक-ठाक हैं मेरे पिता जी कहां हैं?	ଅମିତ- ସଭି ଠିକ-ଠାକ ହେଁ ମେରେ ପିତା ଜୀ କହାଁ ହେଁ ?
ଯଶ-ସେ ଗୋଟିଏ ସାହିତ୍ୟ ସମ୍ମିଳନୀକୁ ଯାଇଛନ୍ତି ।	यश-वह एक साहित्य-गोष्ठी में गए हैं।	ଯଶ- ଓ୍ବହ ଏକ ସାହିତ୍ୟ-ଗୋଷ୍ଠୀ ମେଁ ଗଏ ହେଁ ।
ଅମିତ-ସେ କେମିତି ଅଛନ୍ତି ?	अमित-वह कैसे हैं?	ଅମିତ- ଓ୍ବହ କୈସେ ହେଁ ?
ଯଶ-ମୋ ଭାଇ ? ସେ ସୁସ୍ଥ-ପ୍ରଫୁଲ୍ଲିତ ଅଛନ୍ତି । ସେ ଏକ ବର୍ଗୀକୃତ ଶବ୍ଦକୋଷ ସମ୍ପାଦିତ କରିବାରେ ବ୍ୟସ୍ତ ଅଛନ୍ତି ।	यश- मेरे भाई जी? वह स्वस्थ-प्रसन्न हैं। वह एक वर्गीकृत शब्दकोश संपादित करने में व्यस्त हैं।	ଯଶ- ମେରେ ଭାଇ ଜୀ ? ଓ୍ବହ ସ୍ବସ୍ଥ-ପ୍ରସନ୍ନ ହେଁ । ଓ୍ବହ ଏକ ବର୍ଗୀକୃତ ଶବ୍ଦକୋଶ ସମ୍ପାଦିତ କରନେ ମେଁ ବ୍ୟସ୍ତ ହେଁ ।
ଅମିତ-ପିଉସା କେମିତି ଅଛନ୍ତି ?	अमित-फूफाजी कैसे हैं?	ଅମିତ- ଫୁଫାଜୀ କୈସେ ହେଁ ?
ଯଶ-ସେ ଭଲରେ ଅଛନ୍ତି ! ଆଜି ସେ ବମ୍ବେ ଯାଇଛନ୍ତି ।	यश-वह ठीक-ठाक हैं! आज बम्बई गए हैं।	ଯଶ- ଓ୍ବହ ଠିକ-ଠାକ ହେଁ ! ଆଜ ବମ୍ବଇ ଗଏ ହେଁ।

ଅମିତ-ଏ ପର୍ଯ୍ୟନ୍ତ କେତେ କାମ ବାକି ଅଛି ?	अमित-अभी काम कितना बाकी है?	ଅମିତ- ଅଭି କାମ କିତନା ବାକି ହୈ ?
ଯଶ-କାମ ତ ପାଖାପାଖି ସରିଯାଇଛି । କେବଳ ପୁନରାବଲୋକନ କରିବାର ଅଛି ।	यश-काम तो लगभग हो चुका है। केवल पुनरावलोकन होना है।	ଯଶ- କାମ ତୋ ଲଗଭଗ ହୋ ଚୁକା ହୈ । କେବଲ ପୁନରାବଲୋକନ ହୋନା ହୈ ।
ଅମିତ-ମୋ ବାପାଙ୍କୁ କହିବ ଯେ ସେ କାଲି ମୋତେ ସାଢ଼େ ଛଅଟାରେ ଫୋନ୍ କରିବେ ।	अमित-मेरे पिताजी से कहना कि वह मुझे कल साढ़े छ: बजे फोन करें।	ଅମିତ- ମେରେ ପିତାଜୀ ସେ କହନା କି ଓହ ମୁଝେ କଲ ସାଢ଼େ ଛହ ବଜେ ଫୋନ କରେଁ ।
ଯଶ-ଠିକ୍ ଅଛି, ମୁଁ କହିଦେବି । (କଥାବାର୍ତ୍ତା ସମାପ୍ତ କରିବା ଦିଗରେ)	यश-ठीक है, मैं कह दूंगी। (वार्ता समाप्त करते हुए)	ଯଶ- ଠିକ ହୈ, ମୈଁ କହ ଦୂଙ୍ଗୀ । [ବାର୍ତ୍ତା ସମାପ୍ତ କରତେ ହୁଏ]
ଗ୍ରାହକ-ହାଲୋ, ମହାଶୟ ! ମୋ କଥା ସରିଯାଇଛି । ଦୟାକରି କେତେ ଟଙ୍କା କୁହନ୍ତୁ ?	ग्राहक-हेलो श्रीमान्! मेरी वार्ता समाप्त हो गयी है। कृपया पैसे बताइए।	ଗ୍ରାହକ- ହେଲୋ ଶ୍ରୀମାନ୍ ! ମେରା ବାର୍ତ୍ତା ସମାପ୍ତ ହୋ ଗୟା ହୈ । କୃପୟା ପୈସେ ବତାଇଏ ।
ଚାଳକ-ସାଠିଏ ଟଙ୍କା ମହାଶୟ ।	चालक-साठ रुपये श्रीमान्।	ଚାଳକ- ସାଠ ରୂପୟେ ଶ୍ରୀମାନ୍ ।
ଗ୍ରାହକ-ଆପଣଙ୍କୁ ଧନ୍ୟବାଦ ।	ग्राहक-आपका धन्यवाद।	ଗ୍ରାହକ- ଆପକା ଧନ୍ୟବାଦ ।

ଭ୍ରମଣ ବାବଦରେ
भ्रमण के बारे में

ଆଭା-ପୂଜା, କ'ଣ ତୁମେ କେବେ ମହାବଲିପୁରମ୍ ଯାଇଛ ?

आभा-पूजा, क्या तुम कभी महाबलीपुरम् गई हो?

ଆଭା- ପୂଜା, କ୍ୟା ତୁମ କଭି ମହାବଲୀପୁରମ୍ ଗଈ ହୋ ?

ପୂଜା-ନା, ମୁଁ ଏଥିପାଇଁ କେବେ ସମୟ ବାହାର କରିପାରି ନାହିଁ ।

पूजा-नहीं, मैं इसके लिए कभी समय नहीं निकाल पाई।

ପୂଜା- ନହିଁ, ମୈଁ ଇସକେ ଲିଏ କଭି ସମୟ ନହିଁ ନିକାଲ ପାଈ ।

ଆଭା-ଟିକେ ବୁଲି-ବାଲି ଆସ । ତୁମକୁ ବହୁତ ଭଲ ଦୃଶ୍ୟ ଦେଖିବାକୁ ମିଳିବ ।

आभा-थोड़ा-सा घूम-घाम आओ। तुम्हें बहुत अच्छे दृश्य देखने को मिलेंगे।

ଆଭା- ଥୋଡ଼ା-ସା ଘୂମ-ଘାମ ଆଓ । ତୁମ୍ହେଁ ବହୁତ ଅଚ୍ଛେ ଦୃଶ୍ୟ ଦେଖନେ କୋ ମିଲେଙ୍ଗେ ।

ପୂଜା-ଠିକ୍ ଅଛି । କାଲି ମୁଁ ମୋ ବାପାଙ୍କ ସହିତ ଏହି ସ୍ଥାନକୁ ବୁଲିବାକୁ ଯିବି ।

पूजा-ठीक है, कल मैं अपने पिताजी के साथ इस लघु भ्रमण पर जाऊंगी।

ପୂଜା- ଠିକ ହୈ, କଲ ମୈଁ ଅପନେ ପିତାଜୀ କେ ସାଥ ଇସ ଲଘୁ ଭ୍ରମଣ ପର ଜାଊଙ୍ଗୀ ।

(ପରଦିନ ପୂଜାକୁ ଆଭା ପଚାରୁଛି)

(दूसरे ही दिन आभा पूजा से पूछती है)

(ଦୂସରେ ହୀ ଦିନ ଆଭା ପୂଜା ସେ ପୂଛତୀ ହୈ)

ଆଭା-ତୁମକୁ ମହାବଲିପୁରମ୍ କେମିତି ଲାଗିଲା ?

आभा-तुम्हें महाबली- पुरम् कैसा लगा?

ଆଭା- ତୁମ୍ହେଁ ମହାବଲୀ- ପୁରମ୍ କୈସା ଲଗା ?

ପୂଜା-ପ୍ରକୃତରେ ଏହା ବଡ଼ ଅଭୁତ ଥିଲା ।

पूजा-दरअसल यह बड़ा अद्भूत था।

ପୂଜା- ଦରଅସଲ ୟହ ବଡ଼ା ଅଦ୍ଭୂତ ଥା ।

ଆଭା-ସମୁଦ୍ର କୂଳରେ ଥିବା ମୂର୍ତ୍ତି ଶିଳ୍ପକୁ ତୁମେ ଦେଖିନାହଁ କି ?	आभा-समुद्रतट पर स्थित मूर्तिशिल्प को तुमने नहीं देखा क्या?	ଆଭା- ସମୁଦ୍ରତଟ ପର ସ୍ଥିତ ମୂର୍ତ୍ତିଶିଲ୍ପ କୋ ତୁମ୍‌ନେ ନହିଁ ଦେଖା କ୍ୟା ?
ପୂଜା-ପ୍ରକୃତରେ ଦେଖିଛି । କିନ୍ତୁ ମୁଁ ସେହି ଦିଗକୁ କୌଣସି ଧାର୍ମିକ ଭାବନା ଯୋଗୁ ଆକୃଷ୍ଟ ହୋଇନାହିଁ ।	पूजा-सचमुच देखा है। पर मैं इसकी ओर किसी धार्मिक भावना के कारण आकृष्ट नहीं हुई।	ପୂଜା- ସଚମୁଚ ଦେଖା ହୈ । ପର ମୈଁ ଇସ୍‌କୀ ଓର କିସୀ ଧାର୍ମିକ ଭାବନା କେ କାରଣ ଆକୃଷ୍ଟ ନହିଁ ହୁଈ ।
ଆଭା-ମୋର ଦୃଷ୍ଟିକୋଣ ବୁଝ । ତୁମେ ଜଣେ କବୟିତ୍ରୀ ଅଟ । କ'ଣ ତୁମେ ମହାବଳିପୁରମ୍ ଆଖପାଖରେ ବ୍ୟାପିଥିବା ମୂର୍ତ୍ତିଶିଳ୍ପରେ କଳାକୃତି ଦେଖିନାହଁ ?	आभा-मेरा दृष्टिकोण समझो। तुम एक कवयित्री हो। क्या तुम महाबलीपुरम् के आस-पास फैले मूर्तिशिल्प में कला कर्म नहीं देखतीं?	ଆଭା- ମେରା ଦୃଷ୍ଟିକୋଣ ସମ୍‌ଝୋ । ତୁମ ଏକ କବୟିତ୍ରୀ ହୋ । କ୍ୟା ତୁମ ମହାବଲୀପୁରମ୍ କେ ଆସ-ପାସ ଫୈଲେ ମୂର୍ତ୍ତିଶିଲ୍ପ ମେଁ କଲା କର୍ମ ନହିଁ ଦେଖତୀଁ ?
ପୂଜା-ପ୍ରକୃତରେ ସେଥିରେ କଳାକୃତି ଅଛି ଏବଂ ମୁଁ ତାକୁ ପ୍ରଶଂସା କଲି । ମୁଁ ସତରେ ପ୍ରଭାବିତ ହେଲି ।	पूजा-सचमुच उनमें कला कर्म है और उसकी प्रशंसक हूं। मैं सचमुच प्रभावित भी हुई।	ପୂଜା- ସଚମୁଚ ଉନ୍‌ମେଁ କଲା କର୍ମ ହୈ ଔର ଉସ୍‌କୀ ପ୍ରଶଂସକ ହୁଁ । ମୈଁ ସଚମୁଚ ପ୍ରଭାବିତ ଭି ହୁଈ ।
ଆଭା-ଛାଡ଼ ସେକଥା । ସମୁଦ୍ର ଦୃଶ୍ୟରୁ ତୁମେ କେତେ ଆନନ୍ଦ ଉଠାଇଲ ?	आभा-इसको छोड़ो। वैसे समुद्र के दृश्य से तुमने कितना आनंद लिया?	ଆଭା- ଇସ୍‌କୋ ଛୋଡ଼ୋ । ବୈସେ ସମୁଦ୍ର କେ ଦୃଶ୍ୟ ସେ ତୁମ୍‌ନେ କିତନା ଆନନ୍ଦ ଲିୟା ?
ପୂଜା-ମୁଁ ଶବ୍ଦରେ ବ୍ୟକ୍ତ କରିପାରିବି ନାହିଁ । ବାସ୍ତବରେ ଏହା ଅଭୁତ ଥିଲା ।	पूजा-मैं शब्दों में अभिव्यक्त नहीं कर सकती। वास्तव में यह अद्भुत था।	ପୂଜା- ମୈଁ ଶବ୍ଦୋଁ ମେଁ ଅଭିବ୍ୟକ୍ତ ନହିଁ କର ସକତୀ । ବାସ୍ତବ ମେଁ ୟହ ଅଦ୍‌ଭୁତ ଥା ।

ଯାତ୍ରା ବାବଦରେ
यात्रा के बारे में

ଉମା-ବାପା, ଆପଣ ଦୁଇମାସ ପରେ ଫେରିଛନ୍ତି । କୁହନ୍ତୁ ନା, ଆପଣ କେଉଁ ସ୍ଥାନ ଦେଖିଛନ୍ତି ।

उमा-पिताजी, आप दो मास बाद लौटे हैं। बताइए न, आपने कौन-से स्थान देखे।

ଉମା- ପିତାଜୀ, ଆପ ଦୋ ମାସ ବାଦ ଲୌଟେ ହେଁ । ବତାଇଏ ନ, ଆପନେ କୌନ-ସେ ସ୍ଥାନ ଦେଖେ ।

ବାପା-ମୁଁ ସାରା ଭାରତ ଭ୍ରମଣ କରି ଫେରିଛି ।

पिता- मैं भारत-भर भ्रमण करके लौटा हूं।

ପିତା- ମୈଁ ଭାରତ-ଭର ଭ୍ରମଣ କରକେ ଲୌଟା ହୁଁ ।

ଉମା-ବାପା, ପ୍ରଥମେ ଆପଣ କେଉଁଠାକୁ ଗଲେ ?

उमा-पिताजी, पहले आप कहां गए?

ଉମା- ପିତାଜୀ, ପହଲେ ଆପ କହାଁ ଗଏ ?

ବାପା-ସର୍ବପ୍ରଥମେ ମୁଁ ଦିଲ୍ଲୀ ଗଲି । ଦିଲ୍ଲୀ ଭାରତର ରାଜଧାନୀ ଅଟେ ।

पिता-सबसे पहले मैं दिल्ली गया। दिल्ली भारत की राजधानी है।

ପିତା- ସବସେ ପହଲେ ମୈଁ ଦିଲ୍ଲୀ ଗୟା । ଦିଲ୍ଲୀ ଭାରତ କୀ ରାଜଧାନୀ ହୈ ।

ଉମା-ଆପଣ ଦିଲ୍ଲୀରେ କ'ଣ ଦେଖିଲେ ?

उमा-आपने दिल्ली में क्या देखा?

ଉମା- ଆପନେ ଦିଲ୍ଲୀ ମୈଁ କ୍ୟା ଦେଖା ?

ବାପା-ମୁଁ ପୁରୁଣା ଦିଲ୍ଲୀରେ ଲାଲକିଲ୍ଲା ଦେଖିଲି । ନୂଆଦିଲ୍ଲୀରେ କେନ୍ଦ୍ରୀୟ ସଚିବାଳୟ, ବିରଲା ମନ୍ଦିର ଏବଂ କୁତବ ମୀନାର ଦେଖିଲି ।

पिता-मैंने पुरानी दिल्ली में लाल-किला देखा। नई दिल्ली में केंद्रीय सचिवालय, बिरला मंदिर और कुतुब मीनार देखे।

ପିତା- ମୈଁନେ ପୂରାନୀ ଦିଲ୍ଲୀ ମୈଁ ଲାଲ-କିଲା ଦେଖା । ନଈ ଦିଲ୍ଲୀ ମୈଁ କେନ୍ଦ୍ରୀୟ ସଚିବାଲୟ, ବିରଲା ମନ୍ଦିର ଔର କୁତୁବ ମୀନାର ଦେଖେ ।

ଉମା-ତା ପରେ ଆପଣ କେଉଁଠାକୁ ଗଲେ ?

उमा-उसके बाद आप कहां गए?

ଉମା- ଉସକେ ବାଦ ଆପ କହାଁ ଗଏ ?

ବାପା-ପୁଣି ମୁଁ ବମ୍ବେ ଗଲି । ବମ୍ବେ ଭାରତର ସବୁଠୁ ବଡ଼ ବନ୍ଦର ଅଟେ ।

पिता-फिर मैं बम्बई गया। बम्बई भारत की सबसे बड़ी बंदरगाह है।

ପିତା- ଫିର ମୈଁ ବମ୍ବଈ ଗୟା । ବମ୍ବଈ ଭାରତ କୀ ସବସେ ବଡ଼ୀ ବନ୍ଦରଗାହ ହୈ ।

ଉମା-ତେବେ ତ ଆପଣ ସମୁଦ୍ର ଏବଂ ବଡ଼-ବଡ଼ ଜାହାଜ ଦେଖିଥିବେ ।	उमा-तब तो आपने समुद्र और बड़े-बड़े जहाज देखे होंगे।	ଉମା- ତବ ତୋ ଆପନେ ସମୁଦ୍ର ଔର ବଡ଼େ-ବଡ଼େ ଜହାଜ ଦେଖେ ହୋଙ୍ଗେ ।
ବାପା-ହଁ, ମୁଁ ଅନେକ ଜାହାଜ ଦେଖିଲି ।	पिता-हां, मैंने बहुत जलयान देखे।	ପିତା- ହାଁ, ମୈଁନେ ବହୁତ ଜଲୟାନ ଦେଖେ ।
ଉମା-ବାପା, ଆପଣ ଆଗ୍ରା ଯାଇନାହାନ୍ତି କି ?	उमा-पिताजी, आप आगरा नहीं गए क्या?	ଉମା- ପିତାଜୀ, ଆପ ଆଗରା ନହିଁ ଗଏ କ୍ୟା ?
ବାପା-ଆରେ ହଁ, ମୁଁ ଆଗ୍ରା ମଧ୍ୟ ଗଲି ଏବଂ ତାଜମହଲ ଦେଖିଲି ଓ ଗୋଟିଏ ଦିନ ପାଇଁ ମଥୁରାରେ ରହିଲି ।	पिता-अरे हां, मैं आगरा भी गया ताज देखा और एक दिन के लिए मथुरा भी रुका?	ପିତା- ଅରେ ହାଁ, ମୈଁ ଆଗରା ଭି ଗୟା ତାଜ ଦେଖା ଔର ଏକ ଦିନ କେ ଲିଏ ମଥୁରା ଭି ରୁକା ?
ଉମା-ବାପା, କ'ଣ ଆପଣ ମାନଚିତ୍ର ଉପରେ ସେହି ସ୍ଥାନଗୁଡ଼ିକୁ ଦେଖାଇ ପାରିବେ ଯାହା ଆପଣ ଦେଖିଛନ୍ତି ?	उमा-पिताजी, क्या आप मानचित्र पर उन स्थानों को दिखा सकते हैं जो अपने देखे हैं?	ଉମା- ପିତାଜୀ, କ୍ୟା ଆପ ମାନଚିତ୍ର ପର ଉନ ସ୍ଥାନୋଁ କୋ ଦିଖା ସକତେ ହୈଁ ଜୋ ଅପନେ ଦେଖେ ହୈଁ ?
ବାପା-କାହିଁକି ନୁହେଁ ଝିଅ, ତୁମ ମାନଚିତ୍ର ଆଣ । ମୁଁ ତୁମକୁ ସବୁକିଛି ଦେଖାଇବି ।	पिता-क्यों नहीं मेरी बेटी अपना मानचित्र लाओ। मैं तुम्हें सब कुछ दिखाऊंगा।	ପିତା- କ୍ୟାଁ ନହିଁ ମେରୀ ବେଟୀ ଅପନା ମାନଚିତ୍ର ଲାଓ । ମୈଁ ତୁମ୍ହେଁ ସବ କୁଛ ଦିଖାଉଙ୍ଗା ।
ଉମା-ଧନ୍ୟବାଦ ବାପା ।	उमा-धन्यवाद पिताजी।	ଉମା- ଧନ୍ୟବାଦ ପିତାଜୀ ।
ବାପା-ଠିକ୍ ଅଛି, ମୋ ଗେହ୍ଲାଝିଅ ।	पिता-ठीक है, मेरी बिटिया।	ପିତା- ଠିକ ହୈ, ମେରୀ ବିଟିୟା ।

ଗ୍ରାମୀଣ ଏବଂ ସହରୀ
ग्रामीण और शहरी

ସହରୀ-ଆପଣ କେମିତି ଅଛନ୍ତି! ମୁଁ ଆପଣଙ୍କୁ ବହୁତ ଦିନ ପରେ ଦେଖୁଛି ।

ଗ୍ରାମୀଣ-ହାଁ ମିତ୍ର, ମୁଁ ଏଠାକୁ ଏକ ବିଶେଷ କାମରେ ଆସିଛି ଏବଂ ଆଜି ରାତିରେ ଫେରିଯିବି ।

ସହରୀ-ଏତେ ଶୀଘ୍ର କାହିଁକି ? କ'ଣ ଆପଣ ସହରରେ ରହିବାକୁ ଇଚ୍ଛା କରୁନାହାନ୍ତି ?

ଗ୍ରାମୀଣ-ହାଁ ମହାଶୟ, ମତେ କଦାପି ପସନ୍ଦ ନୁହେଁ । ମୋତେ ସହରର ଅଳିଆ ବାତାବରଣରେ ଭଲ ଲାଗେନାହିଁ । ଭିଡ଼-କୋଳାହଳ ଯୋଗୁ ମତେ ବିରକ୍ତ ଲାଗେ ।

ସହରୀ-ଆଷ୍ଚର୍ଯ୍ୟ ! ଆପଣ ଭିଡ଼ ବିନା ଜୀବନର

शहरी-आप कैसे हैं! मैं आपको बहुत दिनों बाद देख रहा हूं।

ग्रामीण-हां मित्र, मैं यहां एक विशेष काम से आया हूं और इसी रात को वापस लौट जाऊंगा।

शहरी-इतनी जल्दी क्यों? क्या आप शहरों में रहने से हिचकते हैं?

ग्रामीण-हां महाशय, मुझे कतई पसंद नहीं। मुझे शहर के गंदे वातावरण में कुछ मजा नहीं आता-भीड़भाड़ से मैं बौखला उठता हूं।

शहरी-आश्चर्य! आप भीड़-भाड़ के बिना

ଶହରୀ- ଆପ କୈସେ ହେଁ ! ମୈଁ ଆପକୋ ବହୁତ ଦିନୋଁ ବାଦ ଦେଖ ରହା ହୁଁ ।

ଗ୍ରାମୀଣ- ହାଁ ମିତ୍ର, ମୈଁ ୟହାଁ ଏକ ବିଶେଷ କାମ ସେ ଆୟା ହୁଁ ଔର ଇସୀ ରାତ କୋ ୱାପସ ଲୌଟ ଜାଉଙ୍ଗା ।

ଶହରୀ- ଇତନୀ ଜଲ୍ଦୀ କ୍ୟୋଁ ? କ୍ୟା ଆପ ଶହରୋଁ ମେଁ ରହନେ ସେ ହିଚକତେ ହେଁ ?

ଗ୍ରାମୀଣ- ହାଁ ମହାଶୟ, ମୁଝେ କତଈ ପସନ୍ଦ ନହୀଁ । ମୁଝେ ଶହର କେ ଗନ୍ଦେ ବାତାବରଣ ମେଁ କୁଛ ମଜା ନହିଁ ଆତା- ଭୀଡ଼ଭାଡ଼ ସେ ମୈଁ ବୌଖଲା ଉଠତା ହୁଁ ।

ଶହରୀ- ଆଷ୍ଚର୍ଯ୍ୟ ! ଆପ ଭୀଡ଼-ଭାଡ଼ କେ ବିନା

ଆନନ୍ଦ କେମିତି
ନିଅନ୍ତି ? ମୁଁ ତ ଗାଁର
ଶାନ୍ତି ଏବଂ ନୀରବତାକୁ
ସହି ପାରିବି ନାହିଁ ।
ସେଥିରେ ମୁଁ ପାଗଲ
ହୋଇଯିବି ।

जीवन का आनंद
कैसे लेते हैं? मैं
तो गांव की शांति
और चुप्पी को
बर्दाश्त ही न कर
पाऊंगा। उससे मैं
पागल हो उठूँगा।

ଜୀବନ କା ଆନନ୍ଦ
କୈସେ ଲେତେ ହୈଁ ?
ମୈଁ ତୋ ଗାଁଓ କୀ
ଶାନ୍ତି ଔର ଚୁପ୍ପୀ
କୋ ବର୍ଦାଶ୍ତ ହୀ ନ
କର ପାଉଙ୍ଗା ।
ଉସସେ ମୈଁ ପାଗଲ
ହୋ ଉଠୁଙ୍ଗା ।

ଗ୍ରାମୀଣ-ପ୍ରତ୍ୟେକ ବ୍ୟକ୍ତିର
ନିଜସ୍ୱ ଦୃଷ୍ଟିକୋଣ
ଥାଏ । କିନ୍ତୁ ମୁଁ
ଗ୍ରାମୀଣ ସୌନ୍ଦର୍ଯ୍ୟକୁ
ଅଧିକ ଭଲପାଏ ।

ग्रामीण-हर व्यक्ति का
अपना दृष्टिकोण
होता है। पर मैं
ग्रामीण सौंदर्य को
अधिक प्यार करता
हूं।

ଗ୍ରାମୀଣ- ହର ବ୍ୟକ୍ତି କା
ଅପନା ଦୃଷ୍ଟିକୋଣ
ହୋତା ହୈ । ପର
ମୈଁ ଗ୍ରାମୀଣ ସୌନ୍ଦର୍ୟ
କୋ ଅଧିକ ପ୍ୟାର
କରତା ହୁଁ ।

ସହରୀ-କ'ଣ ଆପଣ ଏହି
ଆଧୁନିକ ଯୁଗର
କିଛି ଜିନିଷ ଆପଣଙ୍କ
ଗାଁରେ ପାଆନ୍ତି ?

शहरी-क्या आप इस
आधुनिक युग का
कुछ भी अपने
गांव में पाते हैं?

ଶହରୀ- କ୍ୟା ଆପ ଇସ
ଆଧୁନିକ ୟୁଗ କା
କୁଛ ଭି ଅପନେ
ଗାଁଓ ମେଁ ପାତେ
ହୈଁ ?

ଗ୍ରାମୀଣ-ଯେଉଁ ଜିନିଷ ଗାଁରେ
ମିଳିପାରିବ ତାହା
ସହରରେ କଦାପି
ନୁହେଁ ।

ग्रामीण-जो चीज गांव
में मिल सकती है
वह शहर में
कदापि नहीं।

ଗ୍ରାମୀଣ- ଜୋ ଚୀଜ
ଗାଁଓ ମେଁ ମିଲ ସକତୀ
ହୈ ଓହ ଶହର ମେଁ
କଦାପି ନହୀଁ ।

ସହରୀ-ଓହ ! କ'ଣ ଆପଣ
ଶାନ୍ତ ବାତାବରଣରେ
ଏକୁଟିଆ ରହିବାକୁ
ଚାହୁଁଛନ୍ତି ? ଆପଣଙ୍କ
ଜୀବନ ସିନେମା,
ଖେଳକୁଦ ଏବଂ ଅନ୍ୟ
ସାମାଜିକ ଗତିବିଧି
ବିନା ନୀରସ

शहरी-ओह! क्या
आप वातावरण में
अकेले रहना चाहते
हैं? आप का जीवन
सिनेमा, खेलकूद
और दूसरी सामाजिक
गतिविधियों के बिना
नीरस नहीं हो

ଶହରୀ- ଓହ ! କ୍ୟା
ଆପ ବାତାବରଣ
ମେଁ ଅକେଲେ
ରହନା ଚାହତେ
ହୈଁ ? ଆପ କା
ଜୀବନ ସିନେମା,
ଖେଲକୁଦ ଔର
ଦୂସରୀ ସାମାଜିକ

ହୋଇଯିବନି ?

ଗ୍ରାମୀଣ-ମୋର ମତ ହେଉଛି, ତାହା ଅପେକ୍ଷାକୃତ ଭଲ ହେବ । ନିଃସନ୍ଦେହ ସହର ମାନବ ଜୀବନକୁ ଯନ୍ତ୍ର କରିଦେଇଛି ।

ସହରୀ-କିନ୍ତୁ କୌଣସି ରାଷ୍ଟ୍ର କ'ଣ ବିନା ବଡ଼ ସହରରେ ଉନ୍ନତି କରିପାରିବ ?

ଗ୍ରାମୀଣ-କିନ୍ତୁ ଏହା ଭୁଲନ୍ତୁ ନାହିଁ ଯେ ଆମ ରାଷ୍ଟ୍ରର ମୂଲଦୁଆ ଆମ ଗାଁ ଉପରେ ଠିଆ ହୋଇଛି । ଗାଁର ଦଶା ନ ସୁଧାରି ରାଷ୍ଟ୍ର ଉନ୍ନତି କରିପାରିବ ନାହିଁ ।

ସହରୀ-ମୁଁ ଏହାକୁ ସ୍ୱୀକାର କରୁଛି, କିନ୍ତୁ ମୁଁ ସହରକୁ ଛାଡ଼ିବା କଥା ଭାବି ପାରିବି ନାହିଁ ।

ଗ୍ରାମୀଣ-ଭଲ କଥାବାର୍ତ୍ତା ପାଇଁ ଆପଣଙ୍କୁ

जाएगा?

ग्रामीण-मेरा विचार है, वह अपेक्षाकृत अच्छा रहेगा। नि:संदेह शहर ने मानव जीवन को मशीन बनाकर रख दिया है।

शहरी-परंतु क्या कोई राष्ट्र बिना अपने बड़े शहरों के फल-फुल सकता है?

ग्रामीण-पर यह मत भूलिए कि हमारे राष्ट्र की नींव हमारे गांवों पर टिकी है। गांवों की दशा सुधारे बिना राष्ट्र उन्नति नहीं कर सकता।

शहरी-मैं इसे स्वीकार करता हूं पर मैं शहर को छोड़ने की बात नहीं सोच सकता।

ग्रामीण-अच्छी बातचीत के लिए आपका

ଗତିବିଧ୍ୟୋଁ କେ ବିନା ନୀରସ ନହିଁ ହୋ ଜାଏଗା ?

ଗ୍ରାମୀଣ- ମେରା ବିଚାର ହୈ, ୱହ ଅପେକ୍ଷାକୃତ ଅଚ୍ଛା ରହେଗା । ନିଃସଦେହ ଶହର ନେ ମାନବ ଜୀବନ କୋ ମଶୀନ ବନାକର ରଖ ଦିୟା ହୈ ।

ଶହରୀ- ପରନ୍ତୁ କ୍ୟା କୋଇ ରାଷ୍ଟ୍ର ବିନା ଅପନେ ବଡ଼େ ଶହରୋଁ କେ ଫଲ- ଫୁଲ ସକତା ହୈ ?

ଗ୍ରାମୀଣ- ପର ୟହ ମତ ଭୂଲିଏ କି ହମାରେ ରାଷ୍ଟ୍ର କି ନୀଂୱ ହମାରେ ଗାଁଓଁ ପର ଟିକି ହୈ । ଗାଁଓଁ କି ଦଶା ସୁଧାରେ ବିନା ରାଷ୍ଟ୍ର ଉନ୍ନତି ନହିଁ କର ସକତା ।

ଶହରୀ- ମୈଁ ଇସେ ସ୍ୱୀକାର କରତା ହୁଁ ପର ମୈଁ ଶହର କୋ ଛୋଡ଼ନେ କି ବାତ ନହିଁ ସୋଚ ସକତା ।

ଗ୍ରାମୀଣ- ଅଚ୍ଛୀ ବାତଚୀତ କେ ଲିଏ ଆପକା

ଏବେ ମୁଁ ତରବରିଆ ଅଛି । ଯେତେବେଳେ ସମୟ ମିଳିବ, ଆମେ ପୁଣି କଥା ହେବା । ଆଲ୍ଲା ଆସୁଛି ।

ଧନ୍ୟବାଦ! ଅବ ମୈଁ ଥୋଡ଼ା ଜଲ୍ଦୀ ମେଁ ହୂଁ । ଜବ ଭି ସମୟ ମିଲେଗା, ହମ ଫିର ବାତ କରେଙ୍ଗେ । ଅଲ୍ଲା ଚଲତା ହୂଁ ।

ଧନ୍ୟବାଦ! ଅବ ମୈଁ ଥୋଡ଼ା ଜଲ୍ଦୀ ମେଁ ହୂଁ । ଜବ ଭି ସମୟ ମିଲେଗା, ହମ ଫିର ବାତ କରେଙ୍ଗେ । ଅଲ୍ଲା ଚଲତା ହୂଁ ।

ସହରୀ-ଆଲ୍ଲା, ବିଦାୟ ! ପୁଣି ଦେଖାହେବ ।

ଶହରୀ-ଅଚ୍ଛା ବିଦା! ଫିର ମିଲେଙ୍ଗେ।

ଶହରୀ- ଅଲ୍ଲା ବିଦା ! ଫିର ମିଲେଙ୍ଗେ ।

•••

୪୯ତମ ସୋପାନ ଉନଚାସବୀଁ ସୀଢ଼ୀ

ଡାକ୍ତର ଏବଂ ରୋଗୀ
ଡॉକ୍ଟର ଔର ରୋଗୀ

ରୋଗୀ-ନମସ୍କାର ଡାକ୍ତର ବାବୁ! କ'ଣ ଆପଣ ମୋ ପାଇଁ କିଛି ସମୟ ଦେଇପାରିବେ ?

ରୋଗୀ-ନମସ୍କାର ଡॉକ୍ଟର ସାହବ! କ୍ୟା ଆପ କୁଛ ମିନଟ ମୁଝେ ଦେ ସକେଂଗେ?

ରୋଗୀ- ନମସ୍କାର ଡାକ୍ତର ସାହବ ! କ୍ୟା ଆପ କୁଛ ମିନଟ ମୁଝେ ଦେ ସକେଙ୍ଗେ ?

ଡାକ୍ତର-କାହିଁକି ନୁହେଁ ? ବସନ୍ତୁ... ଏବେ କୁହନ୍ତୁ, ଆପଣଙ୍କର କ'ଣ ହୋଇଛି ?

ଡॉକ୍ଟର-କ୍ୟୋଂ ନହୀଂ? ବୈଠିଏ...ଅବ ବତାଇଏ, ଆପକୋ କ୍ୟା ହୁଆ ହୈ?

ଡାକ୍ତର- କ୍ୟୋଁ ନହିଁ ? ବୈଠିଏ... ଅବ ବତାଇଏ, ଆପକୋ କ୍ୟା ହୁଆ ହୈ ?

ରୋଗୀ-ମୋର ଭୋକ ମରିଯାଇଛି । ମୋର

ରୋଗୀ-ମେରୀ ଭୂଖ ମର ଗଈ ହୈ। ମୈଂ ହର

ରୋଗୀ- ମେରୀ ଭୂଖ ମର ଗଈ ହୈ ।

ସବୁବେଳେ ବଦହଜମୀ
ହେଉଛି । ଏବଂ ସବୁଠାରୁ
ଖରାପ କଥା ହେଉଛି
ଯେ ମୁଁ ରାତିରେ
ଶୋଇ ପାରୁନାହିଁ ।

ଡାକ୍ତର-ଓହ, ଏହି କଥା ।
ଆପଣ କ'ଣ କରୁଛନ୍ତି ?

ରୋଗୀ-ମୁଁ ବରିଷ୍ଠ ପ୍ରୁଫ୍
ରିଡର ଅଛି- ଏକ
ପ୍ରତିଷ୍ଠିତ ଛାପାଖାନାରେ ।
ମୋତେ ଚେୟାର
ଉପରେ ବସି ଘଣ୍ଟା-
ଘଣ୍ଟା କାମ କରିବାକୁ
ପଡ଼େ ।

ଡାକ୍ତର-ଆପଣ କ'ଣ
ସାନ୍ଧ୍ୟ ଭ୍ରମଣ କରନ୍ତି ?

ରୋଗୀ-ନା ଡାକ୍ତରବାବୁ !
ମୁଁ ସନ୍ଧ୍ୟାରେ ଭ୍ରମଣ
କରେ ନାହିଁ । ମୁଁ
ଯେତେବେଳେ ଘରେ
ପହଞ୍ଚେ ତେବେ ମୁଁ
ବହୁତ ଥକି ଯାଇଥିବା
ଅନୁଭବ କରେ ।
ବାସ୍, ତାପରେ ଖାଦ୍ୟ
ଖାଏ ଏବଂ ଖଟ ଉପରେ
ଶୋଇପଡ଼େ ।

ଡାକ୍ତର-ମୋ ହିସାବରେ
ତୁମ ଚିନ୍ତାର ମୂଲ

समय बदहजमी
से ग्रस्त रहता हूं।
और सबसे खराब
बात यह है कि मैं
रात को सो नहीं
पाता।

डॉक्टर-ओह, यह
बात है। आप
करते क्या हैं?

रोगी-मैं प्रवर प्रूफ
संशोधक हूं- एक
प्रतिष्ठित छपाई
खाने में। मुझे
अपनी कुर्सी पर
घंटों तक काम
करना पड़ता है।

डॉक्टर-क्या आप
शाम की सैर के
अभ्यस्त हैं?

रोगी-नहीं डॉक्टर
साहब! मैं शाम
को सैर नहीं
करता। जब मैं
घर, पहुंचता हूं
तो मैं बड़ा थका
महसूस करता हूं।
बस, मैं खाना
खाता हूं और लेट
जाता हूं।

डॉक्टर-मेरे विचार से,
तुम्हारी परेशानियों

ମୈଁ ହର ସମୟ
ବଦହଜମୀ ସେ
ଗ୍ରସ୍ତ ରହତା ହୁଁ ।
ଔର ସବସେ ଖରାବ
ବାତ ୟହ ହୈ କି
ମୈଁ ରାତ କୋ ସୋ
ନହିଁ ପାତା ।

ଡାକ୍ତର- ଓହ, ୟହ
ବାତ ହୈ । ଆପ
କରତେ କ୍ୟା ହୈଁ ?

ରୋଗୀ- ମୈଁ ପ୍ରବର
ପ୍ରୁଫ ସଂଶୋଧକ
ହୁଁ- ଏକ ପ୍ରତିଷ୍ଠିତ
ଛପାଇ ଖାନେ ମେଁ ।
ମୁଝେ ଅପନୀ
କୁର୍ସୀ ପର ଘଣ୍ଟୋ
ତକ କାମ କରନା
ପଡ଼ତା ହୈ ।

ଡାକ୍ତର- କ୍ୟା ଆପ
ଶାମ କୀ ସୈର କେ
ଅଭ୍ୟସ୍ତ ହୈଁ ?

ରୋଗୀ- ନହିଁ ଡାକ୍ତର
ସାହବ ! ମୈଁ ଶାମ
କୋ ସୈର ନହିଁ
କରତା । ଜବ ମୈଁ
ଘର ପହୁଞ୍ଚତା ହୁଁ,
ତୋ ମୈଁ ବଡ଼ା
ଥକା ମହସୂସ
କରତା ହୁଁ ।
ବସ, ମୈଁ ଖାନା
ଖାତା ହୁଁ ଔର
ଲେଟ ଜାତା ହୁଁ ।

ଡାକ୍ତର- ମେରେ ବିଚାର
ସେ, ତୁମ୍ହାରୋ

କାରଣ ହେଉଛି ତୁମର
ବ୍ୟସ୍ତ ଜୀବନ ।
ଆରାମ କରନ୍ତୁ ଏବଂ
ନିୟମିତ ଶାରୀରିକ
ଶ୍ରମ କରନ୍ତୁ ।

ରୋଗୀ-ମୁଁ ଆପଣଙ୍କ
କଥାରେ ଏକମତ ।
ମୁଁ ବହୁ ଦିନରୁ
କୌଣସି ଛୁଟି ପାଇ
ପାରିନାହିଁ ।

ଡାକ୍ତର-ଆଛା, ତେବେ ମୁଁ
ଆପଣଙ୍କୁ ପରାମର୍ଶ
ଦେବି ଯେ ଆପଣ
କିଛି ସମୟ ପାଇଁ
ଗ୍ରାମାଞ୍ଚଳକୁ ଯାଆନ୍ତୁ ।
କବାଟ ଖୋଲା ରଖି
ଖୋଲା ପବନରେ
ଆରାମ କରନ୍ତୁ ।
ସକାଳେ ଏବଂ ସନ୍ଧ୍ୟାରେ
ଭ୍ରମଣ କରନ୍ତୁ ।
ନିଜ ଖାଦ୍ୟକୁ ବ୍ୟବସ୍ଥିତ
ରଖନ୍ତୁ । ନିୟମିତ
ଶୁଅନ୍ତୁ ଏବଂ ବିଶ୍ରାମ
ନିଅନ୍ତୁ । ମୁଁ ଭାବୁଛି ଏହି
ନିର୍ଦ୍ଦେଶଗୁଡ଼ିକୁ ମାନି
ଆପଣ କମ୍ ସମୟ
ଭିତରେ ସମ୍ପୂର୍ଣ୍ଣ
ସୁସ୍ଥ ହୋଇଯିବେ ।

की जड़ तुम्हारा
अस्त व्यस्त जीवन
ही है। आराम करो
और नियमित
शारीरिक श्रम करो।

रोगी-मैं आपसे सहमत
हूं। मैं लम्बे समय
से कोई अवकाश
नहीं पा सका।

डॉक्टर-अच्छा तो मैं
आपको सलाह दूंगा
कि आप कुछ समय
के लिए ग्रामीण क्षेत्र
में जाएं। दरवाजे
खुले रखकर खुली
हवा में आराम करें
सुबह-शाम सैर करें।
अपनी खुराक ठीक
करावें। आराम और
विश्राम में नियमित
बनें। मैं समझता हूं
इन निर्देशों को
अपनाकर आप
थोड़े समय में ही
बिल्कुल स्वस्थ हो
जाएंगे।

ପରେଶାନିୟୋଁ କୀ
ଜଡ଼ ତୁହ୍ଲାରା
ଅସ୍ତ-ବ୍ୟସ୍ତ ଜୀବନ
ହୀ ହୈ। ଆରାମ
କରୋ ଔର
ନିୟମିତ ଶାରୀରିକ
ଶ୍ରମ କରୋ ।
ରୋଗୀ- ମୈଁ ଆପସେ
ସହମତ ହୂଁ । ମୈଁ
ଲମ୍ବେ ସମୟ ସେ
କୋଇ ଅବକାଶ
ନହୀଁ ପା ସକା ।

ଡାକ୍ତର- ଅଛା ତୋ ମୈଁ
ଆପକୋ ସଲାହ
ଦୂଙ୍ଗା। କି ଆପ କୁଛ
ସମୟ କେ ଲିଏ
ଗ୍ରାମୀଣ କ୍ଷେତ୍ର ମେଁ
ଜାୟଁ। ଦରବାଜେ
ଖୁଲେ ରଖକର
ଖୁଲୀ ହୱା ମେଁ
ଆରାମ କରେଁ,
ସୁବହ-ଶାମ ସୈର
କରେଁ। ଅପନୀ
ଖୁରାକ ଠିକ କରାୱଁ।
ଆରାମ ଔର ବିଶ୍ରାମ
ମେଁ ନିୟମିତ ବନେଁ।
ମୈଁ ସମଝ୍ତା ହୂଁ
ଇନ ନିର୍ଦ୍ଦେଶୋଁ କୋ
ଅପନାକର ଆପ
ଥୋଡ଼େ ସମୟ ମେଁ
ହୀ ବିଲ୍କୁଲ
ସ୍ୱସ୍ଥ ହୋ
ଜାୟେଙ୍ଗେ ।

ରୋଗୀ–ଧନ୍ୟବାଦ, ଡାକ୍ତର! ମୁଁ ଆପଣଙ୍କ ନିର୍ଦ୍ଦେଶ ଗୁଡ଼ିକୁ ନିଷ୍ଚୟ ପାଳନ କରିବି। ଧନ୍ୟବାଦ!	रोगी–धन्यवाद, डॉक्टर! मैं आपके निर्देशों का अवश्य पालन करूँगा। धन्यवाद!	ରୋଗୀ– ଧନ୍ୟବାଦ, ଡାକ୍ତର! ମୈଁ ଆପକେ ନିର୍ଦେଶୋଁ କା ଅବଶ୍ୟ ପାଲନ କରୁଙ୍ଗା। ଧନ୍ୟବାଦ!
ଡାକ୍ତର–ଦଶ ଦିନ ପରେ ଆସିବେ। ମୋ ମତରେ, ଆପଣଙ୍କ ସ୍ୱାସ୍ଥ୍ୟରେ ଉନ୍ନତି ହୋଇଥିବ।	डॉक्टर–दस दिनों बाद आइएगा। मेरा विचार है, आपके स्वास्थ्य में सुधार होगा।	ଡାକ୍ତର– ଦସ ଦିନୋଁ ବାଦ ଆଇଏଗା। ମେରା ବିଚାର ହୈ, ଆପକେ ସ୍ୱାସ୍ଥ୍ୟ ମେଁ ସୁଧାର ହୋଗା।

...

୫୦ତମ ସୋପାନ पचासवीं सीढ़ी

ଆତ୍ମପରିଚୟ आत्मपरिचय

1. ମୋ ନାମ ଶେହନାଜ।	मेरा नाम शहनाज है।	ମେରା ନାମ ଶହନାଜ ହୈ।
2. ମୁଁ ଭାରତୀୟ ଅଟେ ଏବଂ ପୁନେ ରେ ରହୁଛି।	मैं भारतीय हूँ और पुणे में रहती हूँ।	ମୈଁ ଭାରତୀୟ ହୁଁ ଔର ପୁଣେ ମେଁ ରହତୀ ହୁଁ।
3. ମୋର ବୟସ ୧୭ ବର୍ଷ ଅଟେ।	मैं सत्रह वर्ष की हूँ।	ମୈଁ ସତ୍ରହ ବର୍ଷ କୀ ହୁଁ।
4. ମୁଁ କୁମାରୀ ଅଟେ।	मैं कुमारी हूँ।	ମୈଁ କୁମାରୀ ହୁଁ।
5. ମୁଁ ଛାତ୍ରୀ ଅଟେ ଏବଂ ଦଶମ ଶ୍ରେଣୀରେ ପଢୁଛି।	मैं छात्रा हूँ और दसवीं कक्षा में पढ़ती हूँ।	ମୈଁ ଛାତ୍ରା ହୁଁ ଔର ଦସଵୀଁ କକ୍ଷା ମେଁ ପଢତୀ ହୁଁ।

6. ମୋ ବାପା ପି.ଏମ୍.ଟି. ରେ ବରିଷ୍ଠ ଅଧିକାରୀ ଅଛନ୍ତି ।	मेरे पिताजी पी. एम. टी. में वरिष्ठ अधिकारी है।	ମେରେ ପିତାଜୀ ପି.ଏମ. ଟୀ. ମେଁ ବରିଷ୍ଠ ଅଧିକାରୀ ହୈଁ।
7. ମୋର ଦୁଇଭାଇ ଏବଂ ତିନି ଭଉଣୀ ଅଛନ୍ତି ।	मेरे दो भाई और तीन बहनें हैं।	ମେରେ ଦୋ ଭାଈ ଔର ତୀନ ବହନେଁ ହୈଁ।
8. ମୋ ବଡ଼ଭାଇ ଯନ୍ତ୍ରୀ ଅଛନ୍ତି ।	मेरे भाईसाहब अभियन्ता हैं।	ମେରେ ଭାଈ ସାହବ ଅଭିୟନ୍ତା ହୈଁ।
9. ମୋ ଛୋଟ ଭାଇ ଦୟାଳୁ ହୃଦୟର ଅଟେ ।	मेरे छोटा भाई दयालु हृदय है।	ମେରେ ଛୋଟା ଭାଈ ଦୟାଲୁ ହୃଦୟ ହୈ।
10. ମୀନାଜ, ଗୁଲନାର ଏବଂ ଦିଲଶାଦ ହେଉଛନ୍ତି ମୋର ଛୋଟ ଭଉଣୀ ।	मीनाज, गुलनार और दिलशाद मेरी छोटी बहनें हैं।	ମୀନାଜ, ଗୁଲନାର ଔର ଦିଲଶାଦ ମେରୀ ଛୋଟୀ ବହନେଁ ହୈଁ।
11. ସେମାନେ ମୋ ଠାରୁ ଅଧିକ ବୁଦ୍ଧିମତୀ ।	वे मुझसे अधिक अक्लमंद हैं।	ୱେ ମୁଝସେ ଅଧିକ ଅକଲମନ୍ଦ ହୈଁ।
12. ମୋ ଜୀବନର ଉଦ୍ଦେଶ୍ୟ ହେଉଛି ବୈଜ୍ଞାନିକ ହେବା ।	मेरे जीवन का उद्देश्य वैज्ञानिक बनना है।	ମେରେ ଜୀବନ କା ଉଦ୍ଦେଶ୍ୟ ବୈଜ୍ଞାନିକ ବନନା ହୈ।
13. ମୁଁ ବିଦ୍ୟାଳୟକୁ ସାଇକଲରେ ଯାଏ ।	मैं विद्यालय साइकिल पर जाती हूं।	ମେଁ ବିଦ୍ୟାଲୟ ସାଇକିଲ ପର ଜାତୀ ହୁଁ।
14. ମୁଁ ସକାଳେ ଟିକେ ଡେରିରେ ଉଠେ ।	मैं प्रातः कुछ देर से उठती हूं।	ମେଁ ପ୍ରାତଃ କୁଛ ଦେର ସେ ଉଠତୀ ହୁଁ।
15. ମୁଁ ଜାଣେ, ଏହା ଖରାପ ଅଭ୍ୟାସ ଅଟେ ।	मैं जानती हूँ, यह बुरी आदत है।	ମେଁ ଜାନତୀ ହୁଁ, ୟହ ବୁରୀ ଆଦତ ହୈ।
16. ଏଥିପାଇଁ ମୁଁ ଲଜ୍ଜିତ ଅଟେ ।	इसके लिए मैं लज्जित हूं।	ଇସକେ ଲିଏ ମେଁ ଲଜ୍ଜିତ ହୁଁ।
17. ବାସ୍ତବରେ, ମୁଁ ଅସହାୟ ଅଟେ ।	वास्तव में, मैं असहाय हूं।	ବାସ୍ତବ ମେଁ, ମେଁ ଅସହାୟ ହୁଁ।
18. ମୁଁ ମୋ ସ୍ୱଭାବ ସୁଧାରିବାକୁ ଚାହୁଁଛି ।	मैं अपनी आदत सुधारना चाहती हूं।	ମେଁ ଅପନୀ ଆଦତ ସୁଧାରନା ଚାହତୀ ହୁଁ।
19. ମୋର ଆଶା ଅଛି, ମୁଁ ଏହାକୁ ସୁଧାରିନେବି ।	मुझे आशा है, मैं इसे सुधार लूँगी।	ମୁଝେ ଆଶା ହୈ, ମେଁ ଇସେ ସୁଧାର ଲୁଙ୍ଗୀ।
20. ଏହି ଖରାପ ଅଭ୍ୟାସକୁ ଦୂର କରିବା ପାଇଁ ମୁଁ ମୋ ପରିବାର ସଦସ୍ୟଙ୍କ ସାହାଯ୍ୟ ନେବାକୁ ଚାହୁଁଛି ।	इस बुरी आदत को दूर करने के लिए मैं अपने परिवार के सदस्यों की सहायता चाहती हूं।	ଇସ ବୁରୀ ଆଦତ କୋ ଦୂର କରନେ କେ ଲିଏ ମେଁ ଅପନେ ପରିବାର କେ ସଦସେଯାଁ କୀ ସହାୟତା ଚାହତୀ ହୁଁ।

 30 ଦିନରେ ଓଡ଼ିଆ ମାଧ୍ୟମରେ ହିନ୍ଦୀ ଶିଖନ୍ତୁ

21. ମୁଁ ସ୍ନାନ କରେ ଏବଂ ଭଗବାନଙ୍କ ଦୟା ପାଇଁ ତାଙ୍କୁ ଧନ୍ୟବାଦ ଜଣାଏ ।	मैं स्नान करती हूं और खुदा की कृपा के लिए उसका धन्यवाद करती हूं।	ମୈଁ ସ୍ନାନ କରତୀ ହୁଁ ଔର ଖୁଦା କୀ କୃପା କେ ଲିଏ ଉସକା ଧନ୍ୟବାଦ କରତୀ ହୁଁ।
22. ମୋର କିଛି ଚିଠି-ବନ୍ଧୁ ମଧ୍ୟ ଅଛନ୍ତି ।	मेरे कुछ पत्र-मित्र भी है।	ମେରେ କୁଛ ପତ୍ର-ମିତ୍ର ଭି ହେ।
23. ମୁଁ ସେମାନଙ୍କୁ ଯେକୌଣସି ସମୟରେ ଚିଠି ଲେଖେ ।	मैं उन्हें जब-तब (पत्र) लिखती हूं।	ମୈଁ ଉନ୍ହେଁ ଜବ-ତବ (ପତ୍ର) ଲିଖତୀ ହୁଁ।
24. ମୁଁ ବଡ଼ମାନଙ୍କୁ ସମ୍ମାନ ଦେଖାଏ ଏବଂ ଛୋଟ ମାନଙ୍କୁ ସ୍ନେହ କରେ ।	मैं बड़ों का आदर करती हूं और छोटों से प्यार।	ମୈଁ ବଡ଼ୋଁ କା ଆଦର କରତୀ ହୁଁ ଔର ଛୋଟୋଁ ସେ ପ୍ୟାର।
25. ମୋ ମାତୃଭାଷା ମରାଠୀ ଅଟେ, କିନ୍ତୁ ମୁଁ ହିନ୍ଦୀ ମଧ୍ୟ ଜାଣେ ।	मेरी मातृभाषा मराठी है परंतु मैं हिंदी भी जानती हूं।	ମେରୀ ମାତୃଭାଷା ମରାଠୀ ହେ ପରନ୍ତୁ ମୈଁ ହିନ୍ଦୀ ଭି ଜାନତୀ ହୁଁ।
26. ମୁଁ ଦିଲ୍ଲୀରେ ଆହୁରି ଦୁଇଦିନ ରହିବି ।	मैं दिल्ली में दो दिन और रुकूंगी।	ମୈଁ ଦିଲ୍ଲୀ ମେଁ ଦୋ ଦିନ ଔର ରୁକୁଁଗୀ।
27. ମୁଁ ଲାଲକିଲ୍ଲା, କୁତବ ମିନାର, ଜାମା ମସ୍ଜିଦ, ନିଜାମୁଦ୍ଦିନ ଦରଗା ଏବଂ ବିରଲା ମନ୍ଦିର ଯିବି ।	मैं लाल किला, कुतुब मीनार, जामा मस्जिद, निजामुद्दीन दरगाह और बिरला मंदिर जाऊंगी।	ମୈଁ ଲାଲ କିଲା, କୁତୁବ ମୀନାର, ଜାମା ମସ୍ଜିଦ, ନିଜାମୁଦ୍ଦିନ ଦରଗାହ ଔର ବିରଲା ମନ୍ଦିର ଜାଉଁଗୀ।
28. ସର୍ବପ୍ରଥମେ ମୁଁ ଭାରତୀୟ ଅଟେ । ମୁଁ ମୋର ସମସ୍ତ ଦେଶବାସୀଙ୍କୁ ଭଲପାଏ ।	सबसे पहले मैं भारतीय हूं। मैं अपने सभी देश-वासी से प्यार करती हूं।	ସବସେ ପହଲେ ମୈଁ ଭାରତୀୟ ହୁଁ। ମୈଁ ଅପନେ ସଭୀ ଦେଶ-ବାସୀ ସେ ପ୍ୟାର କରତୀ ହୁଁ।
29. ମୁଁ ମୋ ଦେଶ ପାଇଁ ଜଣେ ଲାଭଦାୟକ ନାଗରିକ ହେବାକୁ ଚାହୁଁଛି ।	मैं अपने देश के लिए एक लाभ-दायक नागरिक बनना चाहती हूं।	ମୈଁ ଅପନେ ଦେଶ କେ ଲିଏ ଏକ ଲାଭ-ଦାୟକ ନାଗରିକ ବନନା ଚାହତୀ ହୁଁ।
30. ମୁଁ ଏହି ବର୍ଷ ପଢ଼ିବା ପାଇଁ ଇଂଲଣ୍ଡ ଯିବି ।	मैं इस वर्ष पढ़ाई के लिए इंग्लैंड जाऊंगी।	ମୈଁ ଇସ ବର୍ଷ ପଢ଼ାଈ କେ ଲିଏ ଇଂଲୈଣ୍ଡ ଜାଉଁଗୀ।
31. ମୁଁ ବାହ୍ୟାଚାରରେ ବିଶ୍ୱାସ କରେନାହିଁ ।	मैं तकल्लुफ में विश्वास नहीं रखती।	ମୈଁ ତକଲ୍ଲୁଫ ମେଁ ବିଶ୍ୱାସ ନହିଁ ରଖତୀ।

୩୨. ଆପଣଙ୍କ ଆତିଥ୍ୟ ପାଇଁ ମୁଁ ଆପଣଙ୍କୁ ହୃଦୟରୁ ଧନ୍ୟବାଦ ଜଣାଉଛି ।	आपके आतिथ्य के लिए मैं आपका हृदय से धन्यवाद करती हूं।	ଆପକେ ଆତିଥ୍ୟ କେ ଲିଏ ମୈଁ ଆପକା ହୃଦୟ ସେ ଧନ୍ୟବାଦ କରତୀ ହୁଁ।
୩୩. ଅନ୍ତତଃ ମୋର ବିଶ୍ୱାସ ଅଛି ଯେ ଆପଣ ମୋର ଭୁଲ୍‌ଗୁଡ଼ିକୁ କ୍ଷମା କରିବେ ।	अंततः मुझे विश्वास है कि आप मेरी त्रुटियों को क्षमा करेंगे।	ଅନ୍ତତଃ ମୁଝେ ବିଶ୍ୱାସ ହୈ କି ଆପ ମେରୀ ତ୍ରୁଟିୟୋଁ କୋ କ୍ଷମା କରେଙ୍ଗେ।
୩୪. ମୁଁ ସର୍ବଦା ପ୍ରତ୍ୟେକଙ୍କ ପ୍ରତି ସଚ୍ଚୋଟ ରହିବାକୁ ଚାହୁଁଛି ।	मैं सदा हरेक के प्रति ईमानदार बनी रहना चाहती हूं।	ମୈଁ ସଦା ହରେକ କେ ପ୍ରତି ଈମାନଦାର ବନୀ ରହନା ଚାହତୀ ହୁଁ।

•••

ରୂଢ଼େୟାକ୍ତି ଏବଂ ଲୋକକଥା
मुहावरे एवं लोकोक्तियाँ

ରୂଢ଼େୟାକ୍ତି मुहावरे

1. अंधे की लाठी   ଅନ୍ଧେ କୀ ଲାଠୀ   ଅନ୍ଧର ଲଉଡ଼ି

प्रयोग-बूढ़े माता-पिता के लिए उनका लड़का ही अंधे की लाठी है।

2. अक्ल का दुश्मन   ଅକ୍ଲ କା ଦୁଶ୍ମନ   ନିର୍ବୋଧ

प्रयोग- वह तो अक्ल का दुश्मन है, उससे कुछ आशा न रखो।

3. अक्ल पर पत्थर पड़ना   ଅକ୍ଲ ପର ପତ୍‌ଥର ପଡ଼ନା   କୁବୁଦ୍ଧି ପଶିବା

प्रयोग- सुरेश की अक्ल पर पत्थर पड़ा है तभी तो उसने अपना सब कुछ खो दिया।

4. अपने मुंह मियां मिट्ठू बनाना   ଅପନେ ମୁଁହ ମିୟାଁ ମିଟ୍ଠୁ ବନାନା   ଆତ୍ମ-ବଡ଼ିମା ଗାଇବା

प्रयोग- कुछ करोगे भी या यों ही अपने मुंह मिया मिट्टू बनते रहोगे।

5. आंखें बिछाना   ଆଁଖେଁ ବିଛାନା   ବାଟ ଚାହିଁବା

प्रयोग-दूल्हे के स्वागत में लोग आंखें बिछाए खड़े थे।

6. आंख का तारा   ଆଁଖ କା ତାରା   ଆଖିର ତାରା

प्रयोग-बच्चे अपने माता-पिता की आंख का तारा होते हैं।

7. आंख की किरकिरी   ଆଁଖ କୀ କିରକିରୀ   ଆଖିର କଣ୍ଟା

प्रयोग-भाई भाइ का आंख की किरकिरी बन गया है।

8. आकाश-पाताल   ଆକାଶ-ପାତାଲ   ଆକାଶ-ପାତାଲ
एक करना   ଏକ କରନା

प्रयोग-दोनों भाइयों की प्रकृति में आकाश-पाताल का अंतर है।

9. आस्तीन का सांप   ଆସ୍ତୀନ କା ସାଁପ   ଘର ଚିଙ୍ଗ କୁମ୍ଭୀର

प्रयोग- रवि तो बिल्कुल आस्तीन के सांप की तरह है, उससे दूर ही रहना अच्छा है।

10. ईंट से ईंट बजाना   ଇଁଟ ସେ ଇଁଟ ବଜାନା   ମାଟିରେ ମିଶାଇବା

प्रयोग- वीर हनुमान ने लंका की ईंट से ईंट बजा दी।

11. ईद का चांद   ଇଁଦ କା ଚାନ୍ଦ   ଉଦିଆ ତାରା

प्रयोग- देवेन्द्र तुम तो ईद के चांद हो गए हो। कहां रहते हो आजकल?

12. उंगली उठाना   ଉଙ୍ଗଲୀ ଉଠାନା   ଆଙ୍ଗୁଲି ଉଠାଇବା

प्रयोग- चरित्रहीन व्यक्ति की ओर सभी उंगली उठाते हैं।

13. उलटी गंगा बहाना   ଉଲଟୀ ଗଙ୍ଗା   ଗୋଦର କୋଡ଼େ ଘେଟେ
                         ବହାନା   ମାଡ଼େ ସେଟେ

प्रयोग- यदि ऐसे ही उलटी गंगा बहाओगे तो सफलता तुमसे दूर ही रहेगी।

14. उन्नीस-बीस का अंतर   ଉନ୍ନୀସ-ବୀସ କା ଅନ୍ତର   ଉଣେଇଶ-ବିଶ ଫରକ

प्रयोग- दोनों मित्रों के स्वभाव में उन्नीस-बीस का अंतर है।

15. एक ही लाठी   ଏକ ହୀ ଲାଠୀ ସେ   ଧୂଆ ମୂଲା ଅଧୂଆ ମୂଲା
से हांकना   ହାଁକନା   ସବୁ ସମାନ

प्रयोग- सब को एक ही लाठी से हांकने की नीति ठीक नहीं।

16. एड़ी चोटी का   ଏଡ଼ୀ ଚୋଟୀ କା   ମୁଣ୍ଡରୁ ବାଲ ଉପୁଡ଼ିବା
ज़ोर लगाना   ଜୋର ଲଗାନା

प्रयोग- रमेश तो चुनाव जीतने के लिए एड़ी चोटी का जोर लगाया, फिर भी असफल रहा।

17. काठ का उल्लू   କାଠ କା ଉଲ୍ଲୂ   ଗୋବର ଗଣେଶ

प्रयोग- उस पर उचित काम की आशा मत रखो, वह तो काठ का उल्लू है।

18. खालाजी का घर   ଖାଲାଜୀ କା ଘର   ଖେଳଘର

प्रयोग- सैनिक जीवन बिताना खालाजी का घर नहीं है।

19. खेत रहना   ଖେତ ରହନା   ଜୀବନର ବାଜି
                                              ଲଗାଇବା

प्रयोग- अनेक सैनिक मातृभूमि की रक्षा के लिए खेत रहे।

20. गड़े मुर्दे उखाड़ना   ଗଡ଼େ ମୁର୍ଦେ ଉଖାଡ଼ନା   ପୁରୁଣା ଘା' ଉଖାରିବା

प्रयोग- गड़े मुर्दे उखाड़ने से क्या लाभ! बीती बातों को भूल जाना चाहिए।

21. घी के दिये जलाना   ଘୀ କେ ଦିୟେ ଜଲାନା   ଘିଅ ଦୀପ ଜାଳିବା

प्रयोग– कुख्यात डाकू के मारे जाने पर गांववासियों ने घरों में घी के दिये जलाए।

22. घाव पर नमक   ଘାଓ ପର ନମକ   କଟା ଘା'ରେ ଲୁଣ

    छिड़कना   ଛିଡ଼କନା   ମାରିବା

प्रयोग– मैं पहले ही बहुत सताया गया हूं और अब तुम मेरे घावों पर नमक छिड़क रहे हो!

23. चम्पत होना   ଚମ୍ପତ ହୋନା   ଗୋଡ଼-ହାତ ଥରିବା

प्रयोग– पुलिस के आते ही चोर वहां से चम्पत हो गया।

24. चल बसना   ଚଲ ବସନା   ପ୍ରାଣ ଛାଡ଼ିଦେବା

प्रयोग– राजा दशरथ पुरुषोत्तम राम के वियोग में चल बसे।

25. चिकनी-चुपड़ी   ଚିକନୀ-ଚୁପଡ଼ୀ   ତେଲ ମାରିବା

    बातें करना   ବାତେଁ କରନା

प्रयोग– चिकनी-चुपड़ी बातें करके अध्यक्ष ने विपक्षी नेताओं को फंसाने की कोशिश की।

26. छक्के छुड़ाना   ଛକ୍କେ ଛୁଡ଼ାନା   ଦାନ୍ତ (ଟାଣ) ଭାଙ୍ଗିବା

प्रयोग– युद्ध में भारतीय सेना ने पाकिस्तानी सेना के छक्के छुड़ा दिए।

27. छाती से लगाना   ଛାତୀ ସେ ଲଗାନା   ବୁକୁରେ ଲଗାଇବା

प्रयोग– मां ने अपने वर्षों से बिछड़े बेटे को छाती से लगा लिया।

28. जाल बिछाना   ଜାଲ ବିଛାନା   ଗାତ ଖୋଲିବା

प्रयोग– मोहन ने अमित को फंसाने के लिए अपने कुचक्रों का जाल फैलाया।

29. जी का बोझ   ଜୀ କା ବୋଝ   ନାହିଁରେ ତେଲ ପକାଇ

    हलका होना   ହଲକା ହୋନା   ଶୋଇବା

प्रयोग– माता-पिता के बेटी की कुशलता का समाचार सुना तो उनके जी का बोझ हलका हो गया।

30. जी-जान लड़ाना   ଜୀ-ଜାନ ଲଡ଼ାନା   ଜୀବନ ପୂର୍ଣ୍ଣ

प्रयोग– सेना को सामना करने के लिए जी जान लड़ाकर तैयारी करनी होगी।

31. जीना दूभर होना   ଜୀନା ଦୂଭର ହୋନା   ଗୁଜୁରାଣ ମେଣ୍ଟିବା

प्रयोग– इस महंगाई के जमाते में गरीब व्यक्ति का जीना दूभर हो गया है।

32. जूतियां चटखाते   ଜୂତିୟାଁ ଚଟଖାତେ   ଲଗା ନ ପଇ

    फिरना   ଫିରନା

प्रयोग– कोई ढंग का काम करो, इस तरह आखिर कब तक जूतियां चटखाते फिरोगे।

33. जलती आग में   ଜଳତୀ ଆଗ ମେଁ   ନିଆଁରେ ଘିଅ

घी डालना   ଘୀ ଡାଲନା   ପକାଇବା

प्रयोग– वह पहले से गुस्से से भरा पड़ा था, तुम्हारी बातों ने जलती आग में घी डालने का काम किया।

34. टका सा जवाब देना   ଟକା ସା ଜବାବ ଦେନା   ମୁହଁ ଉପରେ ଜବାବ ଦେବା

प्रयोग– राकेश ने उससे सहायता मांगी लेकिन उसने टका सा जवाब दे दिया।

35. टांग तले से   ଟାଙ୍ଗ ତଲେ ସେ   ହାର୍ ମାନିବା

निकलना   ନିକଲନା

प्रयोग– आखिर अंग्रेजों को टांग तले से निकलना पड़ा।

36. तारे गिनना   ତାରେ ଗିନ୍ନା   ନିଦ ହଜିଯିବା

प्रयोग– हरीश चिंता और परेशानी के कारण सारी रात तारे गिनता रहा।

37. दम तोड़ना   ଦମ ତୋଡ଼ନା   ଦାଘ ଲିଭିଯିବା

प्रयोग– डॉक्टर के पहुंचने से पहले ही रोगी ने दम तोड़ दिया।

38. दाल में   ଦାଲ ମେଁ କାଲା   ସନ୍ଦେହ ଉପୁଜିବା

काला होना   ହୋନା

प्रयोग– वायदा करके भी वह न पहुंची तो मैं समझ गया दाल में कुछ काला है।

39. दुम दबाकर भागना   ଦୁମ ଦବାକର ଭାଗନା   ଲାଙ୍ଗୁଡ଼ ଜାକି ପଲାଇବା

प्रयोग– लड़ाई के मैदान से शत्रु दुम दबाकर भाग निकले।

40. दौड़-धूप करना   ଦୌଡ଼-ଧୂପ କରନା   ମୁଣ୍ଡ ଫାଲ ଫୁଣ୍ଟରେ

     ମାରିବା

प्रयोग– कृष्ण ने बहन के विवाह के लिए उपयुक्त वर के लिए बहुत दौड़-धूप की।

41. दिन दुनी रात   ଦିନ ଦୁନୀ ରାତ   ପାଲିଙ୍କି ଉପରେ

चौगुनी   ଚୌଗୁନୀ   ପାଟଛଟା

प्रयोग– मनोज दिन दुनी रात चौगुनी प्रगति कर रहा है।

42. दांत खट्टे करना   ଦାନ୍ତ ଖଟ୍ଟେ କରନା   ମାଟି କାମୁଡ଼େଇବା

प्रयोग– चन्द्रशेखर आजाद ने अंग्रेजों के दांत खट्टे कर दिए थे।

43. धूल में मिलाना   ଧୂଲ ମେଁ ମିଲାନା   ମାଟିରେ ମିଶାଇବା

प्रयोग– सुरेन्द्र ने माता-पिता की आशाओं को धूल में मिला दिया।

44. नौ दो ग्यारह होना   ନୌ ଦୋ ଗ୍ୟାରହ ହୋନା   ଚମ୍ପଟ ମାରିବା

प्रयोग– जेब काटकर जेबकतरा नौ दो ग्यारह हो गया।

45. नमक-मिर्च लगाना   ନମକ-ମିର୍ଚ ଲଗାନା   କୁଆ ଉଡ଼ିଗଲେ ଛୁଆ
                                                   ଉଡ଼ିଗଲା କହିବା

प्रयोग– कुछ औरतें आपस में दूसरों की बातों को नमक-मिर्च लगाकर कहती हैं।

46. नींद हराम होना   ନୀନ୍ଦ ହରାମ ହୋନା   ନିଦ ହଜିଯିବା

प्रयोग– बेटी के विवाह की चिंता के कारण माता-पिता की नींद हराम हो गई है।

47. पगड़ी उछालना   ପଗଡ଼ୀ ଉଚ୍ଛାଲନା   ଥ୍ପମାନ ଦେବା

प्रयोग– हमें किसी की पगड़ी उछालने का अधिकार नहीं है।

48. परदा उठाना   ପରଦା ଉଠାନା   ରହସ୍ୟରୁ ପରଦା ଉଠାଇବା

प्रयोग–उस व्यक्ति ने समय रहते परदा उठा दिया, नहीं तो निर्दोष मारा जाता।

49. परदा डालना   ପରଦା ଡାଲନା   ଗୋପନୀୟ ରଖିବା

प्रयोग– राम ने वर्षों तक इस पर परदा डाले रखा।

50. पानी-पानी होना   ପାନୀ-ପାନୀ ହୋନା   ଲାଜରେ ଜଳିଯିବା

प्रयोग–अनिल के दुर्व्यसनों की चर्चा सुनकर उसका पिता पानी-पानी हो गया।

51. पानी फेरना   ପାନୀ ଫେରନା   ଭୂମିସାତ କରିବା

प्रयोग– कुसंगति में पड़कर पुत्र ने माता-पिता की आशाओं पर पानी फेर दिया।

52. फूट-फूटकर रोना   ଫୁଟ-ଫୁଟକର ରୋନା   କୋହ ଫଟାଇ କାନ୍ଦିବା

प्रयोग–जवान बेटे की आकस्मिक मृत्यु का समाचार सुनकर मां फुट-फूटकर रोने लगी।

53. फूले न समाना   ଫୁଲେ ନ ସମାନା   ଅତି ଆନନ୍ଦିତ ହେବା

प्रयोग–बेटे की महान सफलता पर माता-पिता फूले नहीं समा रहे थे।

54. बाल-बाल बचना   ବାଲ-ବାଲ ବଚନା   ଅଳ୍ପକେ ବର୍ତ୍ତିବା

प्रयोग–कार दुर्घटना में वह बाल-बाल बच गया।

55. बाट जोहना   ବାଟ ଜୋହନା   ବାଟ ଚାହିଁବା

प्रयोग–देर रात तक पत्नी अपने पति की बाट जोहती रही।

56. मतलबी यार   ମତଲବୀ ୟାର   ସ୍ୱାର୍ଥପର ବନ୍ଧୁ

प्रयोग–तुम मतलबी यार को पहचान लो। सच्चे मित्र मिलना कठिन है।

57. मारे-मारे फिरना   ମାରେ-ମାରେ ଫିରନା   ବାରଦୁଆର ଶୁଙ୍ଘିପିଣ୍ଡା ହେବା

प्रयोग–रमा नौकरी की तलाश में मारे-मारे फिर रही है।

58. मुंह में पानी   ମୁଁହ ମେଁ ପାନୀ   ପାଟିରୁ ଲାଳ ଗଡ଼ିବା
भर आना   ଭର ଆନା

प्रयोग– अंगूरों के गुच्छे देखकर लोमड़ी के मुंह में पानी भर आया।

59. मक्खियाँ मारना   ମଖିୟାଁ ମାରନା   ମାଛି ଘଉଡ଼ାଇବା

प्रयोग– नौकरी के अभाव में नवयुवक मक्खियाँ मारते फिरते हैं।

60. मन के लड्डू   ମନ୍ କେ ଲଡ୍ଡୁ   ଦିବାସ୍ୱପ୍ନ ଦେଖିବା
    पकाना   ପକାନା

प्रयोग- कोई अच्छा काम कर दिखाओ, मन के लड्डू पकाने का क्या लाभ।

61. मुंह में पानी   ମୁଁହ ମେଁ ପାନୀ   ଘାଟିରୁ ଲାଳ ଗଡ଼ିବା
    भर आना   ଭର ଆନା

प्रयोग-लटकते हुए अंगूरों के गुच्छों को देखकर लोमड़ी के मुंह में पानी भर आया।

62. रफू-चक्कर होना   ରଫୂ-ଚକ୍କର ହୋନା   ଅଦୃଶ୍ୟ ହେବା

प्रयोग-जेबकतरा पुलिस को देखते ही रफू-चक्कर हो गया।

63. राई का पहाड़   ରାଈ କା ପହାଡ଼   ତିଳକୁ ତାଳ କରିବା
    बनाना   ବନାନା

प्रयोग-तुम भी उसकी बातों में आ गई, उसे तो राई का पहाड़ बनाने की आदत है।

64. लोहा मानना   ଲୋହା ମାନନା   ସ୍ୱୀକାର କରିବା

प्रयोग- आस-पास के सब राजा सम्राट् का लोहा मानते थे।

65. वचन देना   ବଚନ ଦେନା   କଥା ଦେବା

प्रयोग- उसने मुझे वचन दिया था कि वह सदा मेरे साथ रहेगा।

66. शेखी मारना   ଶେଖୀ ମାରନା   ବାହାଦୂରୀ ଗପିବା

प्रयोग-वह अपने आपको बड़ा समझता है, हर समय शेखी मारता रहता है।

67. सामना करना   ସାମନା କରନା   ସାମ୍ନା କରିବା

प्रयोग- मैं हर मुसीबत का बड़े धैर्य से सामना करता हूं।

68. सर्वे-सर्वा होना   ସର୍ବେ-ସର୍ବା ହୋନା   ସର୍ବେସର୍ବା ହେବା

प्रयोग-श्री विश्वनाथ इस संस्था के सर्वेसर्वा हैं।

69. सिर पर पांव   ସିର ପର ପାଉଁ   ଜୀବନ ନେଇ ଦୌଡ଼ିବା
    रखकर भागना   ରଖକର ଭାଗନା

प्रयोग-सभी जुआरी पुलिस को आते देख सिर पर पांव रखकर भाग गए।

70. हथियार डाल देना   ହଥିୟାର ଡାଲ ଦେନା   ଆତ୍ମସମର୍ପଣ କରିବା

प्रयोग- डाकुओं ने पुलिस के आगे हथियार डाल दिए।

71. हाथ पर हाथ   ହାଥ ପର ହାଥ   ହାତ ବାନ୍ଧି ବସିବା
    धरे बैठना   ଧରେ ବୈଠନା

प्रयोग- इस तरह हाथ पर हाथ धरे कब तक बैठे रहोगे। कुछ काम-धंधा ही कर लो।

72. हाथ-पांव मारना   ହାଥ-ପାଉଁ ମାରନା   ଚେଷ୍ଟା କରିବା

प्रयोग- हमने तुम्हें पाने के लिए खूब हाथ-पांव मारे।

73. हाथ धो बैठना   ହାଥ ଧୋ ବୈଠନା   ହାତଛଡ଼ା କରିବା

प्रयोग-काम को ठीक तरह से सम्भाल लो नहीं तो इस सबसे हाथ धो बैठोगे।

74. हाथ मलते रह जाना   ହାଥ ମଲତେ ରହ ଜାନା   ପଶ୍ଚାତାପ କରିବା

प्रयोग-अभी से संभल जाओ नहीं तो बाद में हाथ मलते रहोगे।

75. हवाई किले बनाना   ହୱାଇ କିଲେ ବନାନା   କୁହୁଡ଼ି ପହଁରିବା

प्रयोग-हवाई किले बनाने का क्या लाभ, कुछ करके दिखाओ तो जानें।

ଲୋକକଥା लोकोक्तियाँ

हिन्दी	ଉଚ୍ଚାରଣ	ଅର୍ଥ
1. अँधों में काना राजा।	ଅଁଧୋ ମେଁ କାନା ରାଜା।	ଅପାଳକ ରାଇଜରେ ବିଜୁଳି ଲକ୍ଷେଟଙ୍କା।
2. अधजल गगरी छलकत जाये।	ଅଧଜଳ ଗଗରୀ ଛଲକତ ଜାୟେ।	ଫମ୍ପା ମାଠିଆର ଶବ୍ଦ ଅଧିକ।
3. आप भला तो जग भला।	ଆପ ଭଲା ତୋ ଜଗ ଭଲା।	ଆପେ ବଞ୍ଚିଲେ ବାପର ନାଁ।
4. इलाज से परहेज बेहतर।	ଇଲାଜ ସେ ପରହେଜ ବେହତର।	ନିବାରଣ ଠାରୁ ନିରାକରଣ ଭଲ।
5. उतावला सो बावला।	ଉତାଉଲା ସୋ ବାଉଲା।	ତରତରରେ କାମ ଖରାପ।
6. एक पंथ दो काज।	ଏକ ପନ୍ଥ ଦୋ କାଜ।	ଗୋଟିଏ ଗୁଲିରେ ଦୁଇଟି ଶିକାର।
7. काम प्यारा कि चाम प्यारा।	କାମ ପ୍ୟାରା କି ଚାମ ପ୍ୟାରା।	କାମ ଭଲ ତ ନିଜେ ଭଲ।
8. चिराग तले अंधेरा।	ଚିରାଗ ତଲେ ଅନ୍ଧେରା।	ଦୀପ ତଳ ଅନ୍ଧାର।
9. जब तक सांस तब तक आस।	ଜବ ତକ ସାଁସ ତବ ତକ ଆସ।	ଜୀବ ଥିଲେ ଲୋଭ ଅଛି।
10. जहां फूल वहां कांटा।	ଜହାଁ ଫୁଲ ଓହାଁ କାଣ୍ଟା।	ଫୁଲ ଥିଲେ କଣ୍ଟା ଅଛି।
11. जिसकी लाठी उसकी भैंस।	ଜିସକୀ ଲାଠୀ ଉସକୀ ଭୈଁସ।	ଜୋର ଯା'ର ମୁଲକ ତା'ର।
12. जिसका दुख वही जाने।	ଜିସକା ଦୁଃଖ ଓହି ଜାନେ।	ଯାହାର କଷ୍ଟ ସେ ଜାଣେ।

30 ଦିନରେ ଓଡ଼ିଆ ମାଧ୍ୟମରେ ହିନ୍ଦୀ ଶିଖନ୍ତୁ

13.	जैसा राजा वैसी प्रजा।	ଜୈସା ରାଜା ବୈସୀ ପ୍ରଜା।	ଯେପରି ରାଜା ସେପରି ପ୍ରଜା।
14.	जैसा देश वैसा भेष।	ଜୈସା ଦେଶ ବୈସା ଭେଷ।	ଯେ ଦେଶ ଯାଇ ସେ ଫଳ ଖାଇ।
15.	जो गरजते हैं वे बरसते नहीं।	ଜୋ ଗରଜତେ ହେଁ ଓେ ବରସତେ ନହିଁ।	ଭୁକିଲା କୁକୁର କାମୁଡ଼େ ନାହିଁ।
16.	थोथा चना बाजे घना।	ଥୋଥା ଚନା ବାଜେ ଘନା।	ଛୋଟ' ସାପର ବିଷ ବେଶୀ।
17.	धन को धन कमाता है।	ଧନ କୋ ଧନ କମାତା ହେ।	କଣ୍ଟାକୁ କଣ୍ଟାରେ କଢ଼ାଯାଏ।
18.	नौ नगद न तेरह उधार।	ନୌ ନଗଦ ନ ତେରହ ଉଧାର।	ନାହିଁ ମାମୁଁ ଠାରୁ କଣା ମାମୁଁ ଭଲ।
19.	नाच न जाने आँगन टेढ़ा।	ନାଚ ନ ଜାନେ ଆଙ୍ଗନ ଟେଢ଼ା।	ଚାଲି ନଜାଣି ବାଟର ଦୋଷ।
20.	नीम हकीम खतरे जान।	ନୀମ ହକୀମ ଖତରେ ଜାନ।	ଅଳ୍ପ ବିଦ୍ୟା ଭୟଙ୍କର।
21.	पानी में रहे मगर से वैर।	ପାନୀ ମେଁ ରହେ ମଗର ସେ ବୈର।	ପାଣିରେ ରହି କୁମ୍ଭୀର ସହ ଶତ୍ରୁତା।
22.	बिना सेवा मेवा नहीं मिलता।	ବିନା ସେବା ମେବା ନହିଁ ମିଲତା।	କଷ୍ଟ କଲେ କୃଷ୍ଣ ମିଳେ।
23.	मुल्ला की दौड़ मस्जिद तक।	ମୁଲ୍ଲା କୀ ଦୌଡ଼ ମସ୍‌ଜିଦ ତକ।	ଏଣ୍ଡୁଅ ଦଉଡ଼ କିଆ ବୁଦାକୁ।
24.	लोहे को लोहा काटता है।	ଲୋହେ କୋ ଲୋହା କାଟତା ହେ।	ବିଷକୁ ବିଷ କାଟେ।
25.	सबसे भली चुप।	ସବସେ ଭଲୀ ଚୁପ।	ଚୁପ୍ ରହିବା ସବୁଠାରୁ ଭଲ।

• • •

ହିନ୍ଦୀ-ଓଡ଼ିଆ
ଶବ୍ଦକୋଶ
हिंदी-ओड़िआ शब्दकोश

ବର୍ଗୀକୃତ ଶବ୍ଦ ସୂଚୀ
वर्गीकृत शब्द सूची

1. ସମ୍ପର୍କୀୟ ସମ୍ବନ୍ଧୀ

हिंदी	ଓଡ଼ିଆ
चाचा	କକା
चाची	ଖୁଡ଼ି
जेठानी	ଜା (ନଣନ୍ଦ)
(देवरानी)	
दादा	ଜେଜେ ବାପା
दादी	ଜେଜେ ମା'
दामाद	ଜ୍ୱାଇଁ
नाना	ଅଜା
	(ମା'ଙ୍କ ବାପା)
नानी	ଆଇ
	(ମା'ଙ୍କ ମା')
पति	ସ୍ୱାମୀ
पत्नी	ସ୍ତ୍ରୀ
पिता	ପିତା
पुत्र	ପୁତ୍ର
पुत्रवधू	ପୁତ୍ରବଧୂ
पुत्री	ଝିଅ
बहन	ଭଉଣୀ
भतीजा	ପୁତୁରା
भतीजी	ଝିଆରୀ
भाई	ଭାଇ
भांजा	ଭଣଜା
भांजी	ଭାଣିଜୀ
माता	ମା'
मामा	ମାମୁ
मामी	ମାଇଁ
मौसी	ମାଉସୀ
ससुर	ଶ୍ୱଶୁର
सास	ଶାଶୁ
सौतेली माँ	ସାବତ ମା'

2. ଘରୋଇ ସରଞ୍ଜାମ
घरेलू चीज़ें

हिंदी	ଓଡ଼ିଆ
अलमारी	ଆଲମାରୀ
कुरसी	ଚେୟାର
कैंची	କଇଁଚି
गिलास	ଗିଲାସ
चटाई	ସଉପ
चमचा	ଚାମଚ
चाभी	ଚାବି
चारपाई	ଖଟ
चूल्हा	ଚୁଲା
छाता	ଛତା
टोकरी	ଝୁଡ଼ି
ताला	ତାଲା
थाली	ଥାଲି
बक्सा	ବାକ୍ସ

बर्तन	ବାସନ
बाल्टी	ବାଲ୍ଟି
मेज	ଟେବୁଲ
मोमबत्ती	ମହମବତୀ
संदूक	ସିନ୍ଦୁକ
साबुन	ସାବୁନ
सूई	ଛୁଞ୍ଚି
हथौड़ी	ହାତୁଡ଼ି

3. ଲେଖାପଢ଼ା ସାମଗ୍ରୀ
पढ़ाई-लिखाई का सामान

अख़बार	ଖବରକାଗଜ
आलपिन	ଆଲ୍‌ପିନ୍
कलम	କଲମ
कागज	କାଗଜ
टिकट (स्टाम्प)	ଡାକ ଟିକଟ
तार	ତାର
दवात	ସ୍ୟାହି ଦୁଆତ
नकल करने वाला पेपर	କାର୍ବନ୍ କାଗଜ
नकल करने वाली पेंसिल	ନକଲ କରିବା ପେନ୍‌ସିଲ
नक्शा	ନକ୍ସା
परकाल	ବୃତ ଆଙ୍କିବା ଯନ୍ତ୍ର
पेंसिल	ପେନ୍‌ସିଲ
पोस्टकार्ड	ପୋଷ୍ଟକାର୍ଡ
फाइल	ଫାଇଲ୍
फीता	ଫିତା
मोहर	ମୋହର
रबड़	ରବର
रबड़ की मोहर	ରବର ମୋହର (ଷ୍ଟାମ୍ପ)
रद्दी की टोकरी	ଅନାବନା କାଗଜ ଝୁଡ଼ି
लिफ़ाफा	ଲଫାପା
स्याही	ସ୍ୟାହି
स्याही चूस	ବ୍ଲଟିଙ୍ଗ୍ କାଗଜ

4. ଶରୀରର ଅଙ୍ଗ
शरीर के अंग

अँगुली (पैर)	ଆଙ୍ଗୁଳି (ଗୋଡ଼)
अँगुली (हाथ)	ଆଙ୍ଗୁଳି (ହାତ)
अँगूठा (हाथ)	ବୁଢ଼ା ଆଙ୍ଗୁଳି (ହାତ)
आँख	ଆଖି
ओंठ	ଓଠ
एड़ी	ଗୋଇଠ
कंधा	କାନ୍ଧ
कमर	ଅଣ୍ଟା
कान	କାନ
खोपड़ी	ଖପୁରୀ
गर्दन	ବେକ
गला	ଗଳା
गाल	ଗାଲ
घुटना	ଆଣ୍ଠୁ
चमड़ा	ଚମଡ଼ା (ଚୁଚା)
चेहरा	ମୁଖମଣ୍ଡଳ
छाती (पुरुष)	ଛାତି (ପୁରୁଷ)
छाती (स्त्री)	ଛାତି (ମହିଳା)
जांघ	ଜଙ୍ଘ
जीभ	ଜିଭ
ठोड़ी	ଥୋଡ଼ି
दाढ़ी	ଦାଢ଼ି
दाँत	ଦାନ୍ତ
दिमाग	ମସ୍ତିଷ୍କ
नस	ନାଡ଼ି
नाक	ନାକ
पीठ	ପିଠ
पेट	ପେଟ
पेशी	ମାଂସପେଶୀ
पैर	ପାଦ
फेफड़ा	ଫୁସ୍‌ଫୁସ୍
बाल	କେଶ (ବାଳ)
मसूड़ा	ମାଢ଼ି
मुँह	ଥାଟି
रीढ़	ମେରୁଦଣ୍ଡ

हड्डी	ହାଡ଼
हथेली	ପାପୁଲି
हृदय	ହୃଦୟ

5. ରୋଗ रोग

कोढ़	କୁଷ୍ଠ ରୋଗ
कोष्ठबद्धता	କୋଷ୍ଠବନ୍ଧତା
(कब्ज़)	(କବ୍‌ଜ)
खांसी	କାଶ
गठिया	ଗଣ୍ଠିବାତ
गाँठ	ଆବୁ
गूँगा	ମୂକ
चक्कर	ମୁଣ୍ଡବୁଲା ରୋଗ
छींक	ଛିଙ୍କ
ज्वर	ଜ୍ୱର
दमा	ଶ୍ୱାସରୋଗ
दाद	ଜାଦୁ
पथरी	ପଥର
पसीना	ଝାଳ
पागलपन	ପାଗଳାମି
पीब	ପୂଯ
पीलिया	କାମିଳ ରୋଗ
पेचिश	ଅମାଶୟ (ନାଳଝାଡ଼ା)
प्रदर	ଶ୍ୱେତ ପ୍ରଦର
फोड़ा	ବଥ
बलगम	କଫ
बवासीर	ଅର୍ଶରୋଗ
बहुमूत्र	ମହୁମୂତ୍ର ରୋଗ
बुखार	ଜ୍ୱର
भूख	ଭୋକ
मूत्र	ମୂତ୍ର
मोटापा	ମୋଟାପଣ
मोतिया बिंद	ମୋତିଆ ବିନ୍ଦୁ
रक्ताल्पता	ରକ୍ତହୀନତା
लकवा	ପକ୍ଷାଘାତ
विष्ठा	ବିଷ୍ଠା (ମଳ)
शीतला	ବସନ୍ତ ରୋଗ
सिरदर्द	ମୁଣ୍ଡବିନ୍ଧା
सूजन	ଜ୍ୱଳାପୋଡ଼ା (ଫୁଲା)
हैजा	ହଇଜା

6. ବସ୍ତ୍ର ଏବଂ ପରିଧାନ वस्त्र एवं परिधान

अँगोछा	ଗାମୁଛା
कमीज़	ଶାର୍ଟ
कंबल	କମ୍ବଳ
कोट	କୋଟ
चादर	ଚାଦର
जेब	ପକେଟ୍
तौलियां	ତଉଲିଆ
दस्ताने	ହସ୍ତାବରଣ
दुशाला	ଶାଲ
पतलून	ପ୍ୟାଣ୍ଟ
पायजामा	ପାଇଜାମା
बटन	ବୋତାମ
रूई	ତୁଲା
रेशम	ରେଶମ
लंबादा	ଗାଉନ୍
लहँगा	ଘାଗରା
साफ़ा (पगड़ी)	ପଗଡ଼ି

7. ଆଭୂଷଣ आभूषण

अँगूठी	ମୁଦି
कंगन	କଙ୍କଣ
कड़ा	କଡ଼ା
चूड़ी	ଚୁଡ଼ି
माला	ମାଲା
मूंगा	ପୋହଲା
मोती	ମୋତୀ
हार	ହାରା

8. ଫୁଲ, ଫଲ ଏବଂ ପନିପରିବା फल-फूल व सब्जियां

आम	ଆମ୍ବ
आलू	ଆଳୁ
अंगूर	ଅଙ୍ଗୁର

अंजीर	ଡିମିରି
ईख	ଆଖୁ
कमल	ପଦ୍ମ
कद्दू	ବୋଇତିକଖାରୁ
केला	କଦଳୀ
खजूर	ଖଜୁରୀ
गाजर	ଗାଜର
गुलाब	ଗୋଲାପ
घास	ଘାସ
जामुन	ଜାମୁକୋଲି
तरबूज	ତରଭୁଜ
नारियल	ନଡ଼ିଆ
नारंगी	କମଲା
नींबू	ଲେମ୍ବୁ
पपीता	ଅମୃତଭଣ୍ଡା
पुदीना	ପୋଦିନାପତ୍ର
पौधा	ଗଛ
प्याज़	ପିଆଜ
फूलगोभी	ଫୁଲକୋବି
बंद गोभी	ବନ୍ଧାକୋବି
बेर	ବରକୋଲି
बैंगन	ବାଇଗଣ
मिर्च	ଲଙ୍କା
मूँगफली	ଚିନାବାଦାମ
मूली	ମୂଲା
लहसुन	ରସୁଣ
सेब	ସେଓ

9. ଖଣିଜ ପଦାର୍ଥ खनिज पदार्थ

कोयला	କୋଇଲା
चाँदी	ଚାନ୍ଦି
तांबा	ତମ୍ବା
पारा	ପାରଦ
पीतल	ପିତଳ
रांगा	ଟିଣ
सीसा	ସୀସା
लोहा	ଲୁହା

10. ଅନ୍ନ ଓ ଖାଦ୍ୟ ପଦାର୍ଥ अन्न व खाद्य पदार्थ

आटा	ଅଟା
कहवा	କଫି
गेहूँ	ଗହମ
चना	ଚଣା
चपाती (रोटी)	ରୁଟି
चाय	ଚା'
चीनी	ଚିନି
जौ	ଯବ
तेल	ତେଲ
दही	ଦହି
दाल	ଡାଲି
दूध	ଦୁଧ
पनीर	ଛେନା
भुट्टा (मकई)	ମକା
भोजन	ଭୋଜନ
मक्खन	ଲହୁଣି
मलाई	ସର
मांस	ମାଂସ
मिठाई	ମିଠାଇ
मुरब्बा	ମୋରବା
मैदा	ମଇଦା
रोटी	ରୁଟି
शक्कर	ଗୁଡ଼
शराब	ମଦ
शहद	ମହୁ

11. ବ୍ୟବସାୟ व्यवसाय

अध्यापक	ଶିକ୍ଷକ
कारीगर	କାରିଗର
कलाकार	କଳାକାର
किसान	କୃଷକ
खजांची	କୋଷାଧ୍ୟକ୍ଷ
चमार (मोची)	ମୋଚି
जौहरी	ଅଳଙ୍କାର ବ୍ୟବସାୟୀ
जुलाहा	ତନ୍ତୀ

ठठेरा	କଁସାରୀ	बकरा	ଅଣ୍ଡିରା ଛେଳି
डाकिया	ଡାକବାଲା	बकरी	ମାଈ ଛେଳି
डॉक्टर	ଡାକ୍ତର	बछड़ा	ବାଛୁରୀ
तेली	ତେଲୀ	बिल्ली	ବିରାଡ଼ି
दर्जी	ଦର୍ଜି	बंदर	ମାଙ୍କଡ଼
दंत चिकित्सक	ଦନ୍ତ ଚିକିତ୍ସକ	बैल	ବଲଦ
दुकानदार	ଦୋକାନୀ	भालू	ଭାଲୁ
धोबी	ଧୋବା	भेड़	ମେଣ୍ଢା
पहरेदार	ଚୌକିଦାର	मेमना	ମେଣ୍ଢାଛୁଆ
फेरीवाला	ବୁଲାବିକାଲି	लोमड़ी	କୋକିଶିଆଳୀ
बढ़ई	ବଢ଼େଇ	साँड	ଷଣ୍ଢ
भिखारी	ଭିକାରୀ	सियार	ଶିଆଳ
मछुआ	ଧୀବର	सिंह	ସିଂହ
मल्लाह	ନାଉରିଆ	सूअर	ଘୁଷୁରୀ
माली	ମାଳୀ	हिरण	ହରିଣ
मुंशी	ଗୁମାସ୍ତା (କିରାନି)	हाथी	ହାତୀ
मेहतर	ଝାଡୁଦାର		
रोकड़िया	କୋଷାଧ୍ୟକ୍ଷ		

13. ପକ୍ଷୀ पक्षी

रंगरेज	ରଞ୍ଜକ	अंडा	ଅଣ୍ଡା
लेखक	ଲେଖକ	उल्लू	ପେଚା
वैद्य	ବଇଦ	कबूतर	ପାରା
सोनार	ବଣିଆ	कोयल	କୋଇଲି
संपादक	ସମ୍ପାଦକ	कौआ	କାଉ
हलवाई	ଗୁଡ଼ିଆ	गरुड़	ଇଗଲ
		गौरइया	ଘରଚଟିଆ

12. ପଶୁ पशु

ऊँट	ଓଟ	घोंसला	ପକ୍ଷୀବସା
कुत्ता	କୁକୁର	चमगादड़	ବାଦୁଡ଼ି
खरगोश	ଠେକୁଆ	चील	ଚିଲ
गधा	ଗଧ	चोंच	ଥଣ୍ଟ
गाय	ଗାଈ	डैना	ଡେଣା
घोड़ा	ଘୋଡ଼ା	पिंजड़ा	ପିଞ୍ଜରା
चूहा	ମୂଷା	बुलबुल	ବୁଲବୁଲ
दुम	ଲାଞ୍ଜ	मुर्गा	କୁକୁଡ଼ା (ଗଣ୍ଡା)
पशु	ପଶୁ	मुर्गी	ମାଈ କୁକୁଡ଼ା
पंजा	ପଶୁର ନଖ	मोर	ମୟୂର
पिल्ला	କୁକୁରଛୁଆ	सारस	ସାରସ ପକ୍ଷୀ
		हंस	ରାଜହଂସ

30 ଦିନରେ ଓଡ଼ିଆ ମାଧ୍ୟମରେ ହିନ୍ଦୀ ଶିଖନ୍ତୁ

କିଛି ପ୍ରମୁଖ ଓଡ଼ିଆ କ୍ରିୟା
କୁଛ ପ୍ରମୁଖ ହିଂଦୀ କ୍ରିୟାଏଁ

ଅକୁଲାନା	ବ୍ୟସ୍ତ ହେବା	ଓଢ଼ନା	ଘୋଡ଼େଇହେବା
ଅଟକନା	ଅଟକିବା	କଡ଼କନା	ଘଡ଼ଘଡ଼ି ମାରିବା
ଅଲସାନା	ଅଳସ ଲାଗିବା	କତରନା	କାଟିବା
ଆନା	ଆସିବା	କମାନା	ରୋଜ୍‌ଗାର କରିବା
ଇତରାନା	ଘୁଟାଣି	କରନା	କରିବା
	ଦେଖାଇବା	କସନା	ବାନ୍ଧିବା
ଉକସାନା	ପ୍ରବର୍ତ୍ତାଇବା	କହନା	କହିବା
ଉଖଡ଼ନା	ଓପାଡ଼ିବା	କାଁପନା	ଥରିବା
ଉଖାଡ଼ନା	ବିନଷ୍ଟ କରିବା	ଖଟକନା	ଧକ୍କା ଲାଗିବା
ଉଗନା	ଅଙ୍କୁରିତ ହେବା	ଖାନା	ଖାଇବା
ଉଗଲନା	ବାନ୍ତି କରିବା	ଖିଜାନା	ଚିଡ଼ାଇବା
ଉଚଟନା	ମନ ମଳିନ ପଡ଼ିଯିବା	ଖେଲନା	ଖେଳିବା
ଉଛଲନା	ଡେଇଁବା	ଗଁାଵାନା	ହରାଇବା
ଉଜଡ଼ନା	ଉଜୁଡ଼ିବା	ଗାନା	ଗାଇବା
ଉଜାଡ଼ନା	ଉଜାଡ଼ିବା	ଗିନନା	ଗଣିବା
ଉଠନା	ଉଠିବା	ଗିରନା	ପଡ଼ିବା
ଉଠାନା	ଉଠାଇବା	ଗିରାନା	ପକାଇବା
ଉଡ଼ାନା	ଉଡ଼ାଇବା	ଗୁଜରନା	ଅଗ୍ରସର ହେବା
ଉତରନା	ଓହ୍ଲାଇବା	ଗୁର୍ରାନା	ରାଗରେ ଗର୍ଜିବା
ଉତାରନା	କାଢ଼ିଦେବା	ଘୁସନା	ପ୍ରବେଶ କରିବା
ଉଧେଡ଼ନା	ଅଲଗା କରିବା	ଘୂମନା	ଘୂରିବା
ଉଭରନା	ଫୁଲିବା	ଘେରନା	ଘେରିବା
ଉମଡ଼ନା	ଉଚ୍ଛୁଳି ପଡ଼ିବା	ଘୋଲନା	ଗୋଳିବା
ଉଲଝନା	ଅଡ଼ୁଆରେ ପଡ଼ିବା	ଚକରାନା	ମୁଣ୍ଡ ଘୂରେଇବା
ଉଲଟନା	ଓଲଟିବା	ଚଖନା	ଚାଖିବା
ଊଁଘନା	ଘୁମାଇବା	ଚଢ଼ିନା	ଚଢ଼ିବାଁ

चलना	ଚାଲିବା	पीटना	ପିଟିବା
चमकना	ଝଟକିବା	पीसना	ପେଷିବା
चाटना	ଚାଟିବା	पुकारना	ଡାକିବା
चाहना	ଇଚ୍ଛା କରିବା	पैठना	ପ୍ରବେଶ କରିବା
चुराना	ଚୋରି କରିବା	पोंछना	ପୋଛିବା
छीनना	ଝାମ୍ପିନେବା	फँसना	ଅଡୁଆରେ ପଡ଼ିବା
धुड़ाना	ମୁକ୍ତ କରିବା	फटकारना	ଭର୍ସନା କରିବା
जाना	ଯିବା	फाड़ना	ଚିରିବା
जानना	ଜାଣିବା	फिरना	ଭ୍ରମଣ କରିବା
जीतना	ଜିତିବା	फूलना	ଫୁଲିବା
जोतना	ଚାଷ କରିବା	फेंकना	ଫୋପାଡ଼ିବା
झगड़ना	ଝଗଡ଼ା କରିବା	बकना	ବାଜେ କଥା କହିବା
झूलना	ଝୁଲିବା	बढ़ना	ବଢ଼େଇବା
टहलना	ବୁଲିବା	बताना	ଜଣାଇବା
टालना	ଟାଳିବା	बदलना	ବଦଲାଇବା
डालना	ପକାଇବା	बनाना	ତିଆରି କରିବା
ढकना	ଢାଙ୍କିବା	बरसना	ବରଷିବା
तरसना	ଆକାଂକ୍ଷା କରିବା	बिगाड़ना	ବିଗାଡ଼ିବା
ताड़ना	ଅନୁମାନ କରିବା	बैठना	ବସିବା
तोड़ना	ଭାଙ୍ଗିବା	बोलना	କହିବା
थमना	ଅଟକିବା	भड़काना	ହୁରୁଡ଼ାଇବା
दौड़ना	ଦୌଡ଼ିବା	भागना	ଧାଉଁବା
धिक्कारना	ଧିକ୍କାର କରିବା	माँगना	ମାଗିବା
निकालना	ବାହାର କରିବା	मोड़ना	ବଦଲାଇବା
निबाहना	ପୋଷଣ କରିବା	रखना	ରଖିବା
निभाना	ଅନୁଗମନ କରିବା	रचना	ନିର୍ମାଣ କରିବା
पकड़ना	ଧରିବା	रटना	ଘୋଷିବା
पचना	ହଜମ ହେବା	रहना	ବସବାସ କରିବା
पटकना	ତଳେ ଫୋପାଡ଼ିବା	रोकना	ଅଟକାଇବା
पढ़ना	ପଢ଼ିବା	लगना	ମନେହେବା
पधारना	ପଦାର୍ପଣ କରିବା	लगाना	ନିୟୋଜିତ କରିବା
पहनना	ପିନ୍ଧିବା	लटकना	ଝୁଲିବା
पालना	ଲାଳନ ପାଳନ କରିବା	लपेटना	ଗୁଡ଼ାଇବା

लाँघना	ଲଙ୍ଘିବା	सुखना	ଶୁଖିବା
लादना	ଲଦିବା	सूझना	ବୁଦ୍ଧି ଛୁଟିବା
लिखना	ଲେଖିବା	सौंपना	ଅର୍ପଣ କରିବା
लेना	ନେବା	हँसना	ହସିବା
लौटना	ଫେରାଇବା	हँसाना	ହସାଇବା
वारना	ତ୍ୟାଗ କରିବା	हकलाना	ଜିଭ ଲାଗିବା
विचारना	ବିଚାର କରିବା	हड़पना	ଗ୍ରାସ କରିବା
सँजोना	ଯୋଗାଡ଼ କରିବା	हथियाना	ହାତେଇବା
सजाना	ସଜାଇବା	हाँफना	ଦୀର୍ଘ ନିଃଶ୍ୱାସ ନେବା
सड़ना	ପଚିବା	हारना	ହାରିବା
सींचना	ପାଣି ମଡ଼ାଇବା	हिलना	ହଲିବା
सीखना	ଶିଖିବା	दिखना	ଦେଖାଯିବା
सीना	ସିଲେଇ କରିବା	देखना	ଦେଖିବା
सुनना	ଶୁଣିବା	दोहराना	ଦୋହରାଇବା

...

9 789352 785100